GALERIE

DU

PALAIS-ROYAL

INDICATIONS POUR LE CLASSEMENT DES PLANCHES

ET POUR LA RELIURE

L'ouvrage contient bien les 340 planches annoncées, qui ont paru successivement en 68 livraisons de 5 planches.

Le texte donne à la page 107, la description de 12 sujets de l'*Histoire de Constantin*, par Rubens; mais onze planches seulement ont été publiées. Le sujet qui n'a pas été gravé, est celui qui, dans le texte, est intitulé : *Constantin rend la liberté aux Sénateurs*. — L'obscurité des allégories a causé quelque incertitude dans le numérotage de ces planches.

Le meilleur classement pour la reliure, consiste à suivre l'ordre de la description du texte. Ce texte, précédé du premier titre et de l'introduction, doit être placé en tête du premier volume. Chaque volume se compose de 170 planches. — Le second volume sera précédé du titre de deuxième partie, et suivi de la table générale. On remarquera, dans cette table, deux omissions : 1° le *Duc Valentin*, portrait attribué au Corrège, et décrit à la page 52 du texte; 2° l'*Extrême-Oction* du Poussin, sujet décrit à la page 64 du texte.

LA GALERIE

DU

PALAIS ROYAL

GRAVÉE

D'APRÈS LES TABLEAUX DES DIFFÉRENTES ÉCOLES QUI LA COMPOSENT

PAR

J. COUCHÉ

OU

SOUS SA DIRECTION PAR J. ALIAMET, R. DE LAUNAY, N. LEMIRE, A.-L. ROMANET, A. TARDIEU

ET AUTRES

DEUXIÈME PARTIE

PARIS

JULES TARDIEU, ÉDITEUR

RUE DE TOURNON, 13

1864

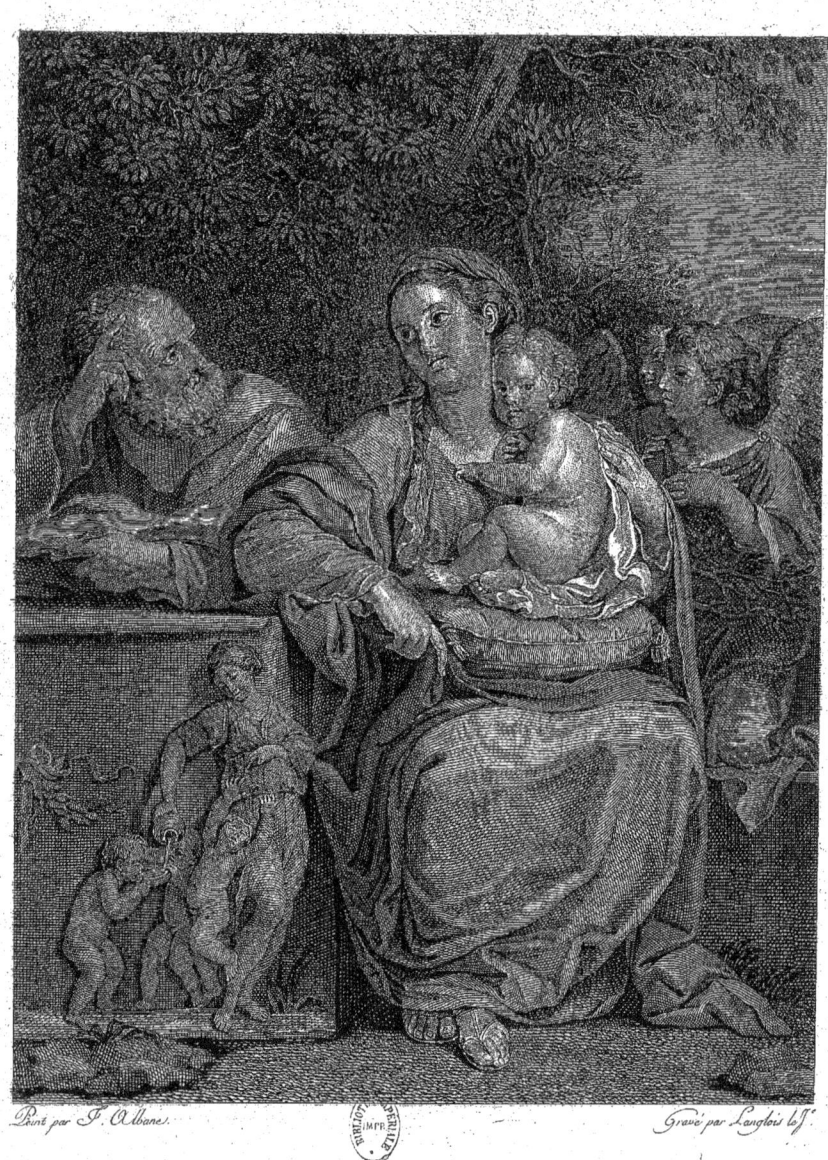

LA SAINTE FAMILLE

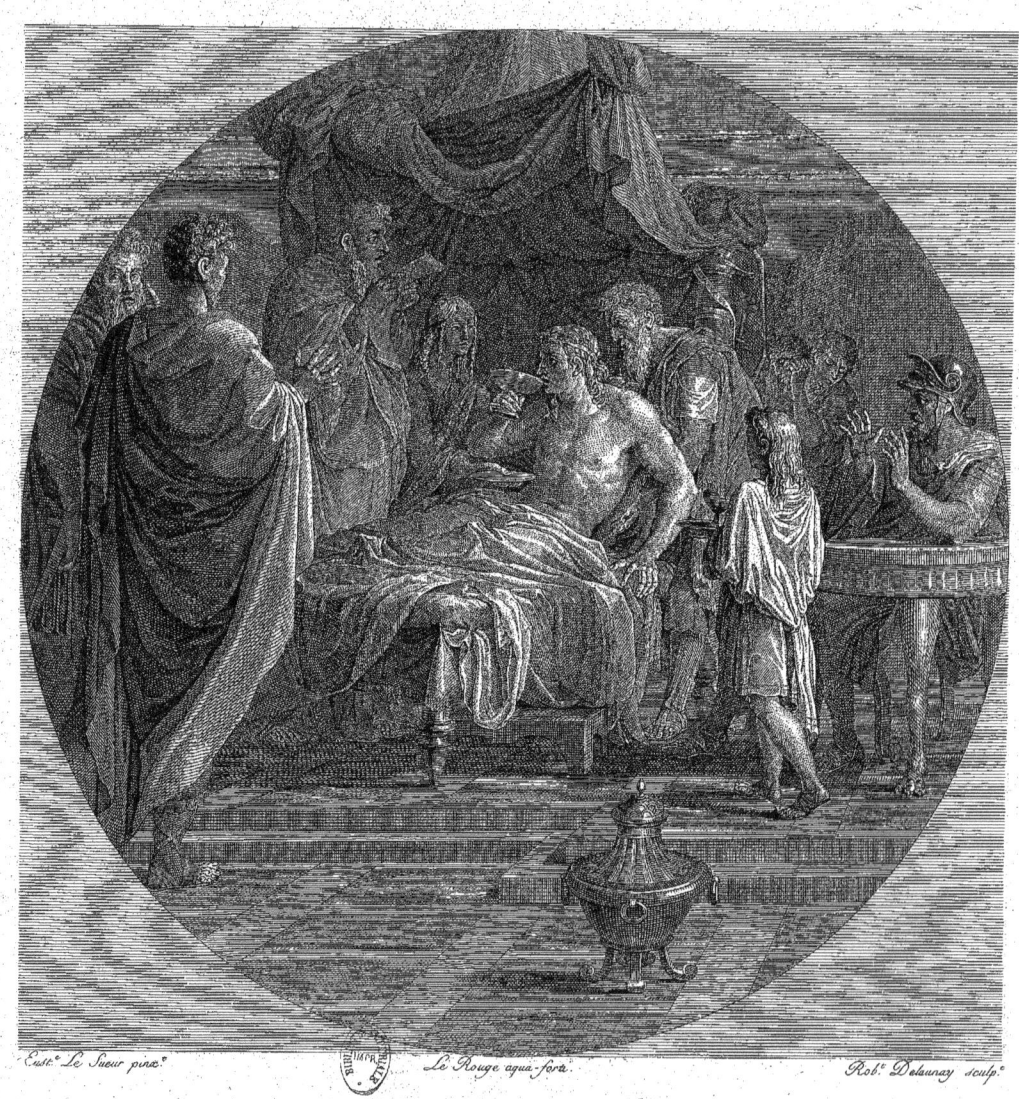

Eust.e Le Sueur pinx.t   Le Rouge aqua-fort   Rob.t Delaunay sculp.t

ALEXANDRE & SON MÉDECIN

Imp. Chardon ainé, à Paris.

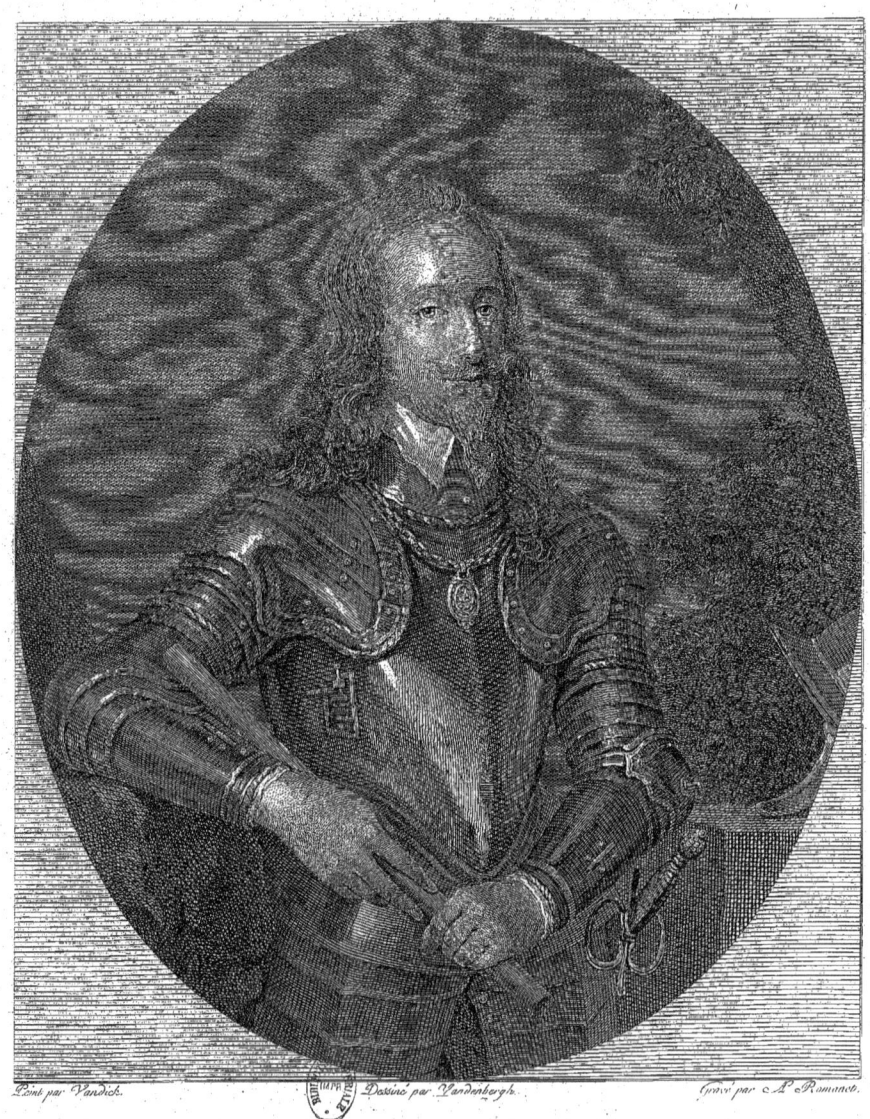

CHARLES PREMIER

LES CHÈVRES

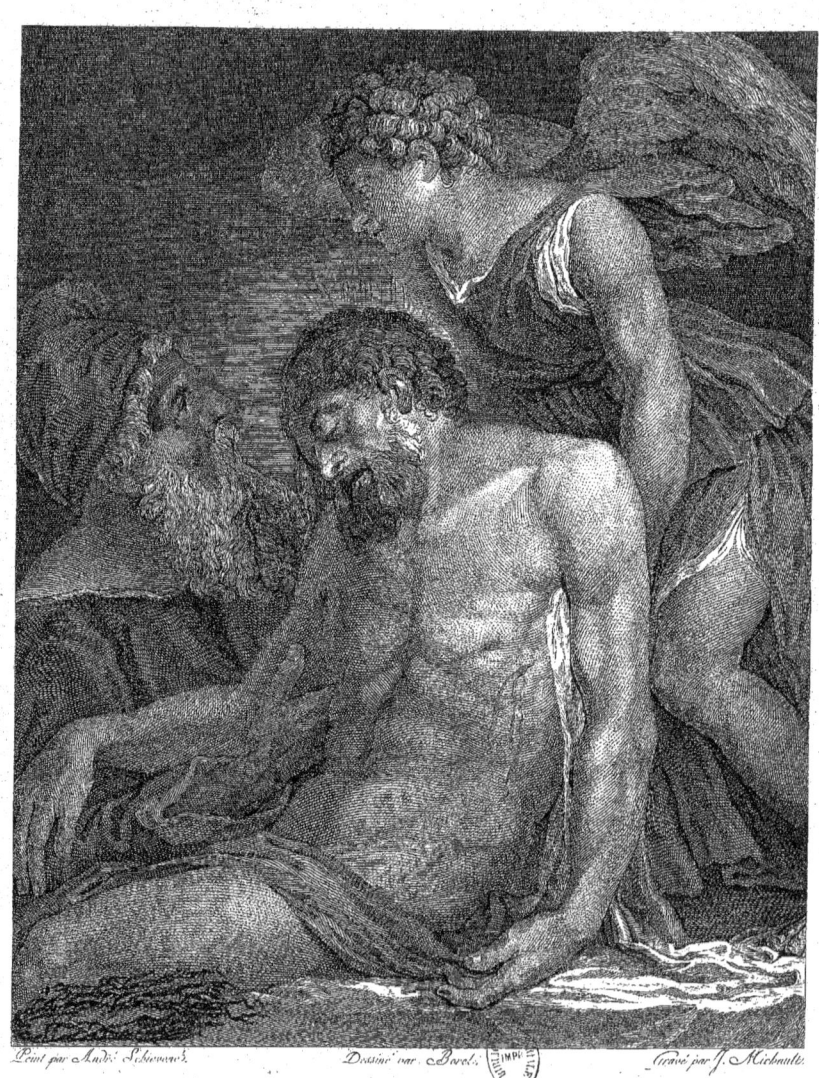

LE CHRIST MORT

Imp. Chardon ainé, à Paris.

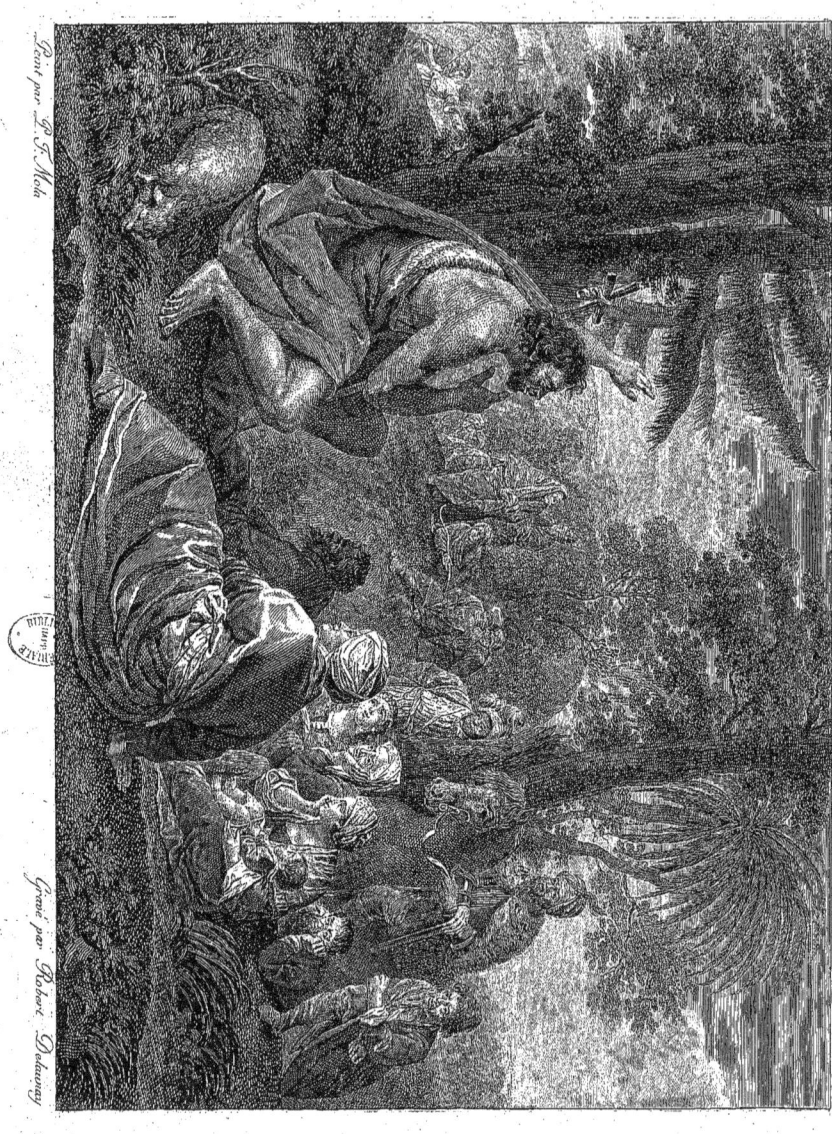

Peint par P. F. Mola.   Gravé par Robert Delaunay.

LA PRÉDICATION DE SAINT JEAN BAPTISTE

Imp. Chardon aîné, à Paris.

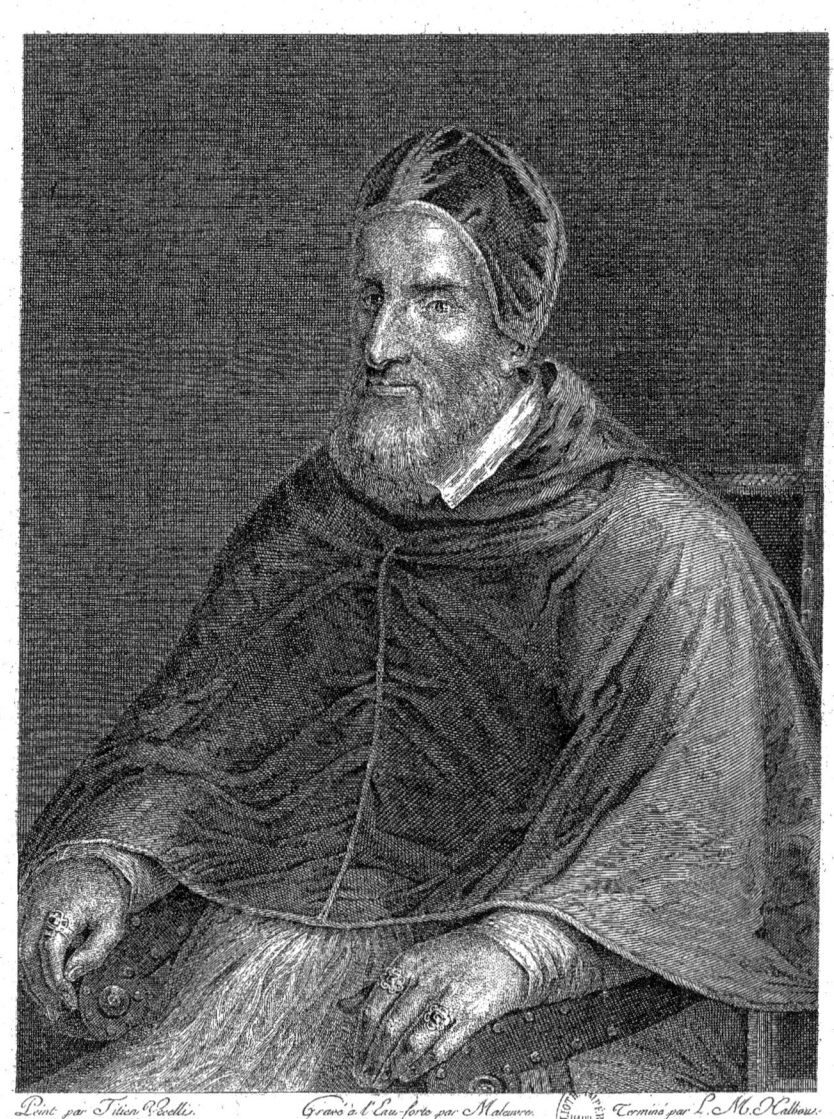

CLÉMENT VII

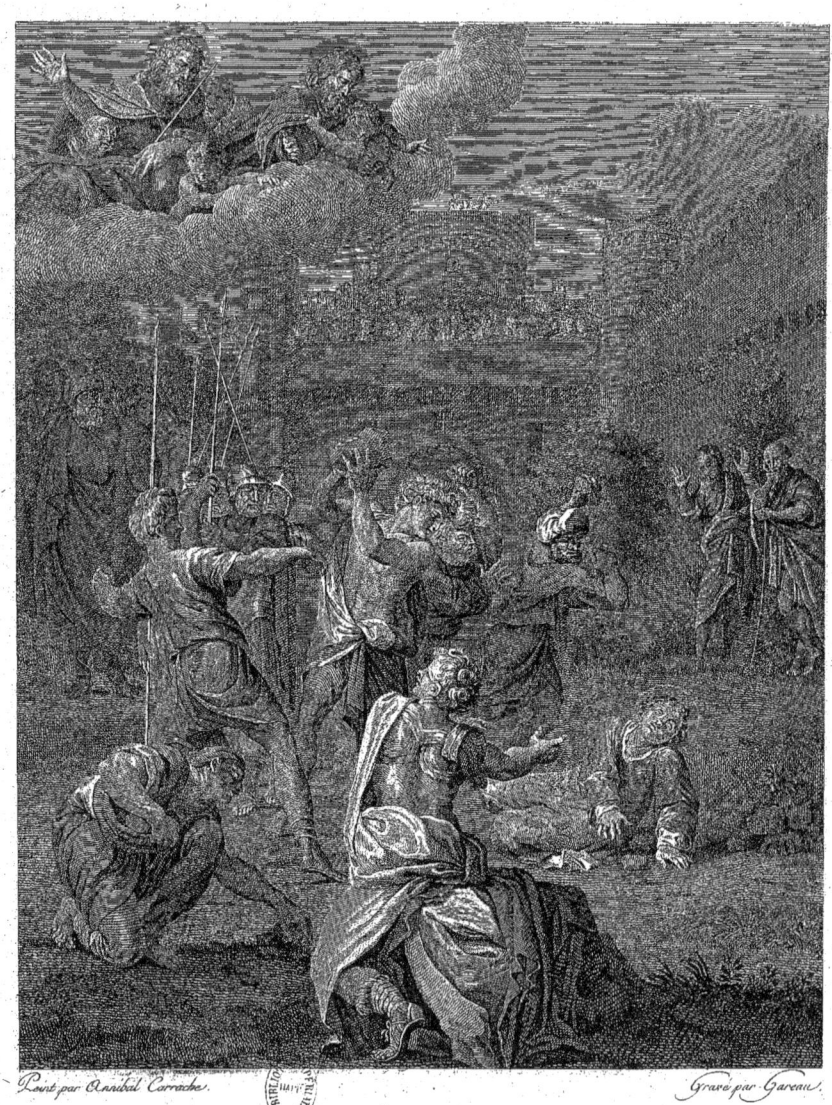

LE MARTYRE DE St ETIENNE

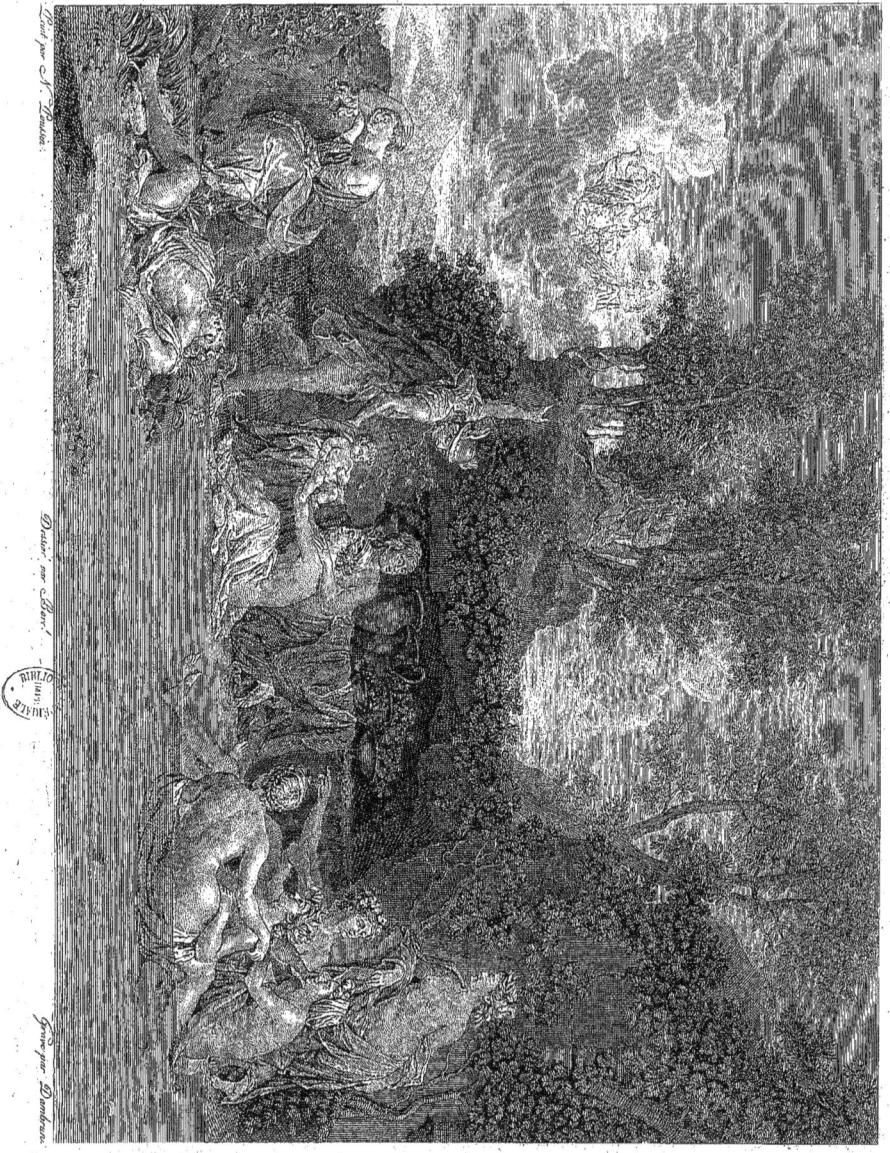

LA NAISSANCE DE BACCHUS

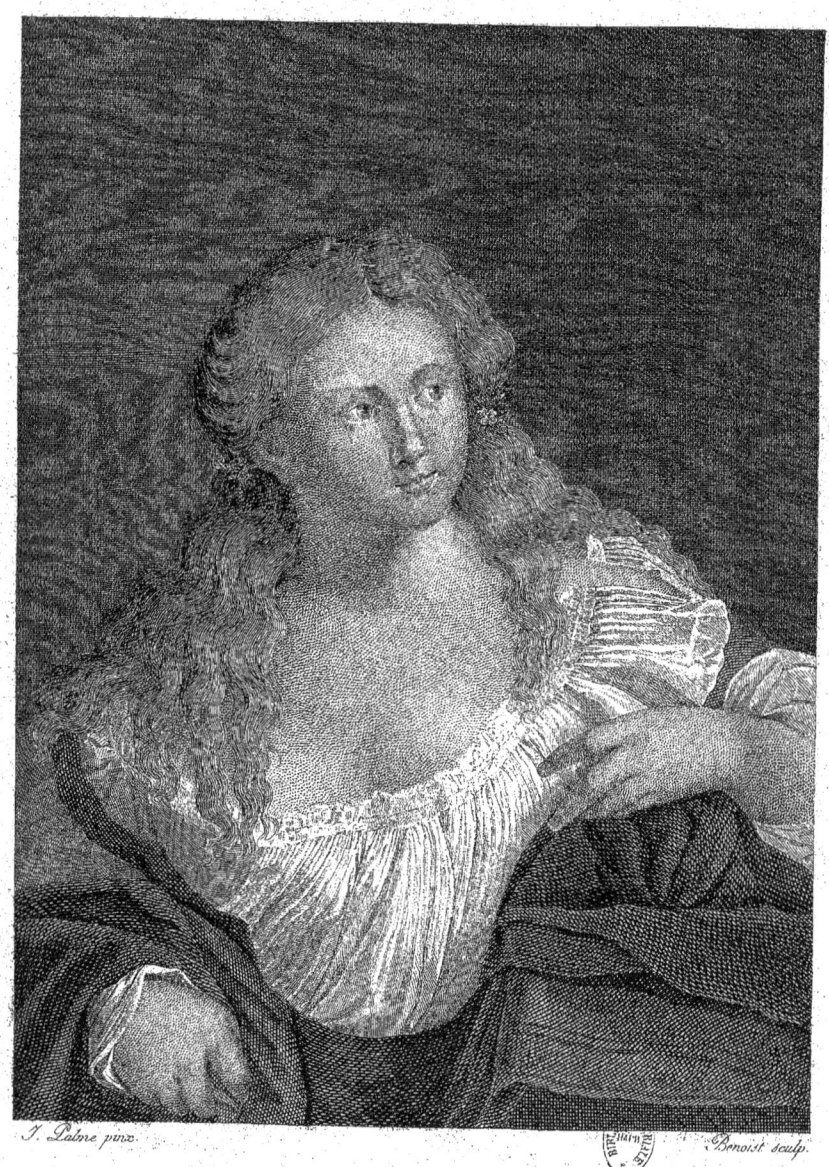

PORTRAIT D'UNE JEUNE FILLE

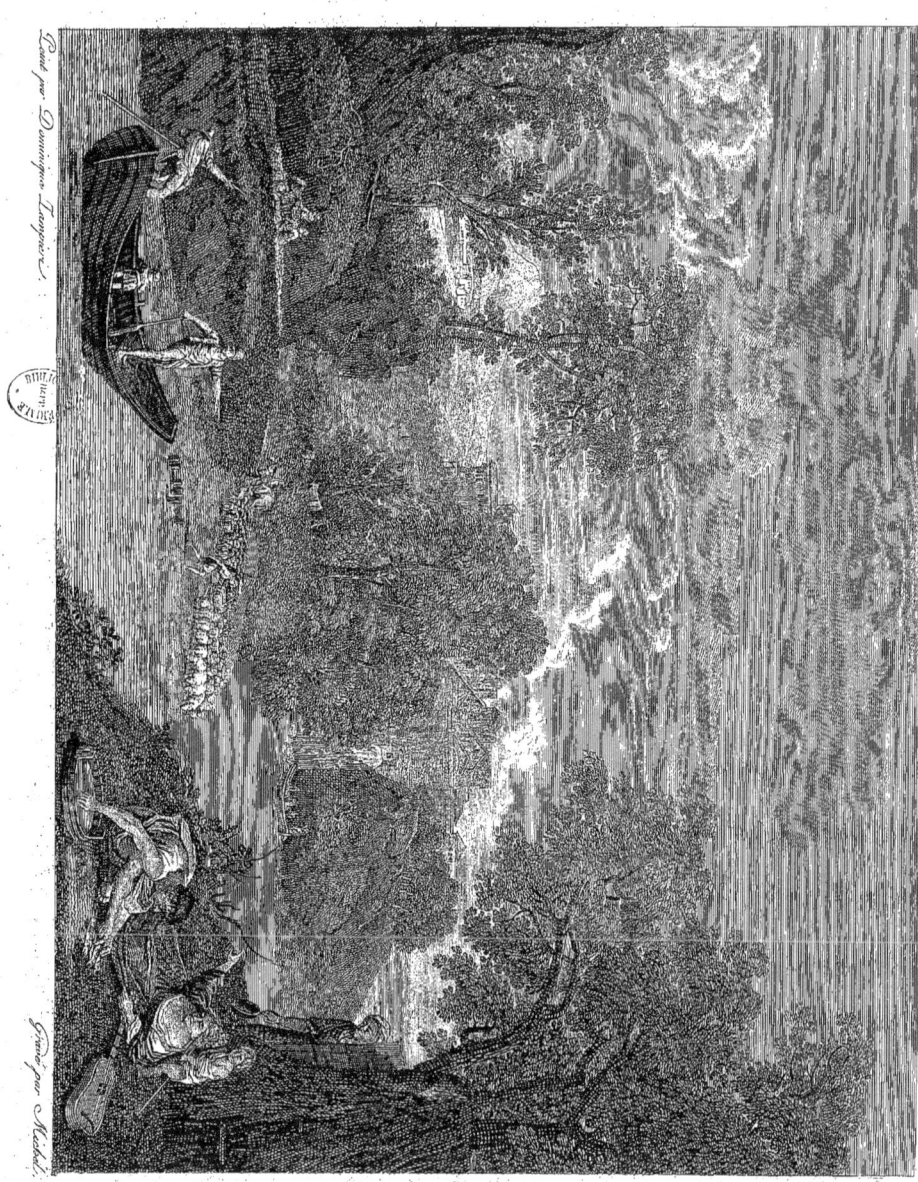

LES MARINIERS

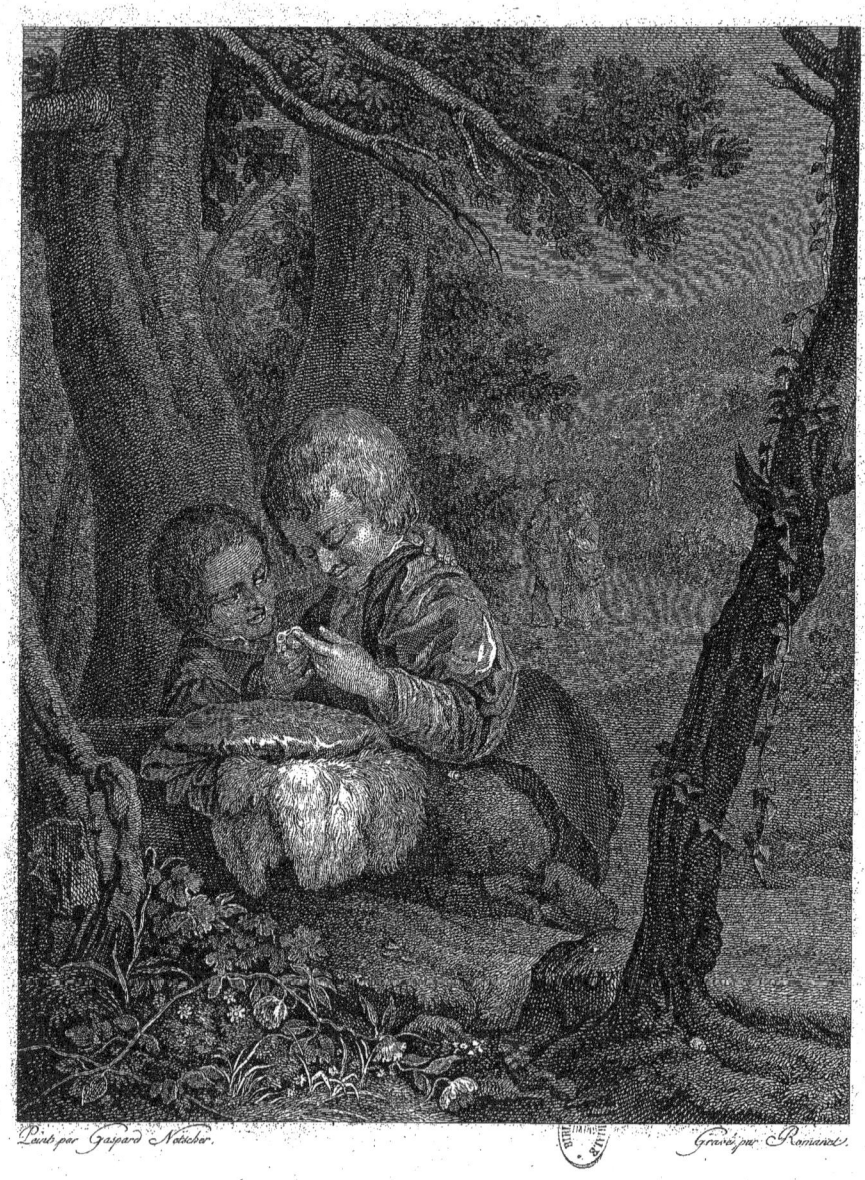

L'OISEAU

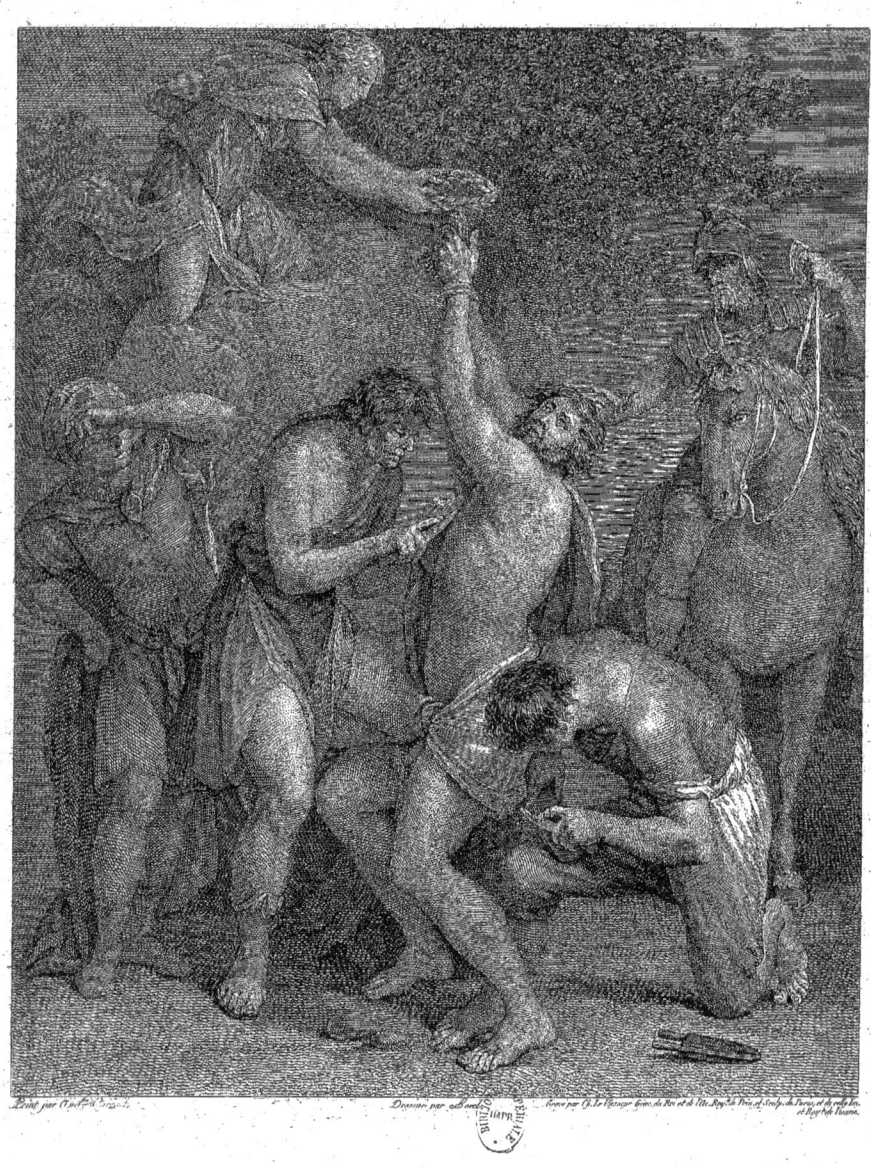

LE MARTYRE DE St BARTHELEMI

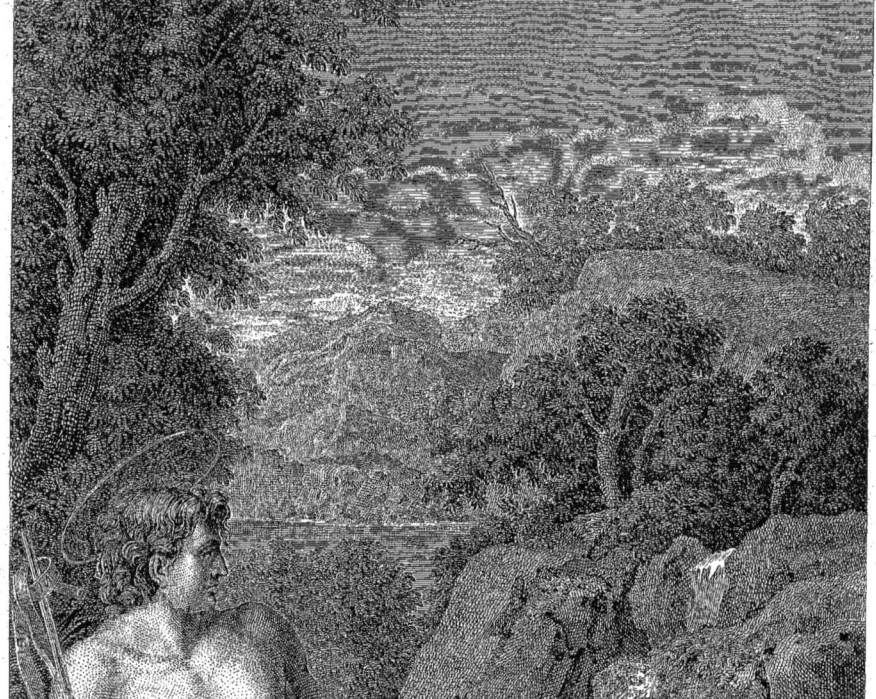

St JEAN BAPTISTE AU DÉSERT

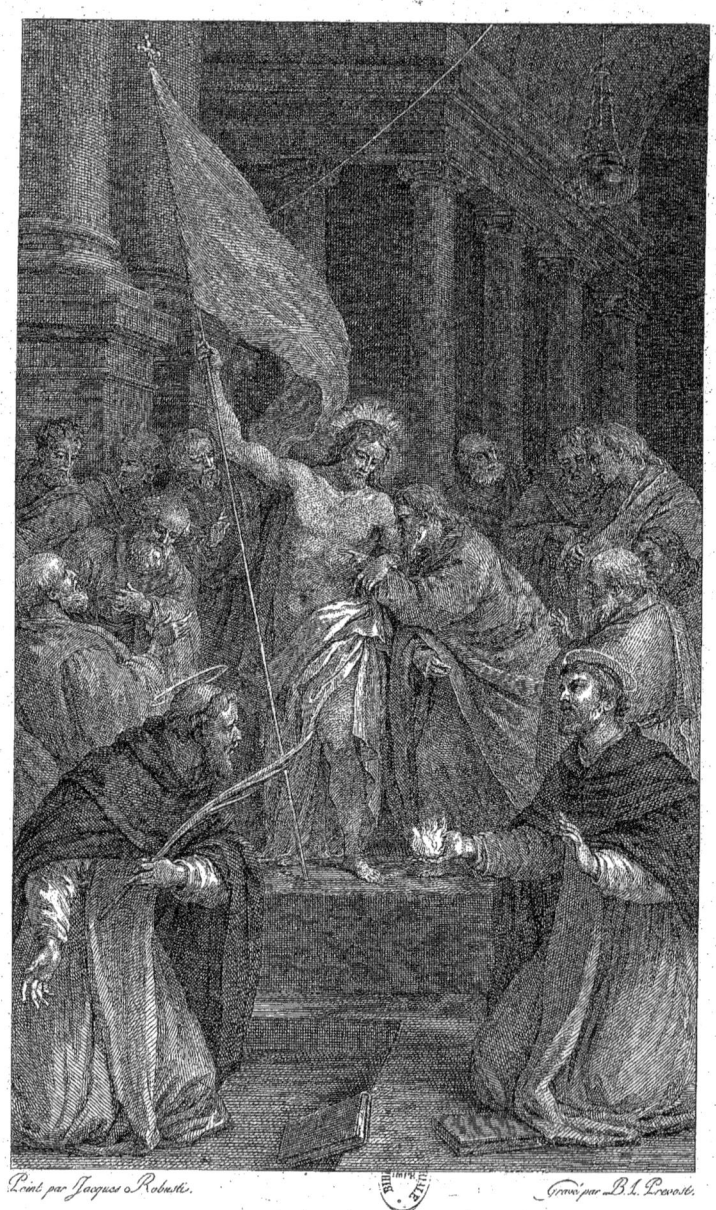

Peint par Jacques Robusti. Gravé par B. L. Prevost.

LA CONVICTION DE St THOMAS

Imp. Chardon aîné, à Paris.

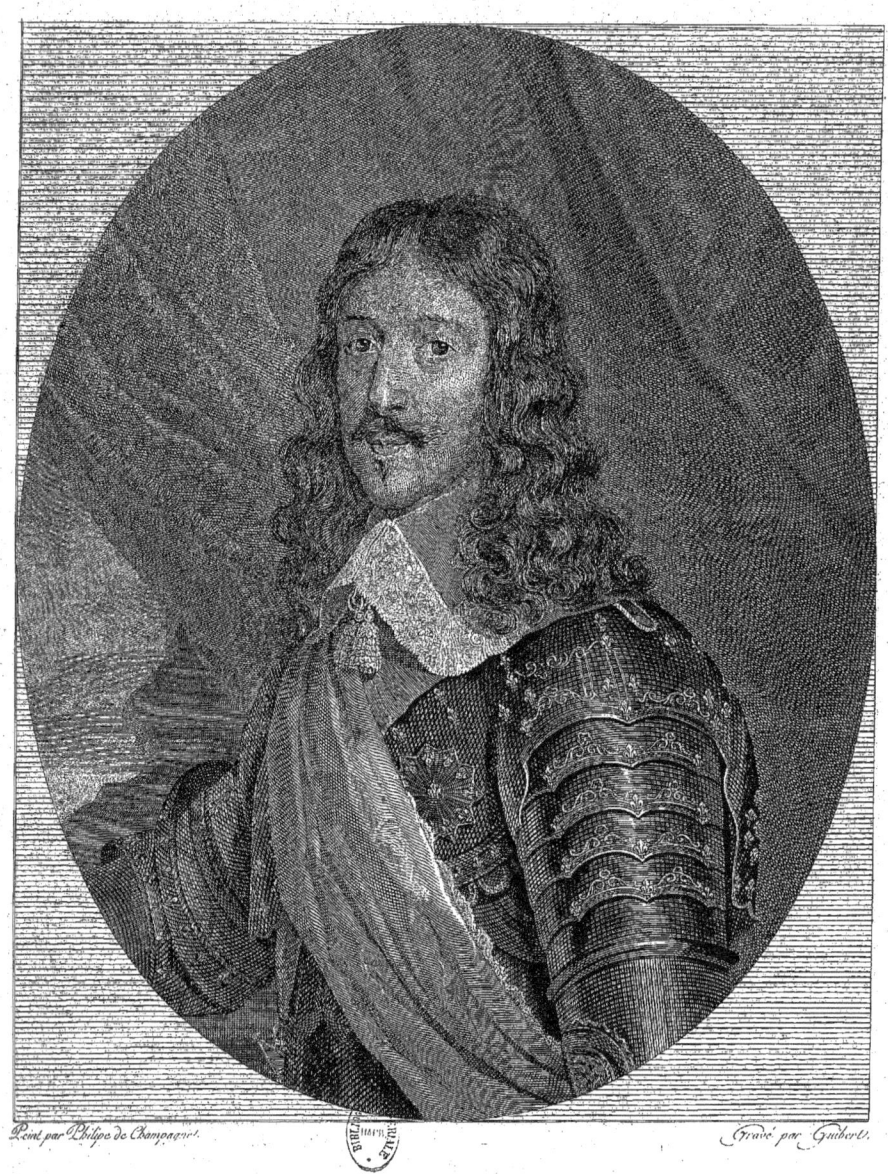

LOUIS XIII

LES RUINES

Peint par Vigner.
Gravé par Couché et Lamard.

Imp. Chardon ainé, à Paris.

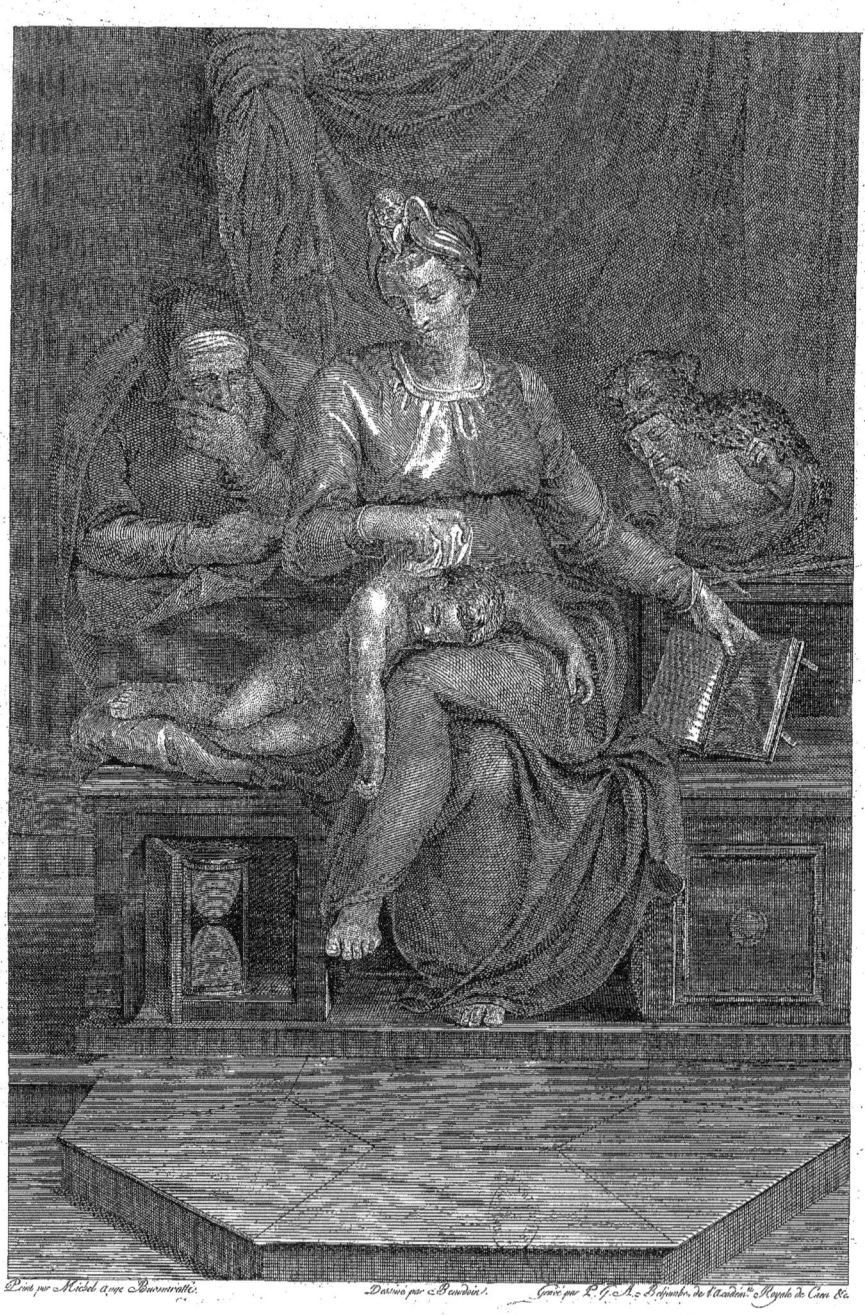

LA SAINTE FAMILLE

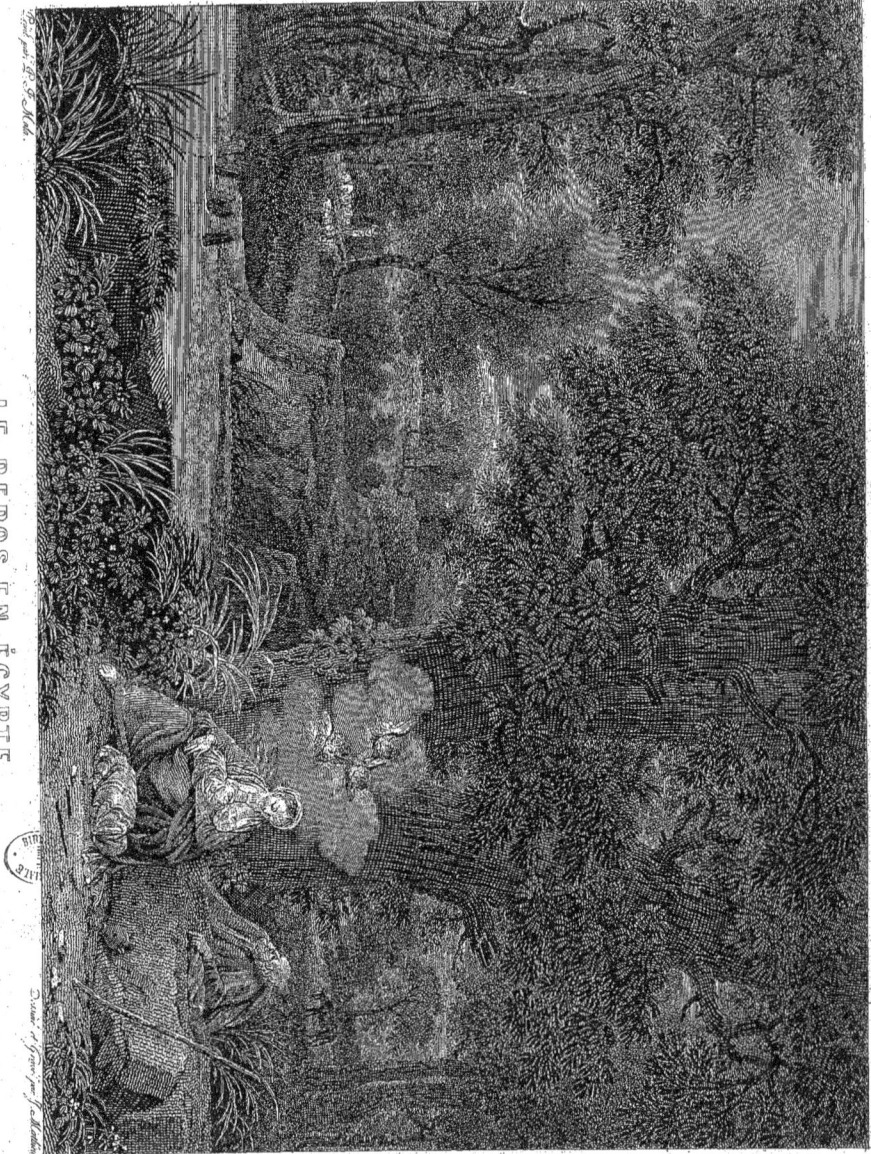

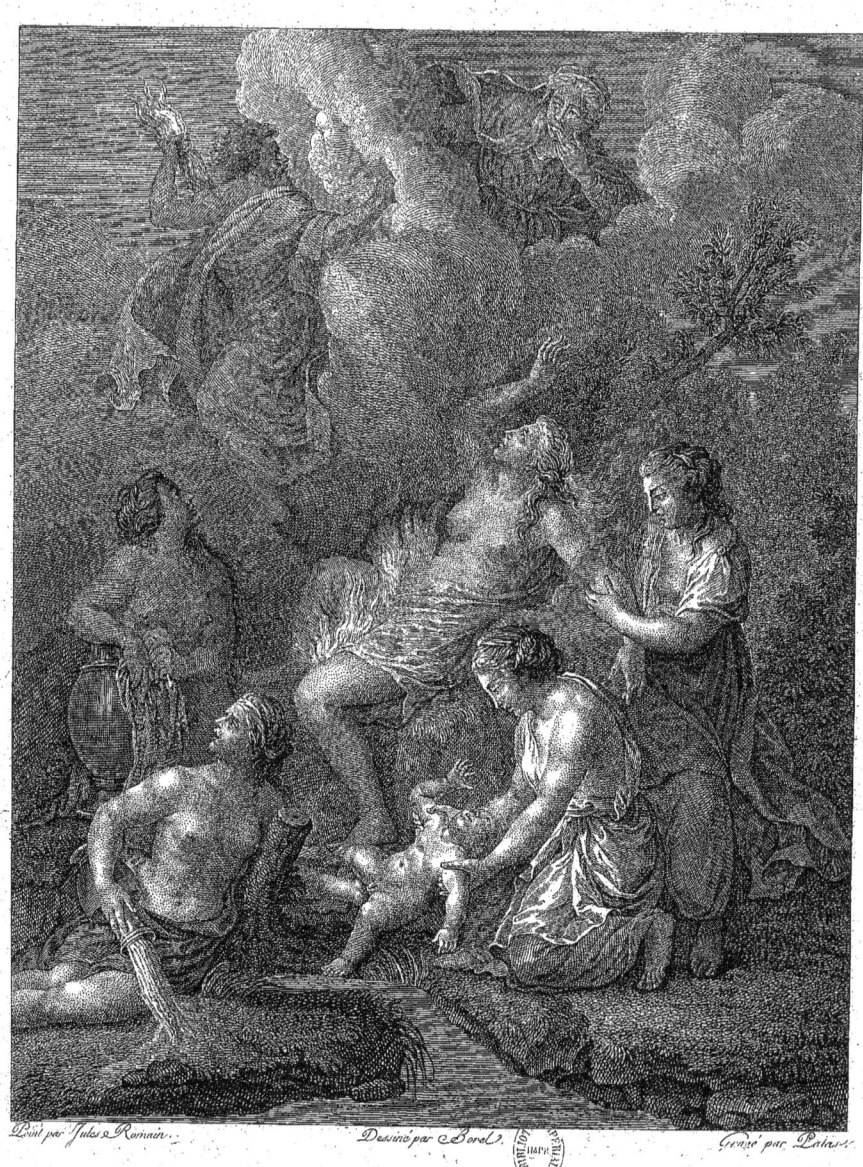

LA NAISSANCE DE BACCHUS

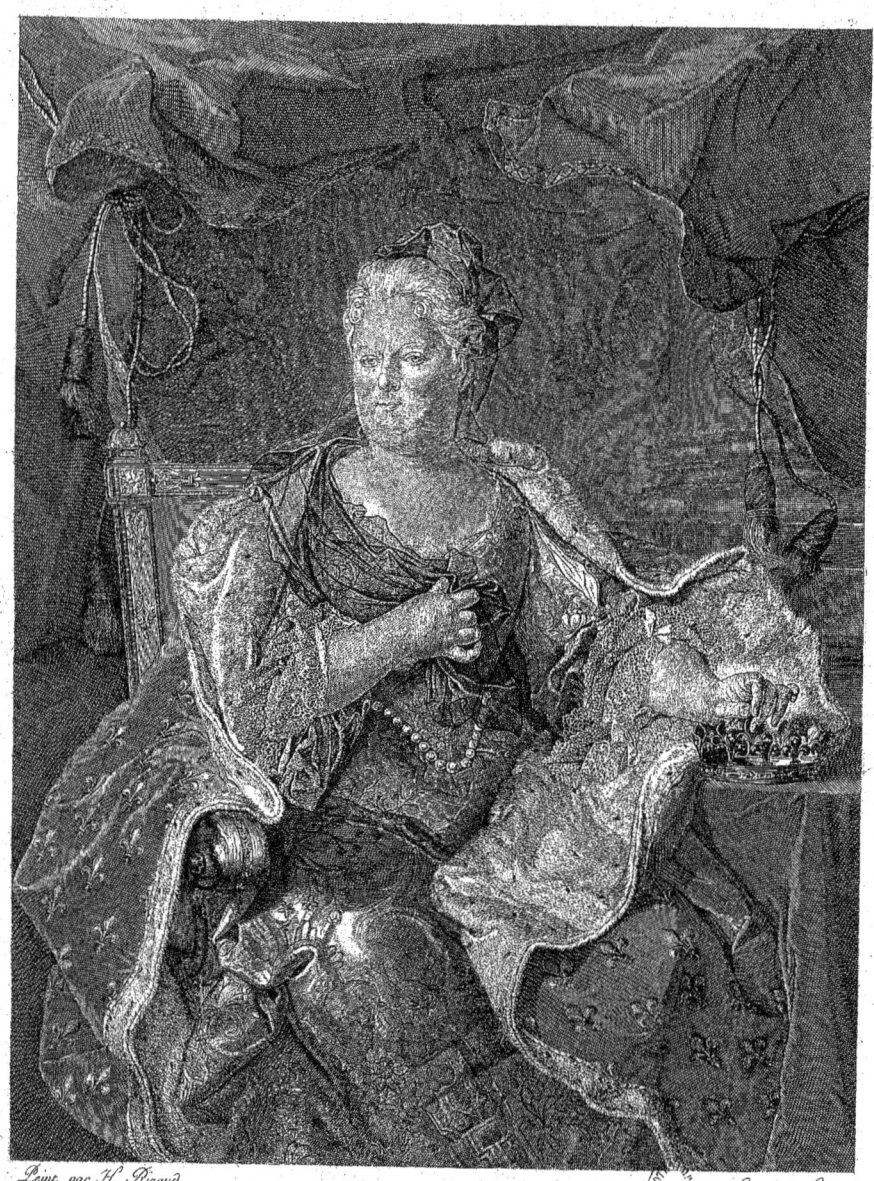

Peint par H. Rigaud / Gravé par Guibert

LA DUCHESSE D'ORLÉANS

Imp. Chardon ainé, à Paris

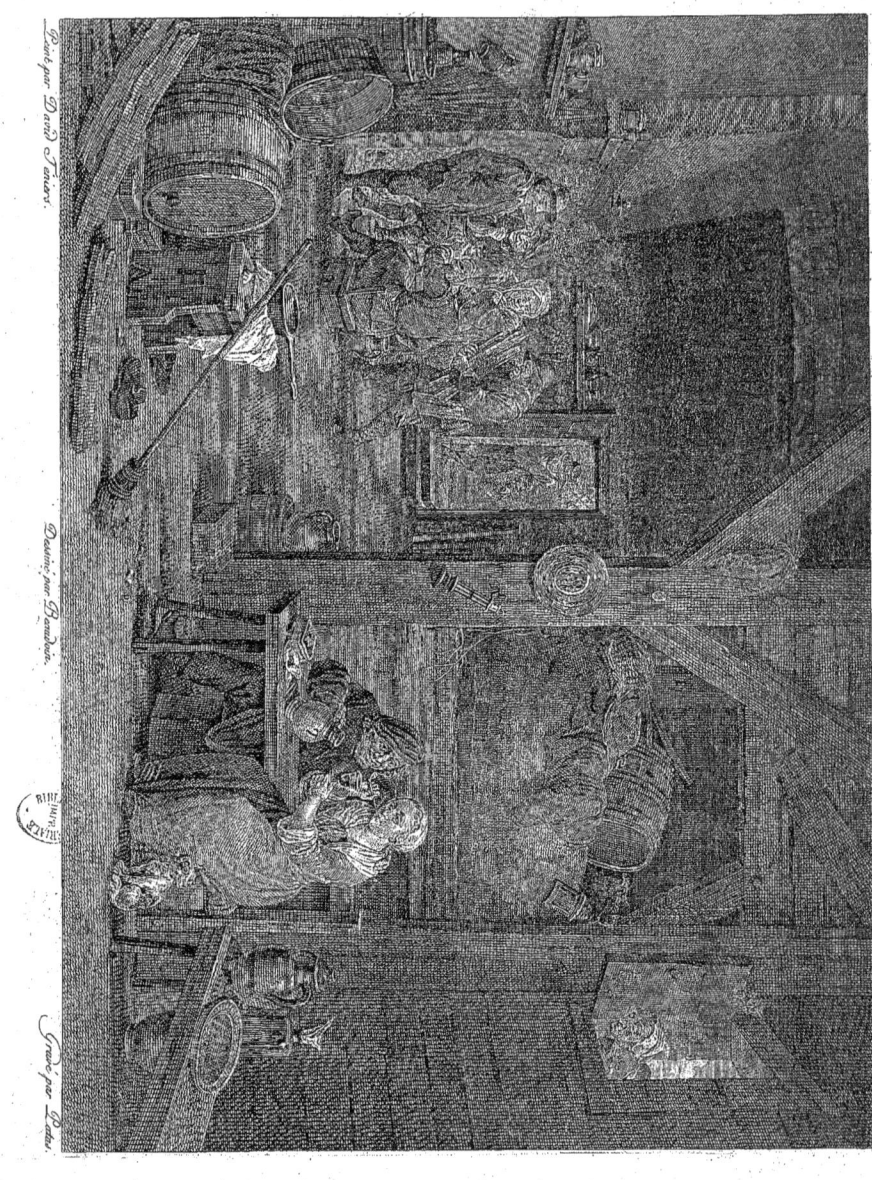

LA FUMEUSE

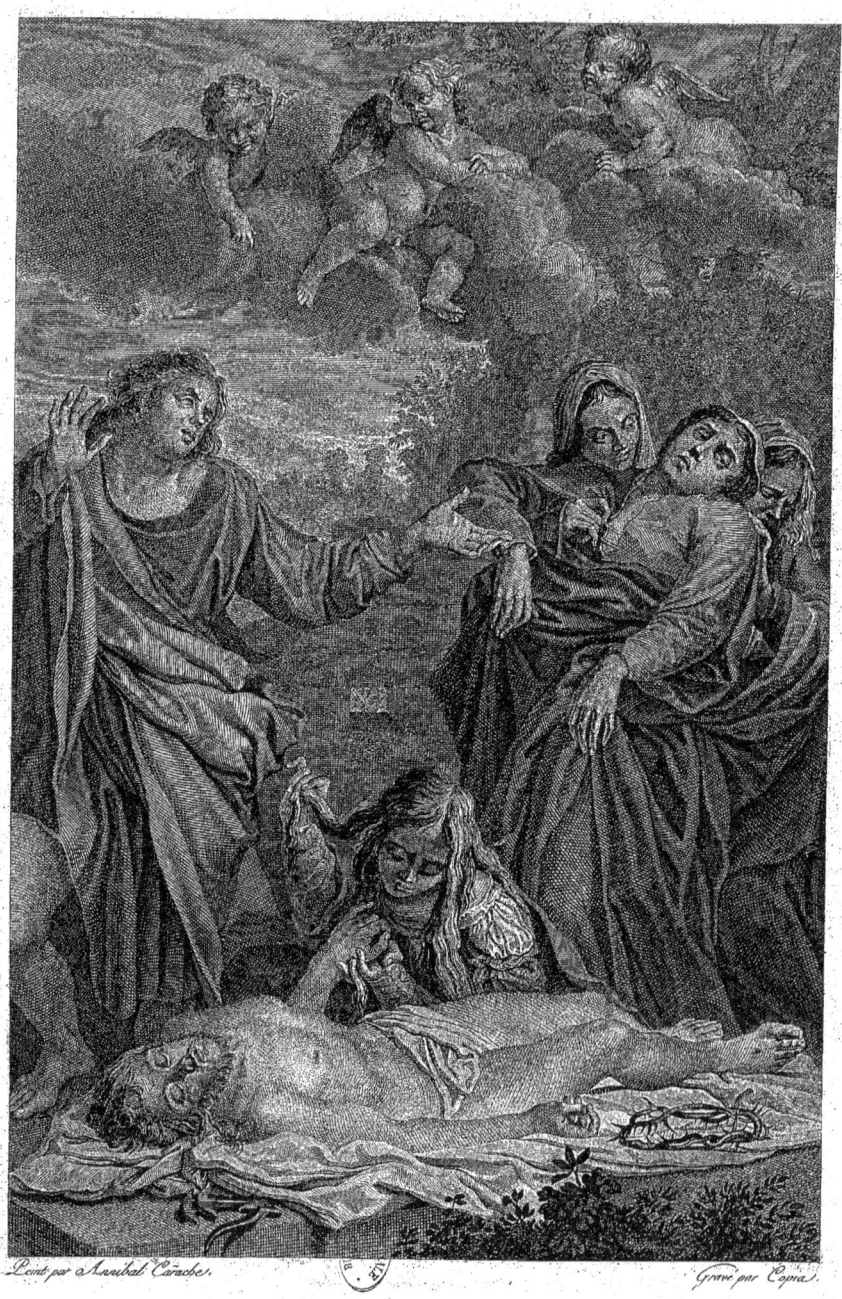

LES TROIS MARIE

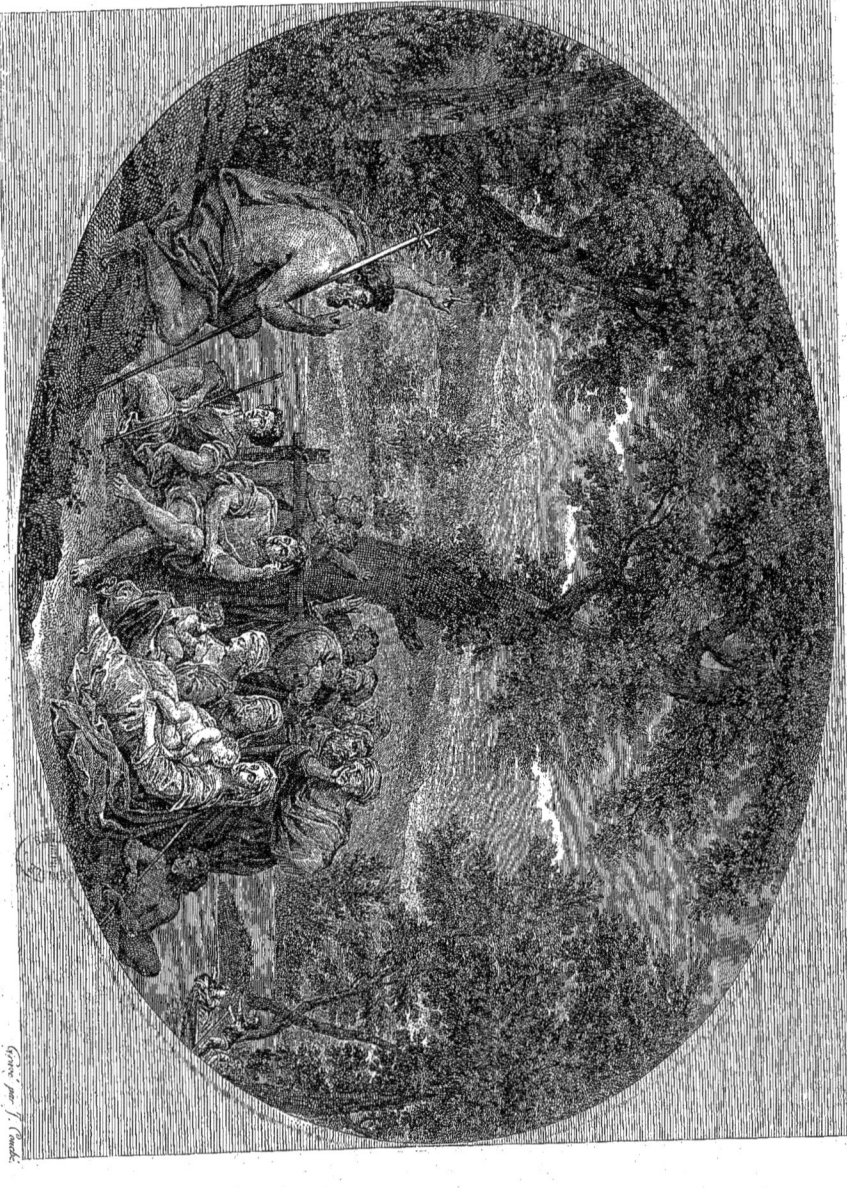

LA PRÉDICATION DE SAINT-JEAN-BAPTISTE

VÉNUS QUI SE MIRE

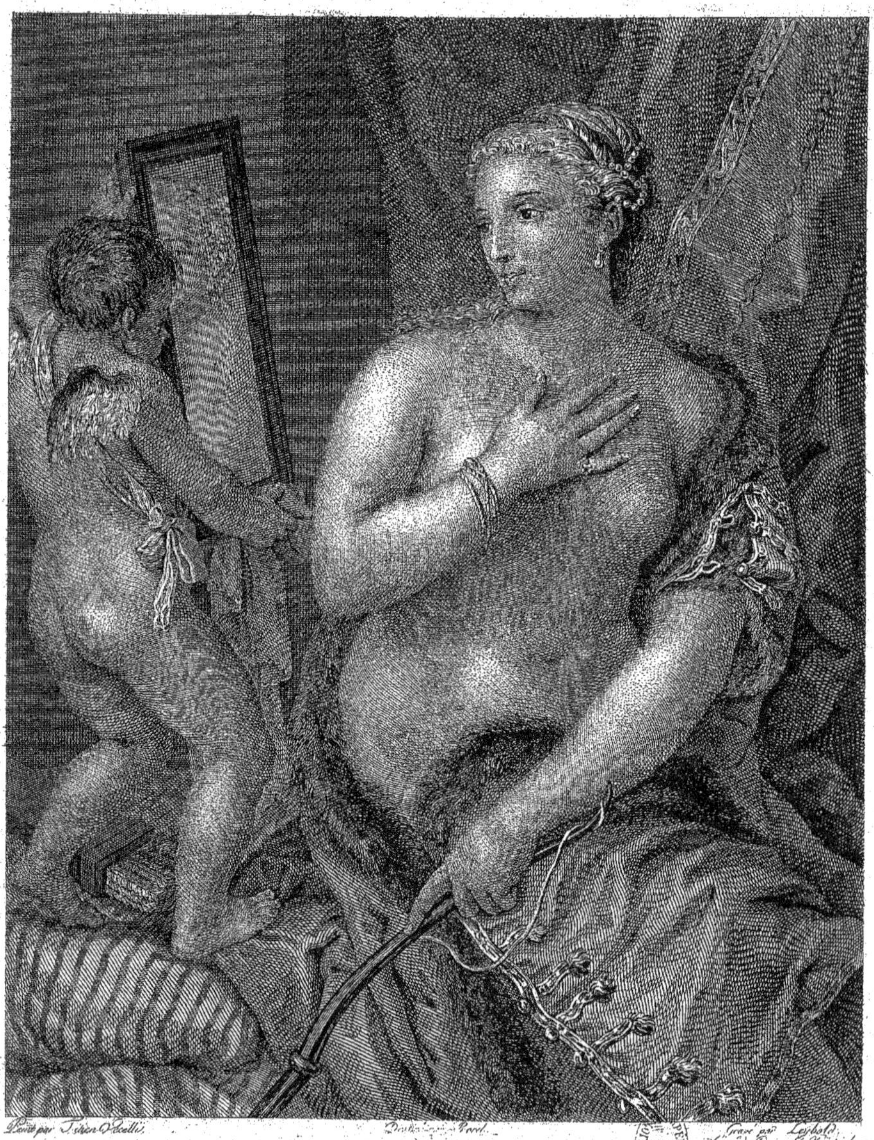

Peint par Guido Reni.

ÉRIGONE

Gravé par Coutort.

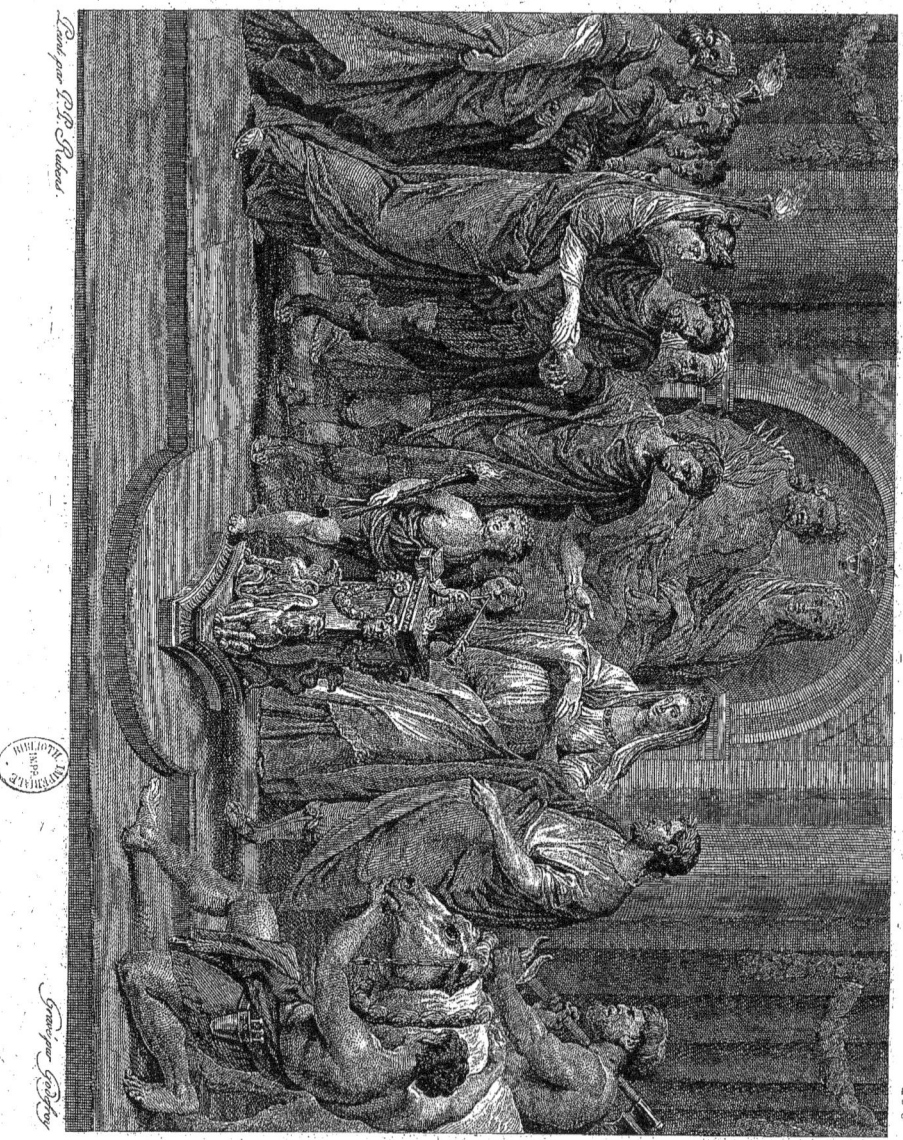

HISTOIRE DE CONSTANTIN 3

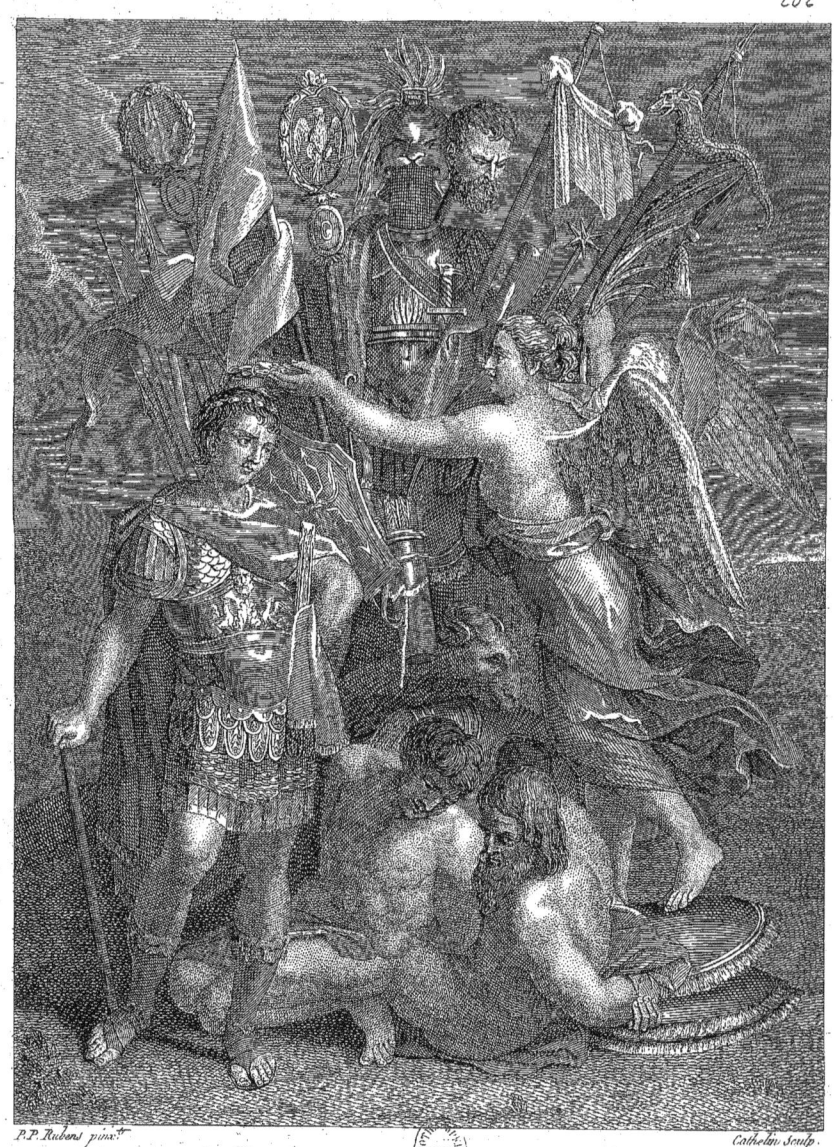

HISTOIRE DE CONSTANTIN 7

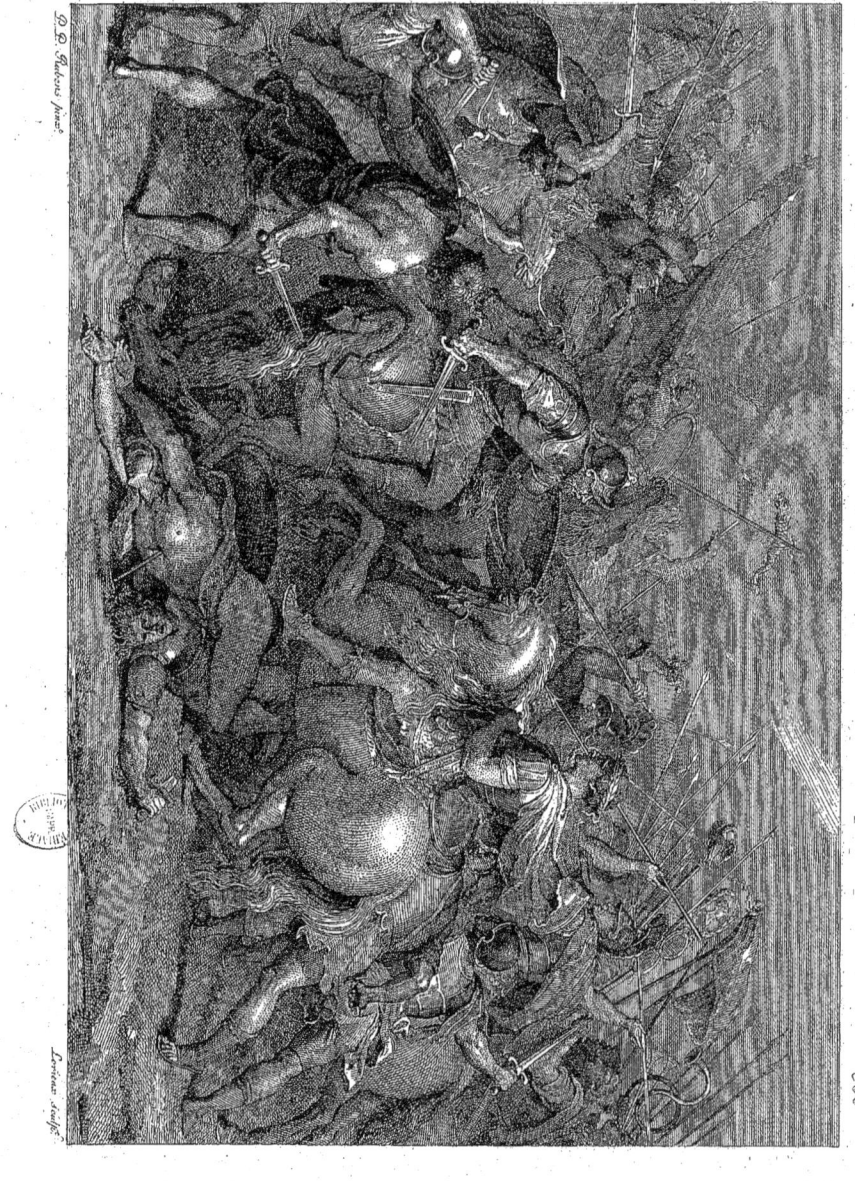

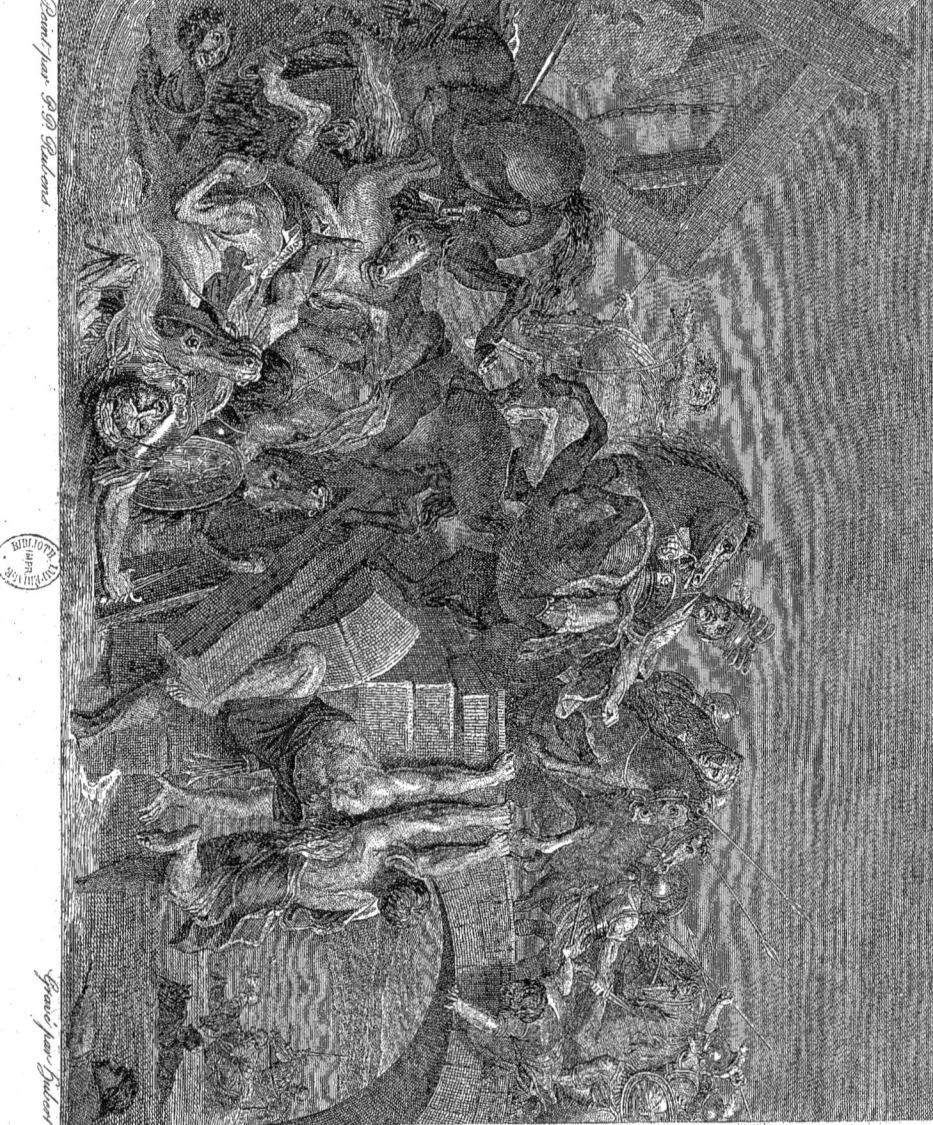

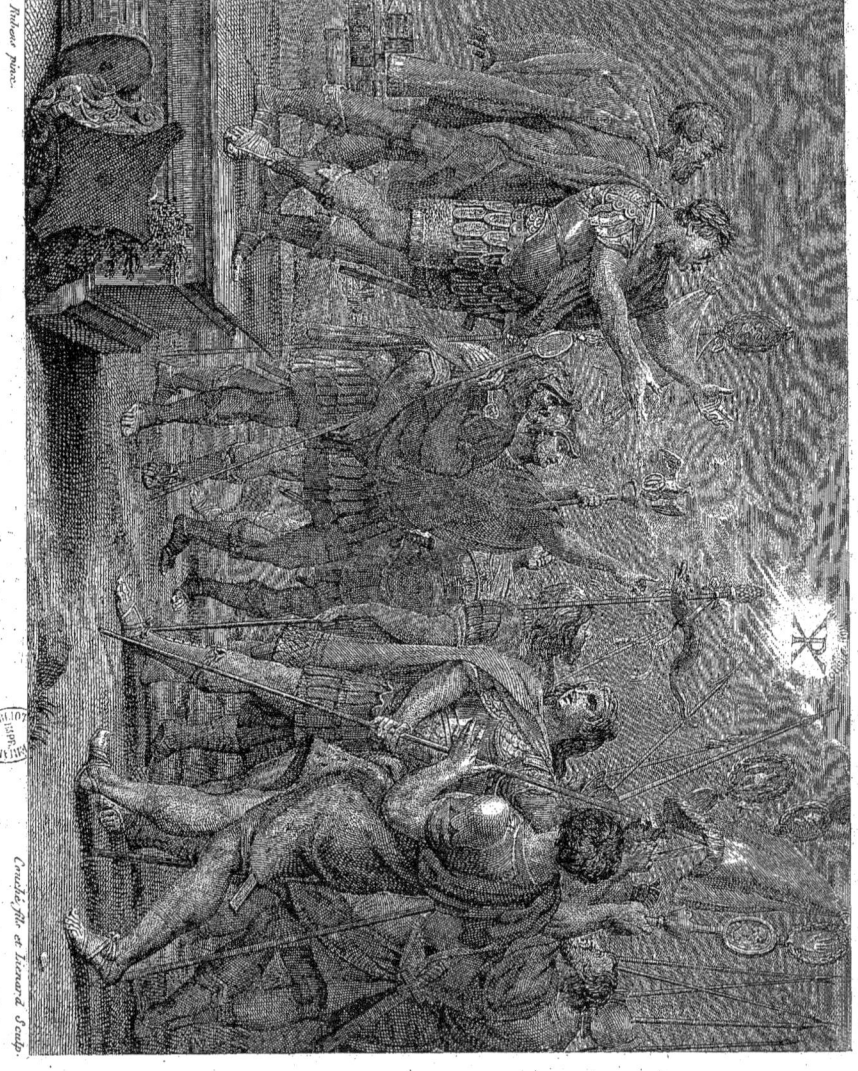

HISTOIRE DE CONSTANTIN 4.

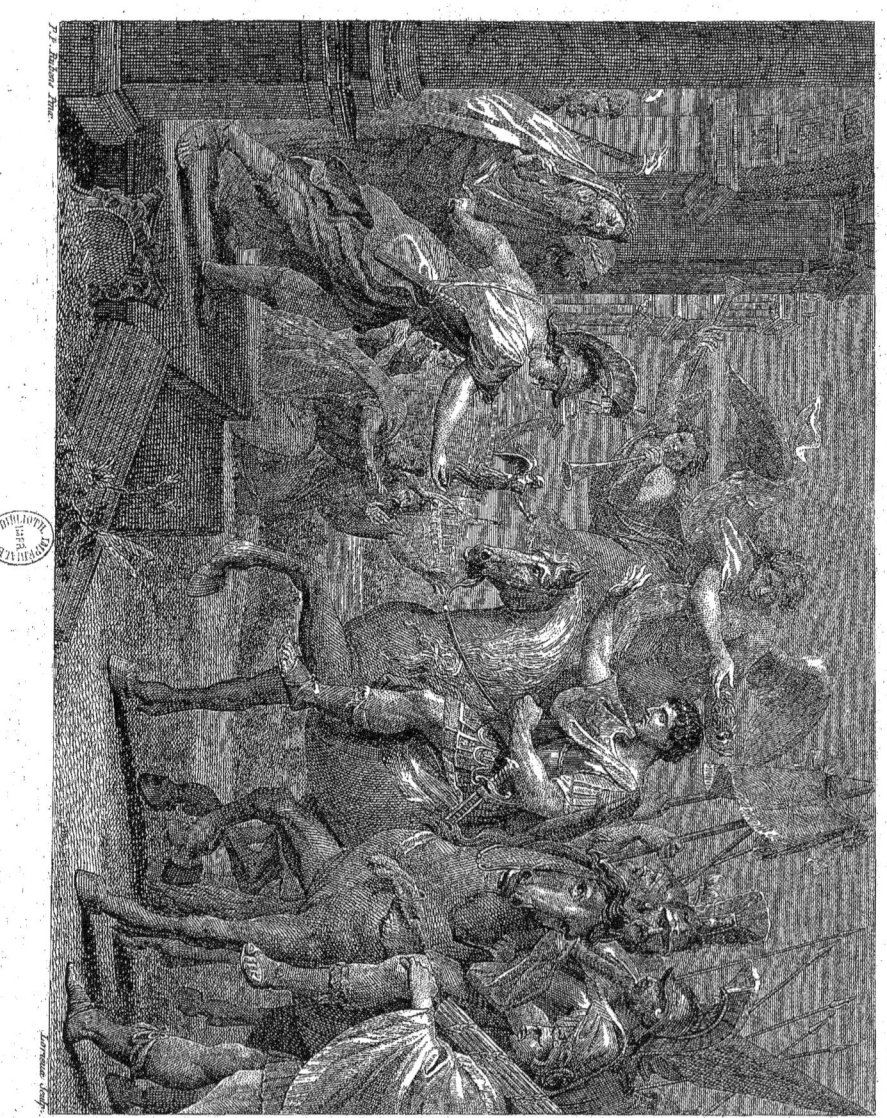

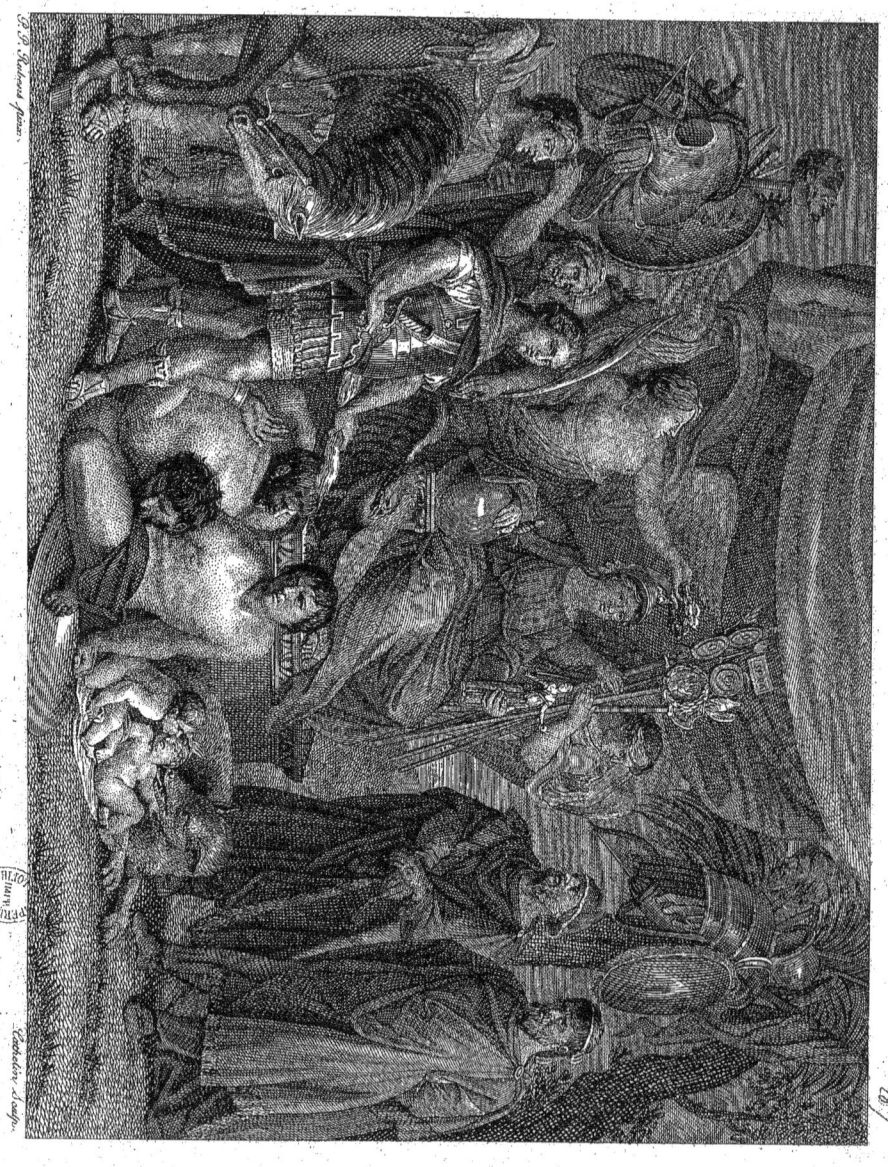

HISTOIRE DE CONSTANTIN I.ᵉʳ

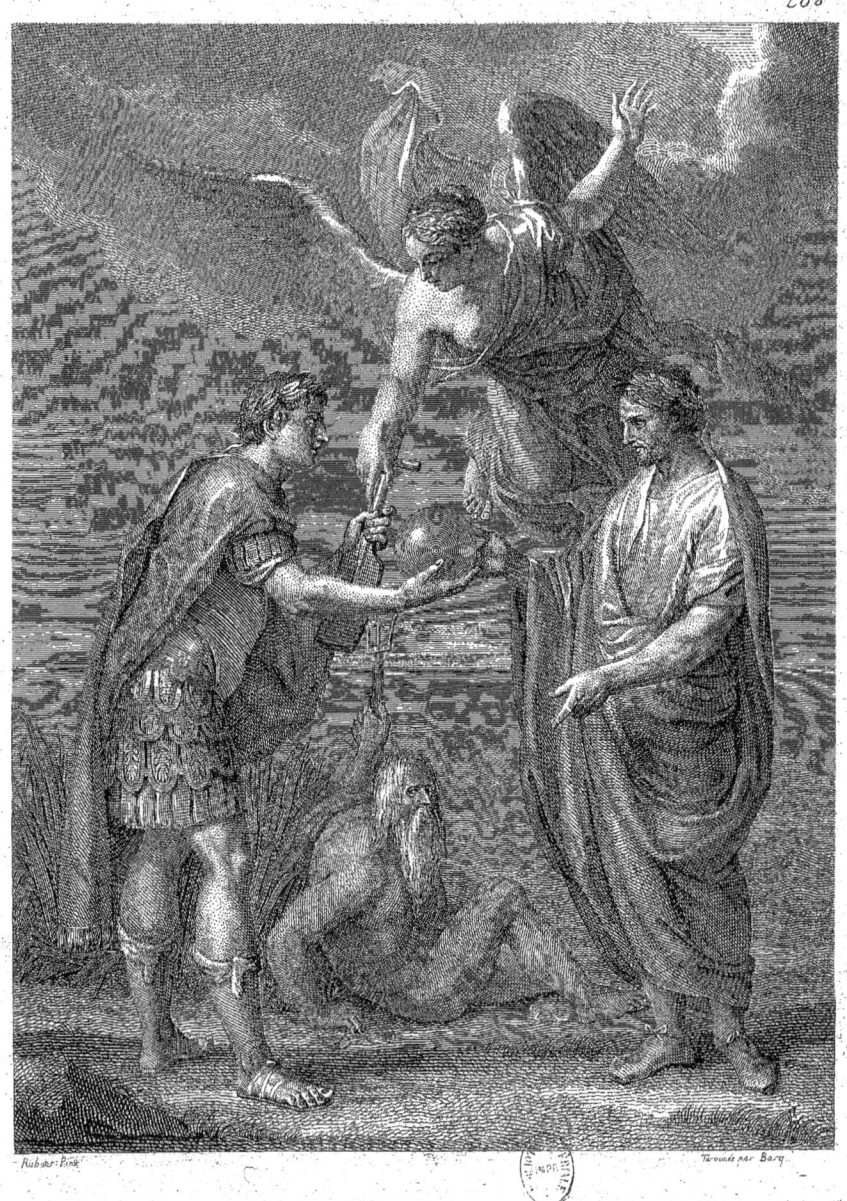

HISTOIRE DE CONSTANTIN 9

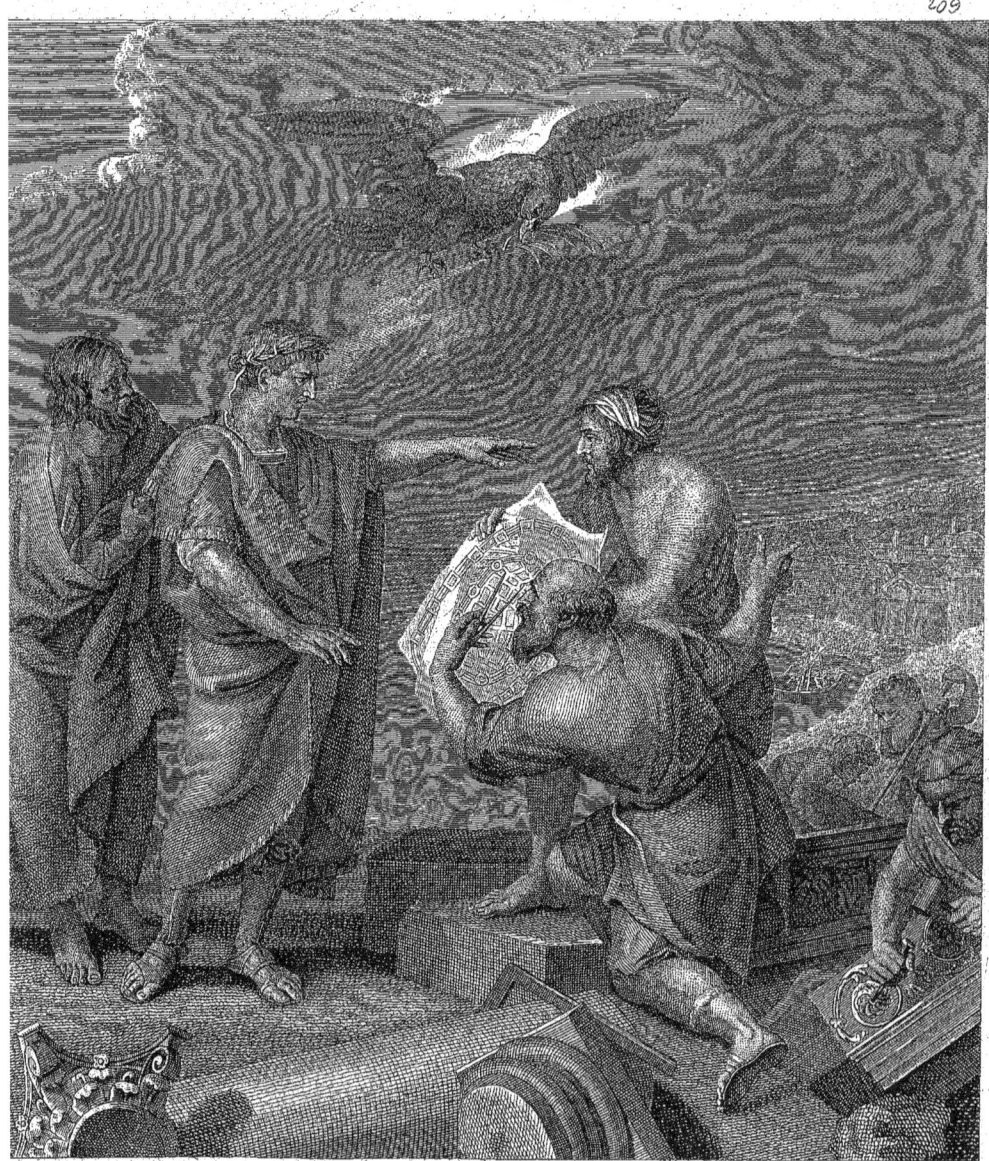

P. Rubens pinx.t Couché fils aqua forti. Terminé par Hubert, membre de la Légion d'honneur

HISTOIRE DE CONSTANTIN 10

Imp. Chardon ainé, à Paris.

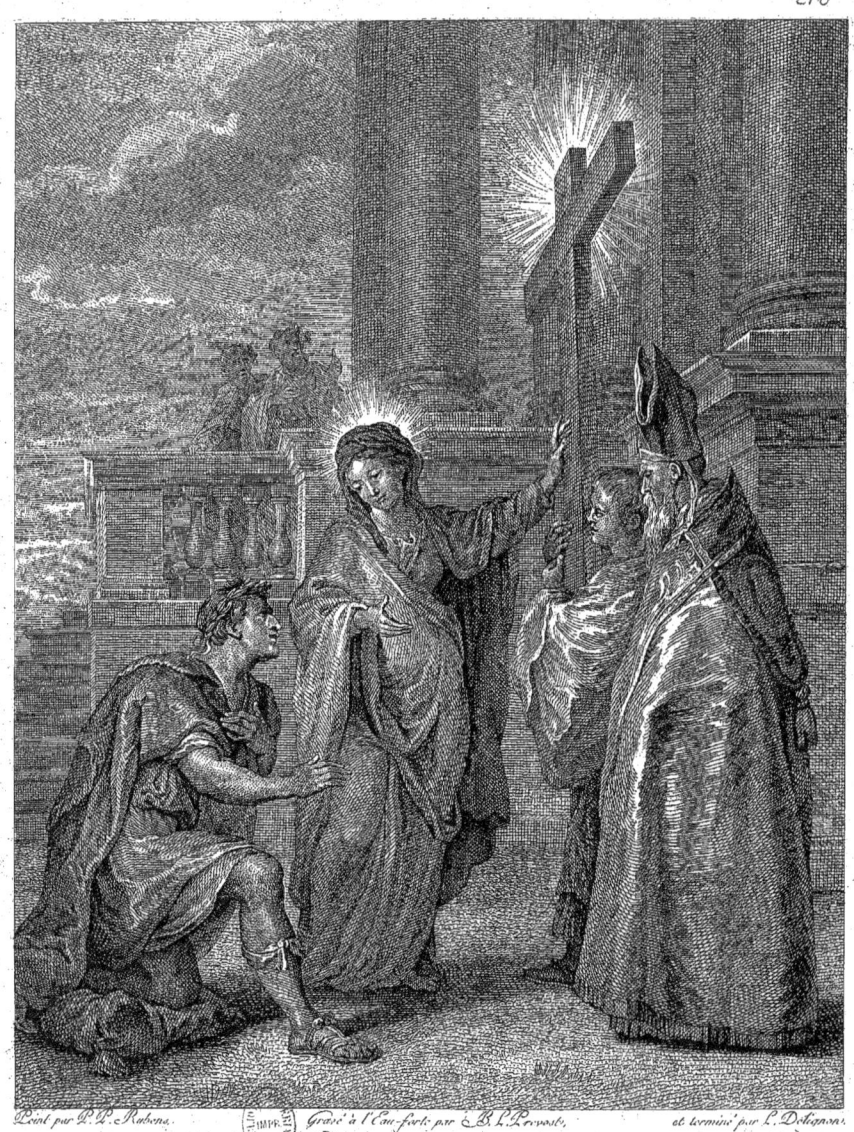

HISTOIRE DE CONSTANTIN II

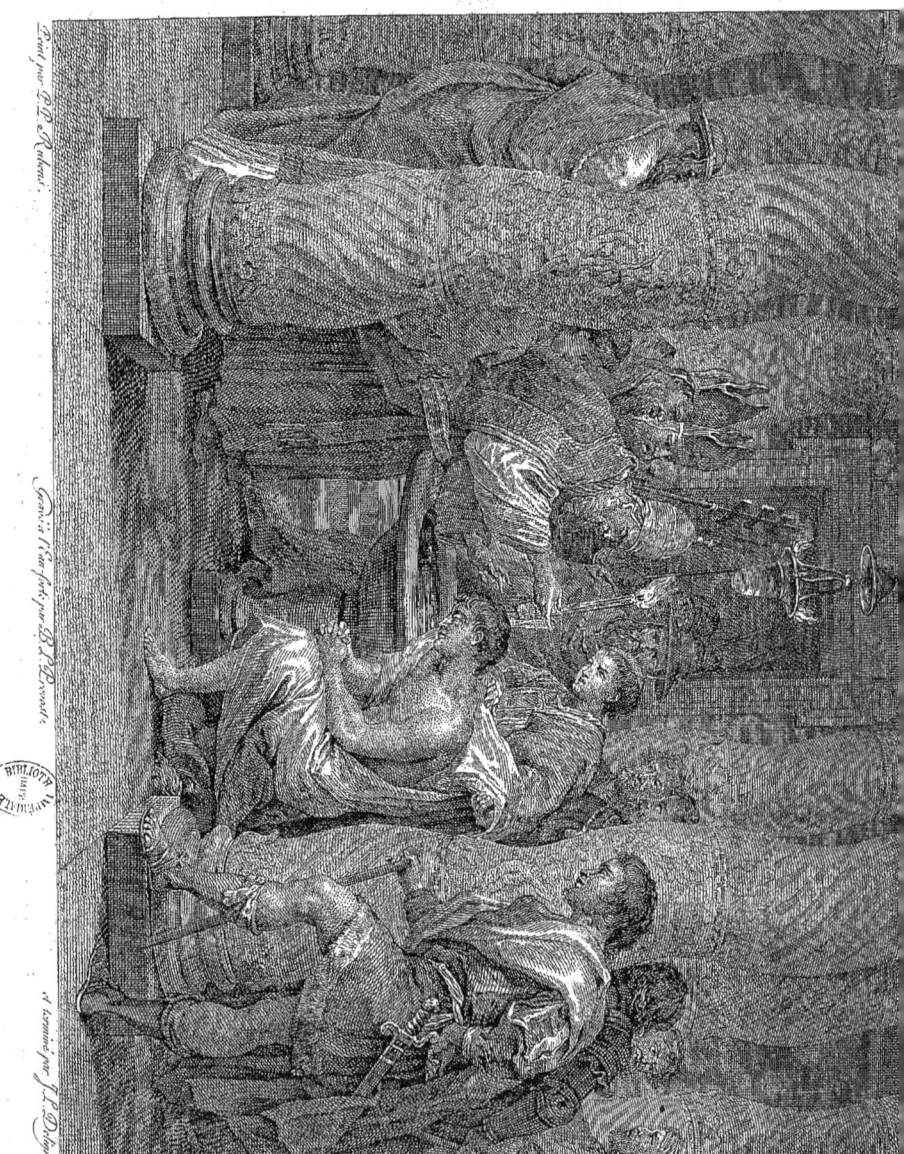

L'HISTOIRE DE CONSTANTIN XIII.

LES VENDEURS CHASSÉS DU TEMPLE

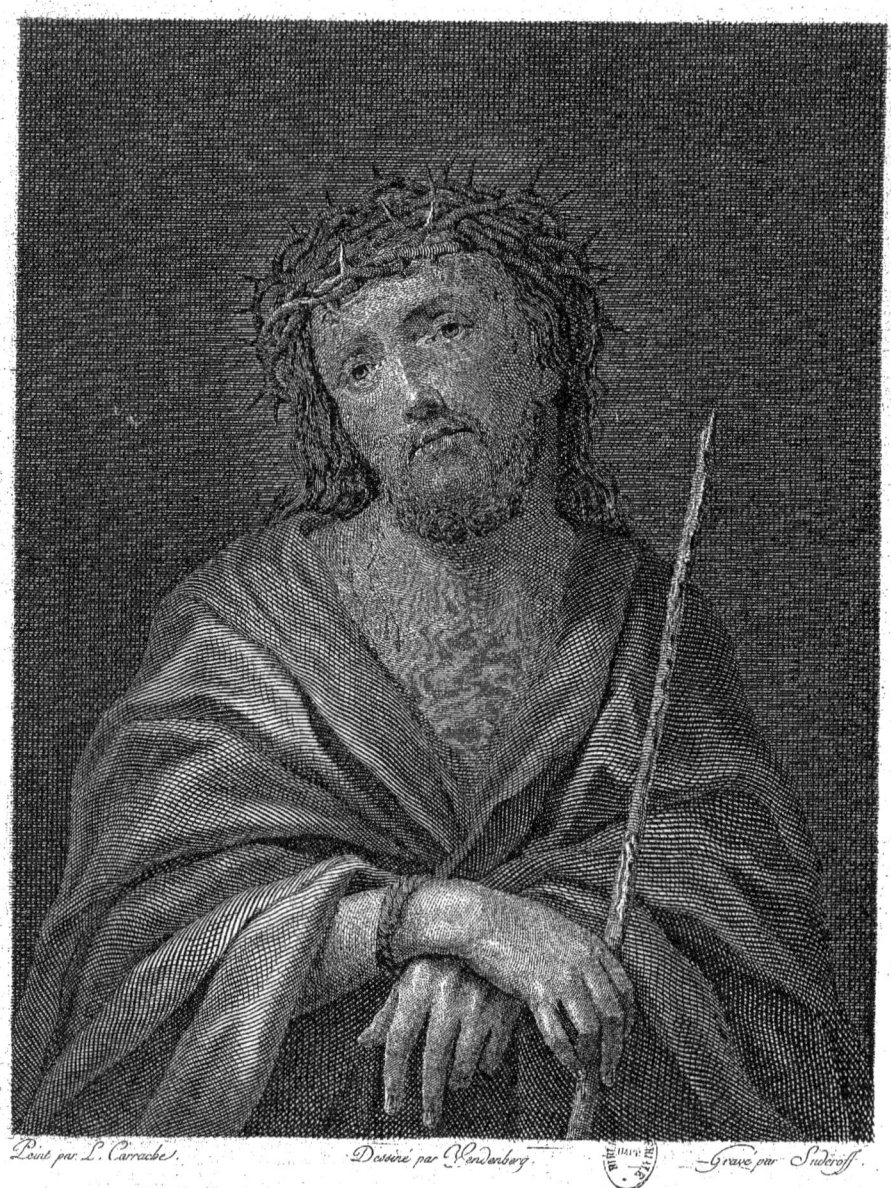

LE COURONNEMENT D'ÉPINES

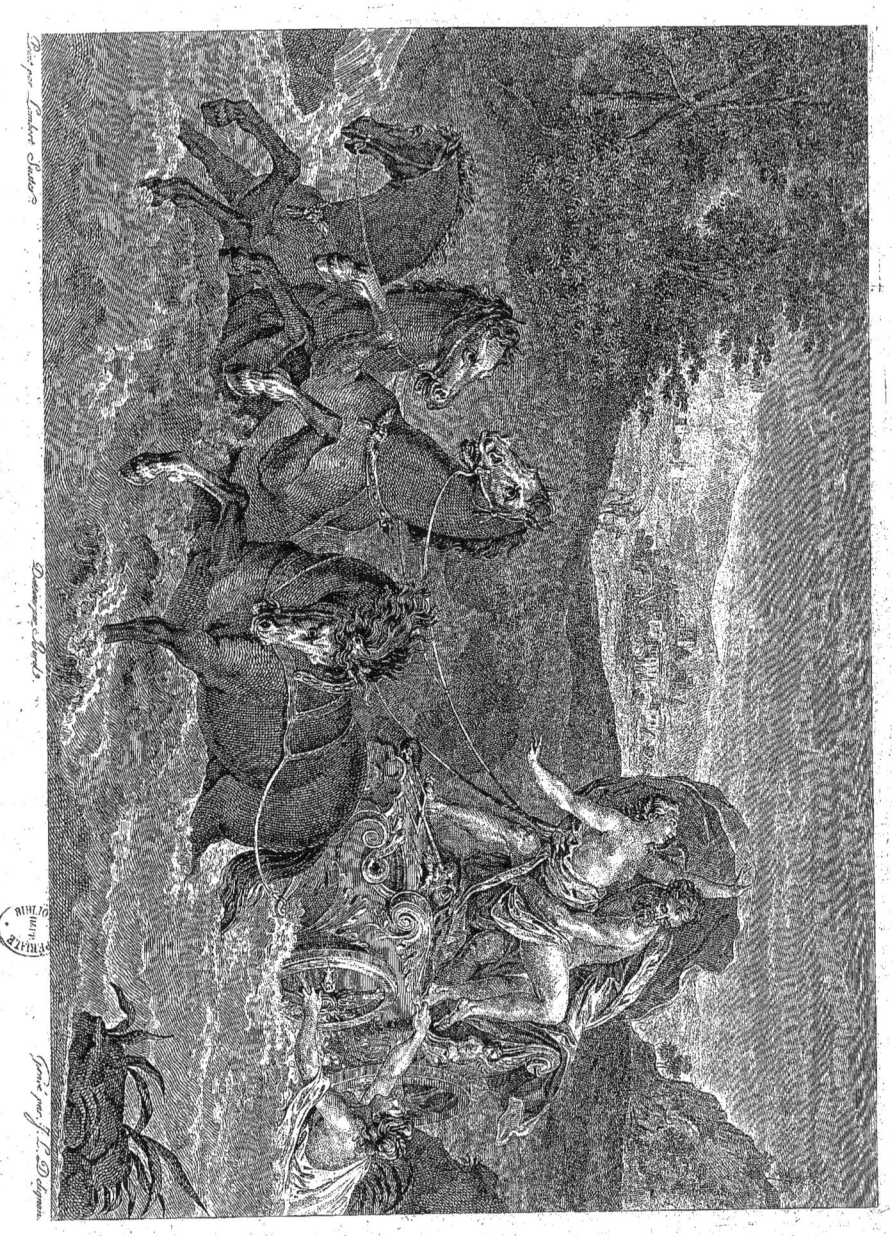

L'ENLÈVEMENT DE PROSERPINE.

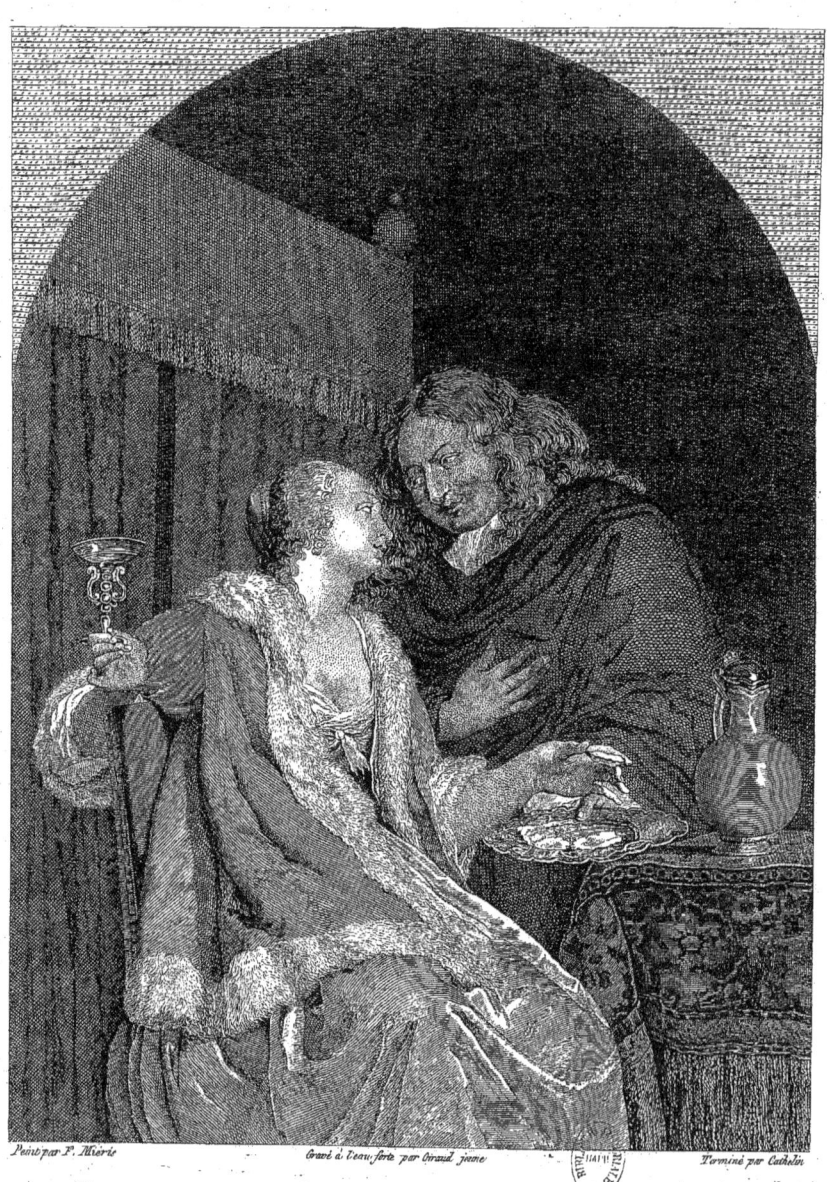

LE DÉJEUNER D'HUÎTRES

Peint par Camille Roëtebourg.

LES NYMPHES ET LES FAUNES.

Gravé par J. Caache.

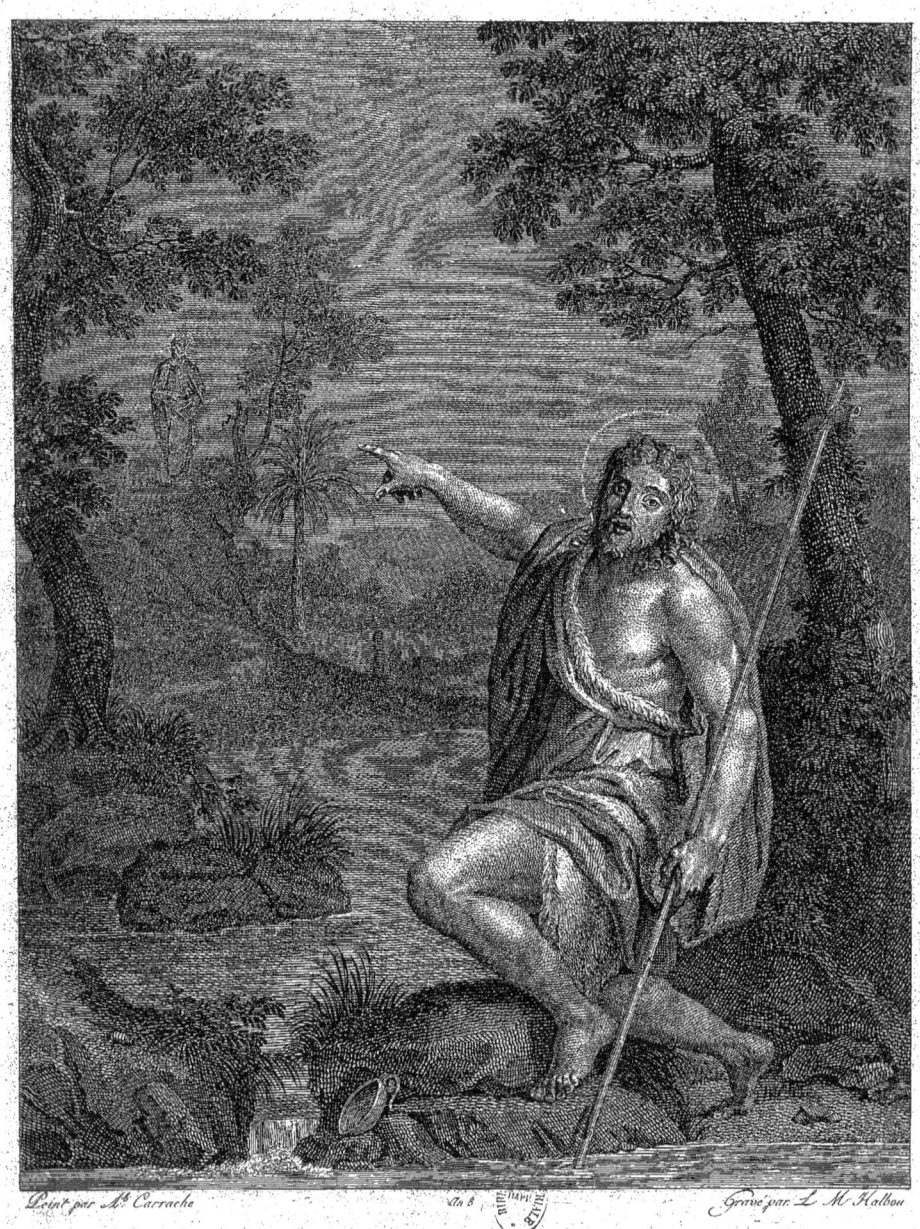

SAINT JEAN BAPTISTE.

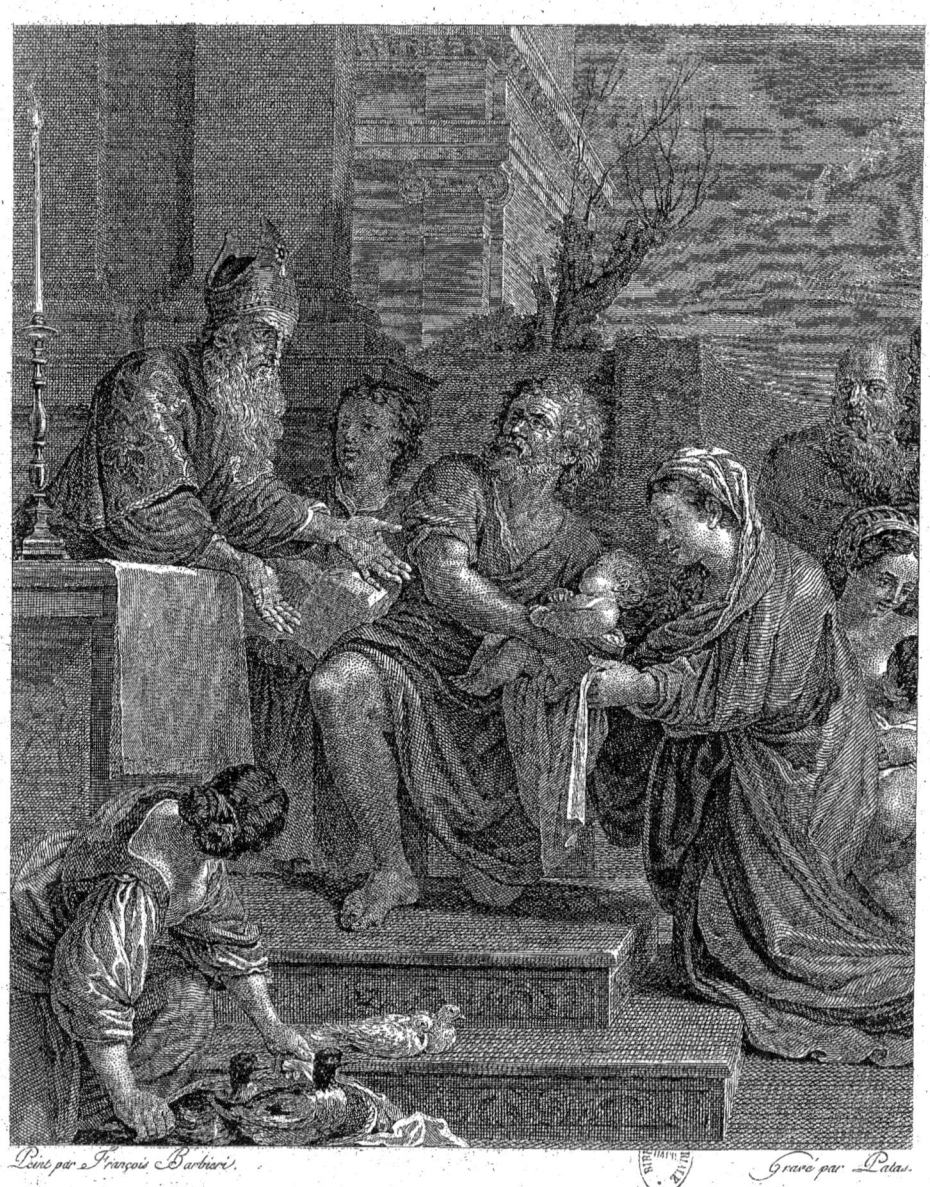

Peint par François Barbieri. Gravé par Patas.

LA PRÉSENTATION AU TEMPLE

Imp. Chardon ainé, à Paris

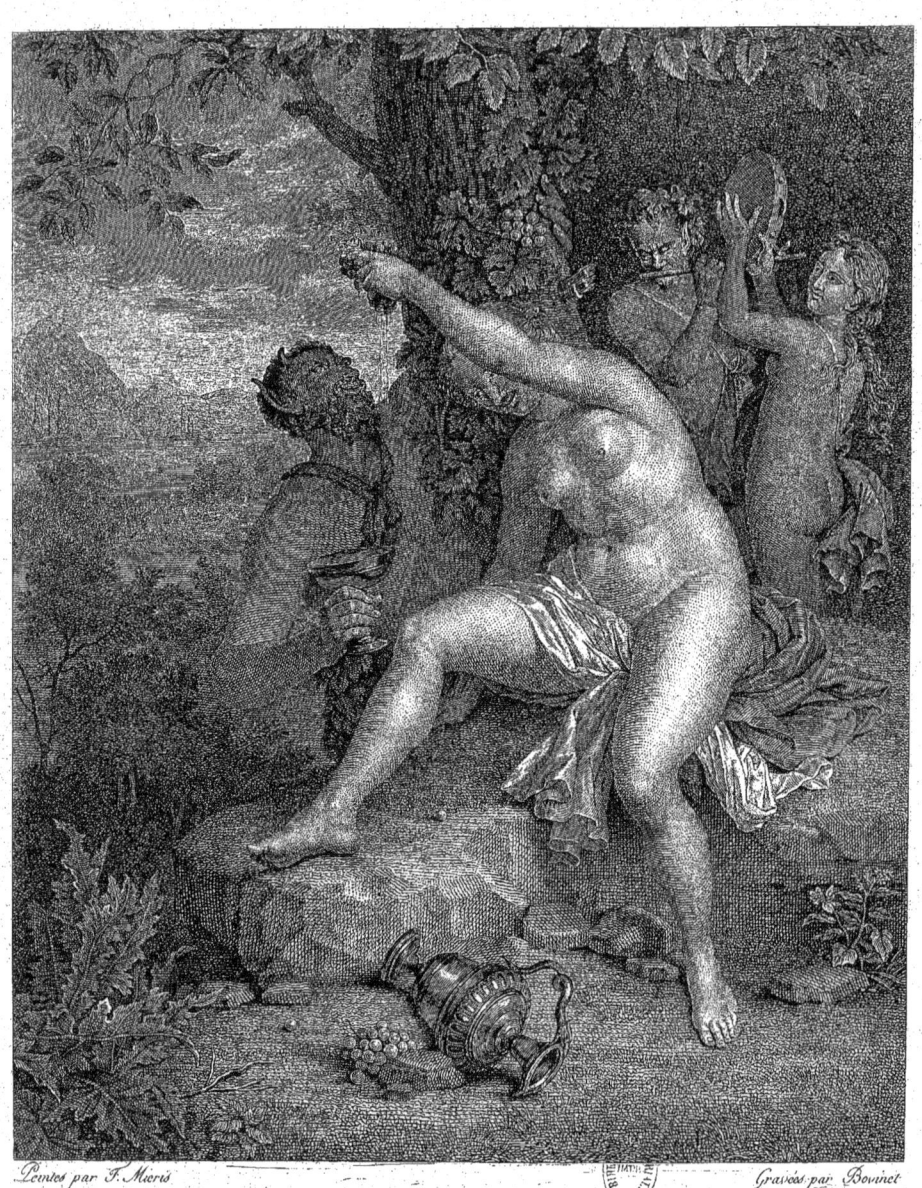

LES BACCHANTES

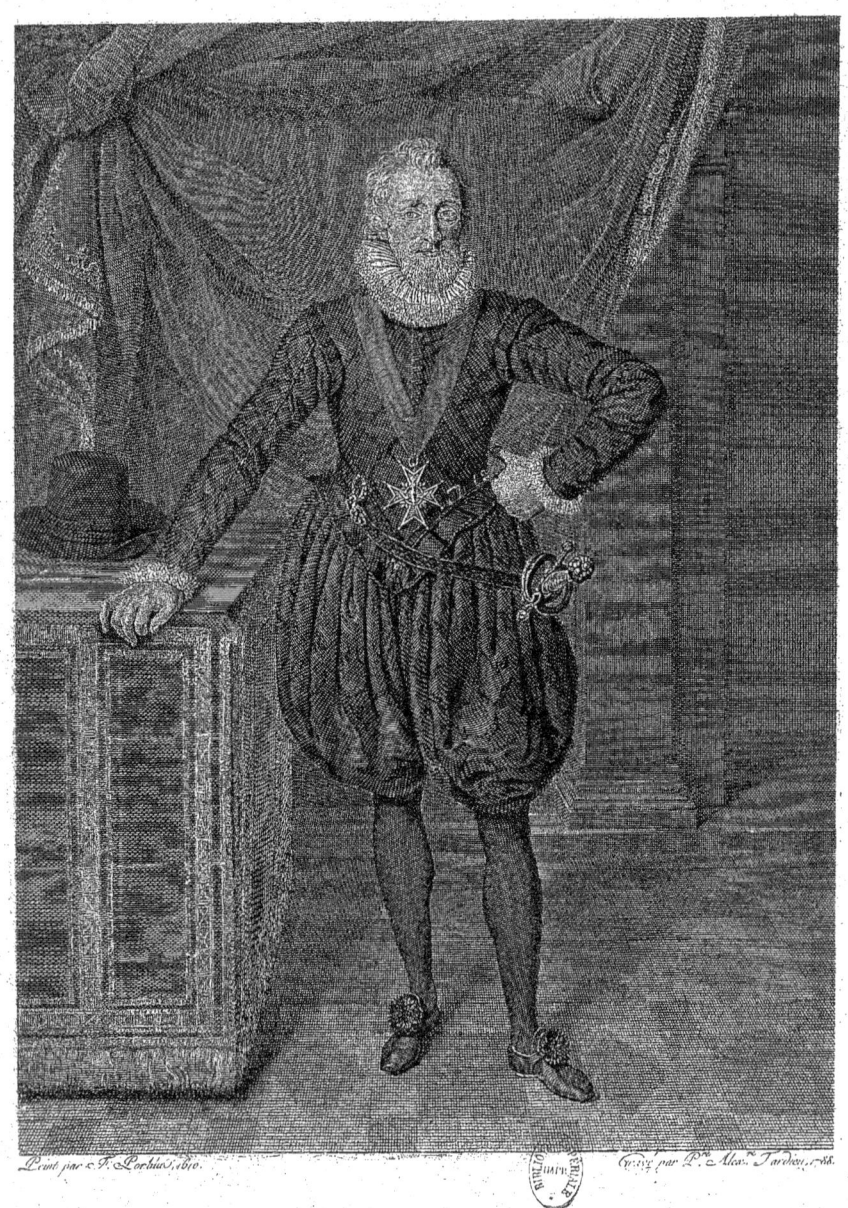

HENRI IV

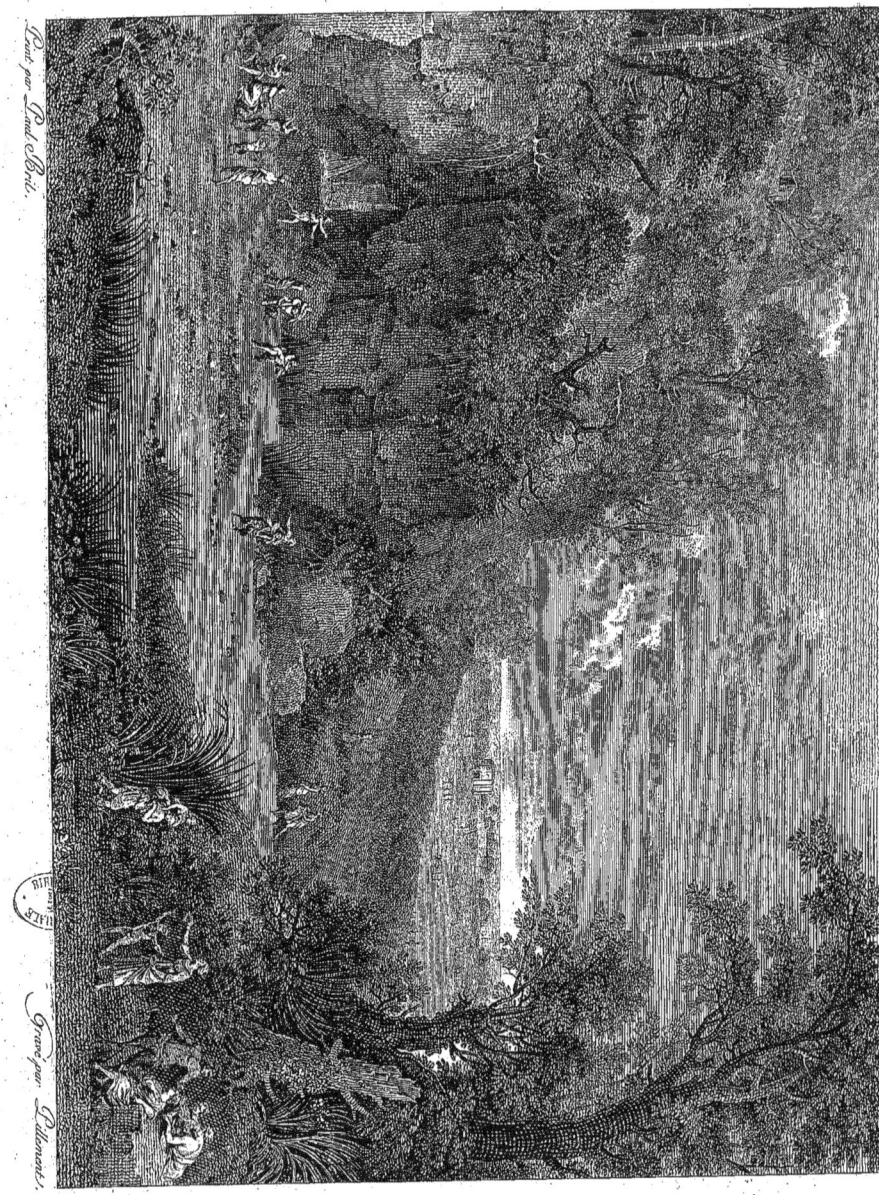

LES NYMPHES & LES SATYRES

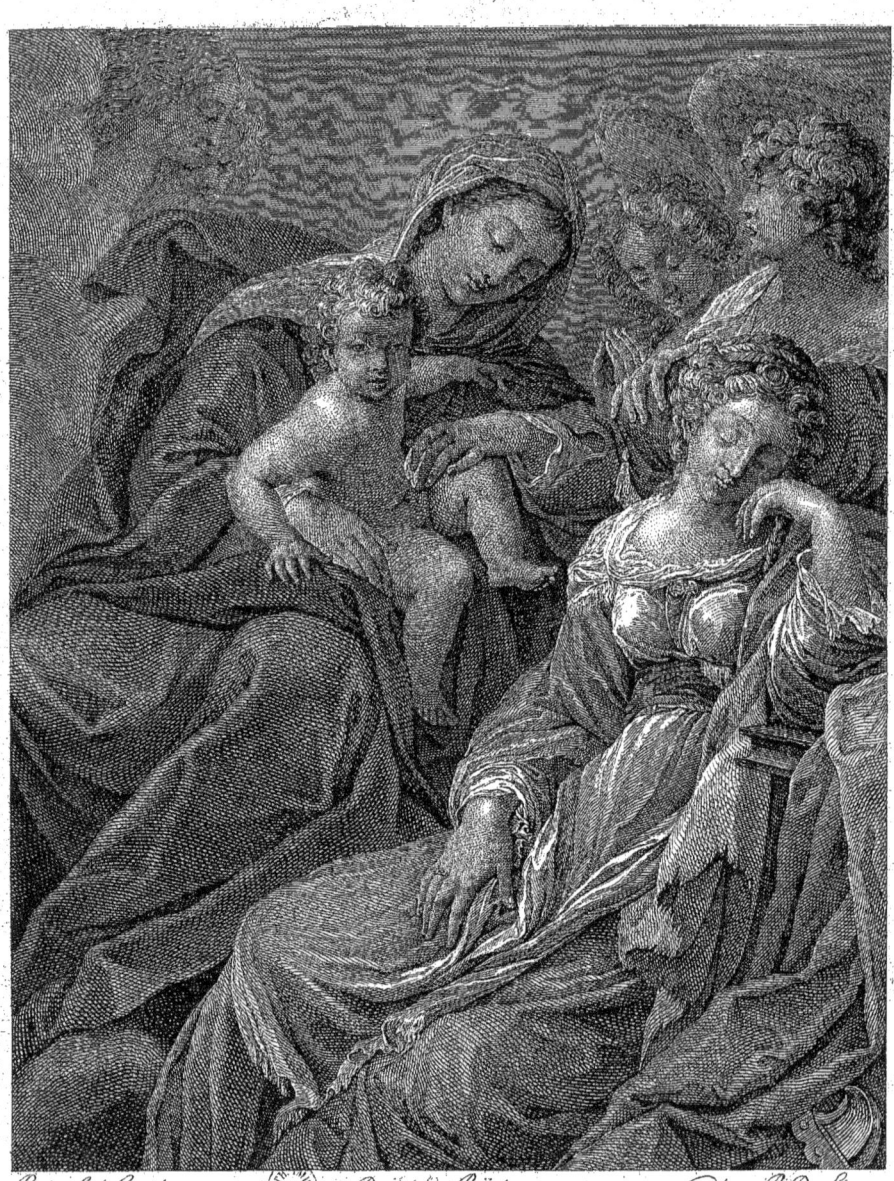

Peint par Louis Carrache. Dessiné par Borel. Gravé par R. De Launay.

SAINTE CATHERINE

Imp. Chardon ainé, à Paris.

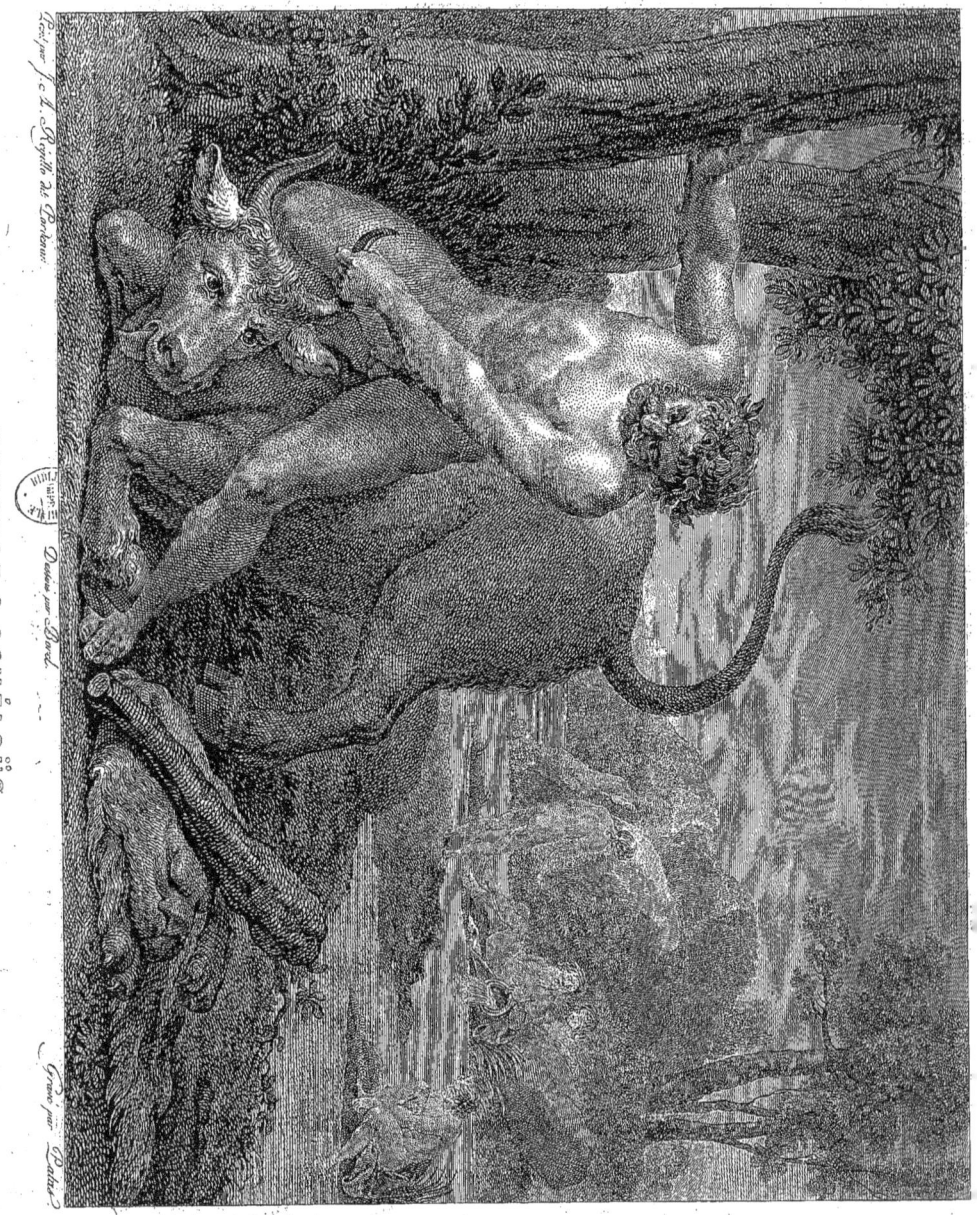

HERCULE & ACHÉLOÜS

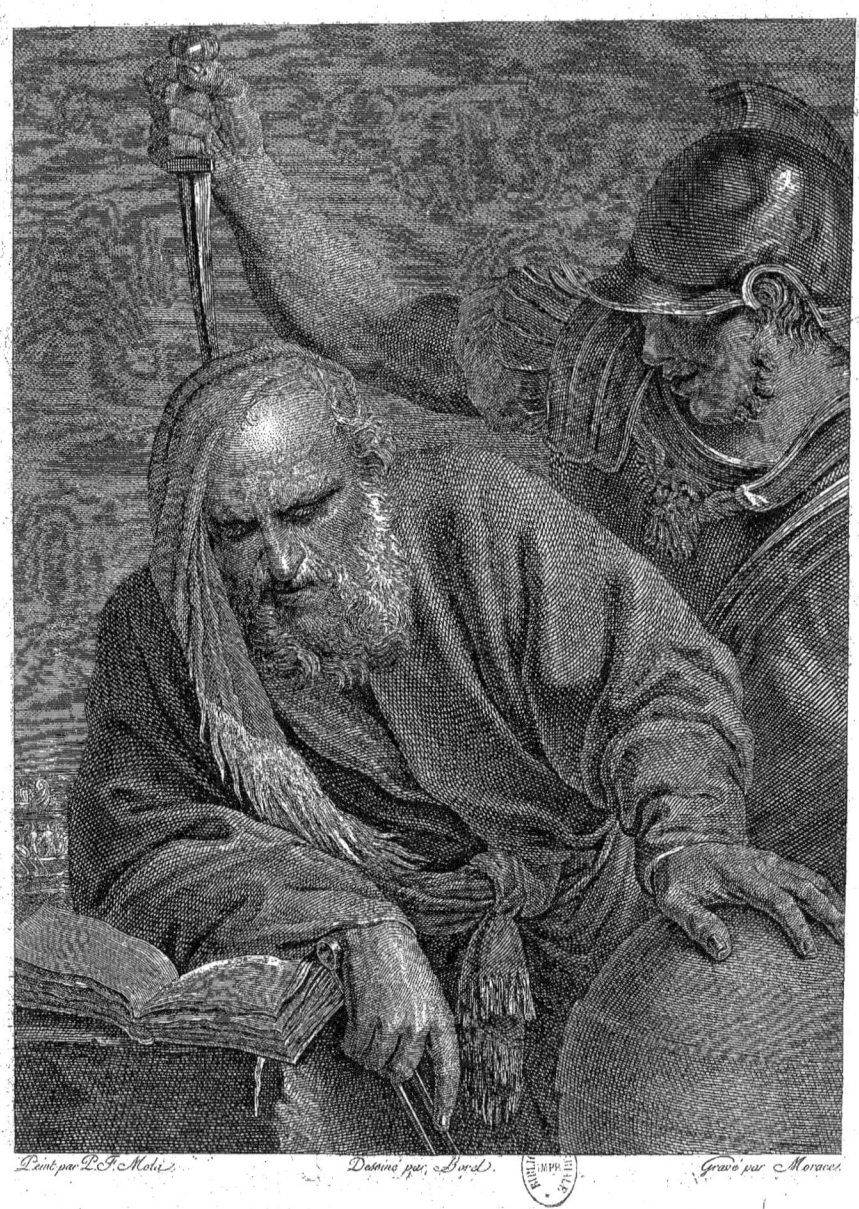

LA MORT D'ARCHIMÈDE.

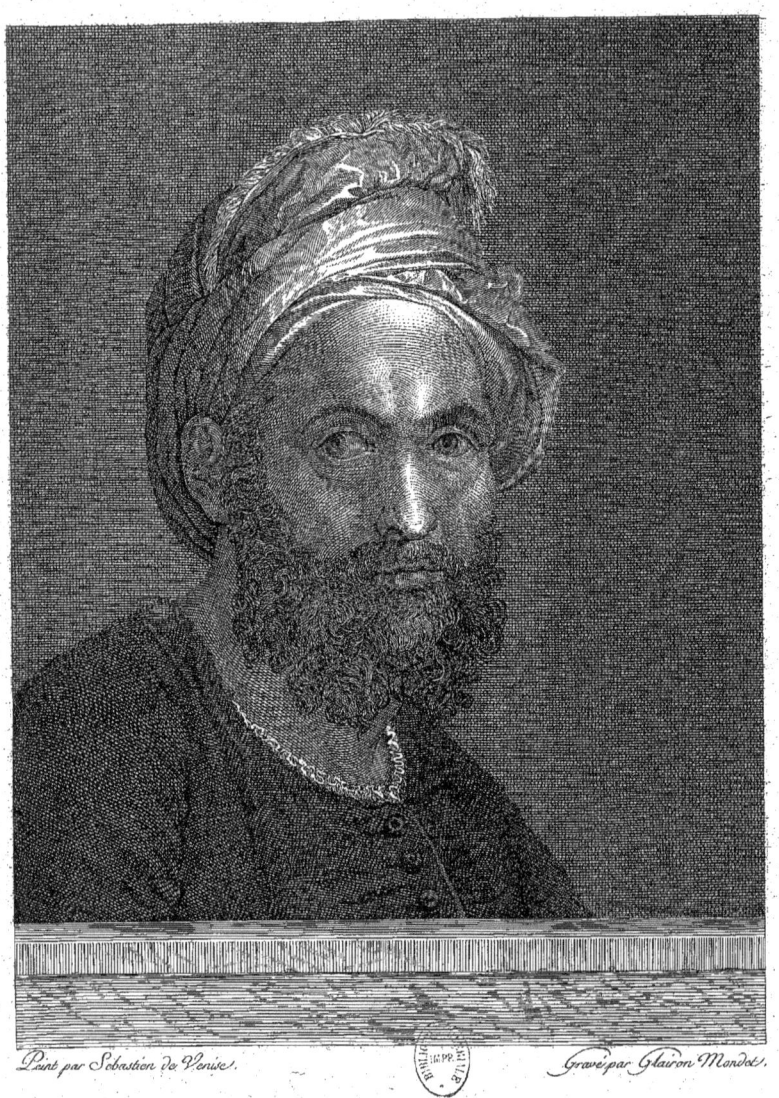

Peint par Sebastien de Venise. Gravé par Clairon Mondot.

MICHEL-ANGE

Imp. Chardon ainé, à Paris.

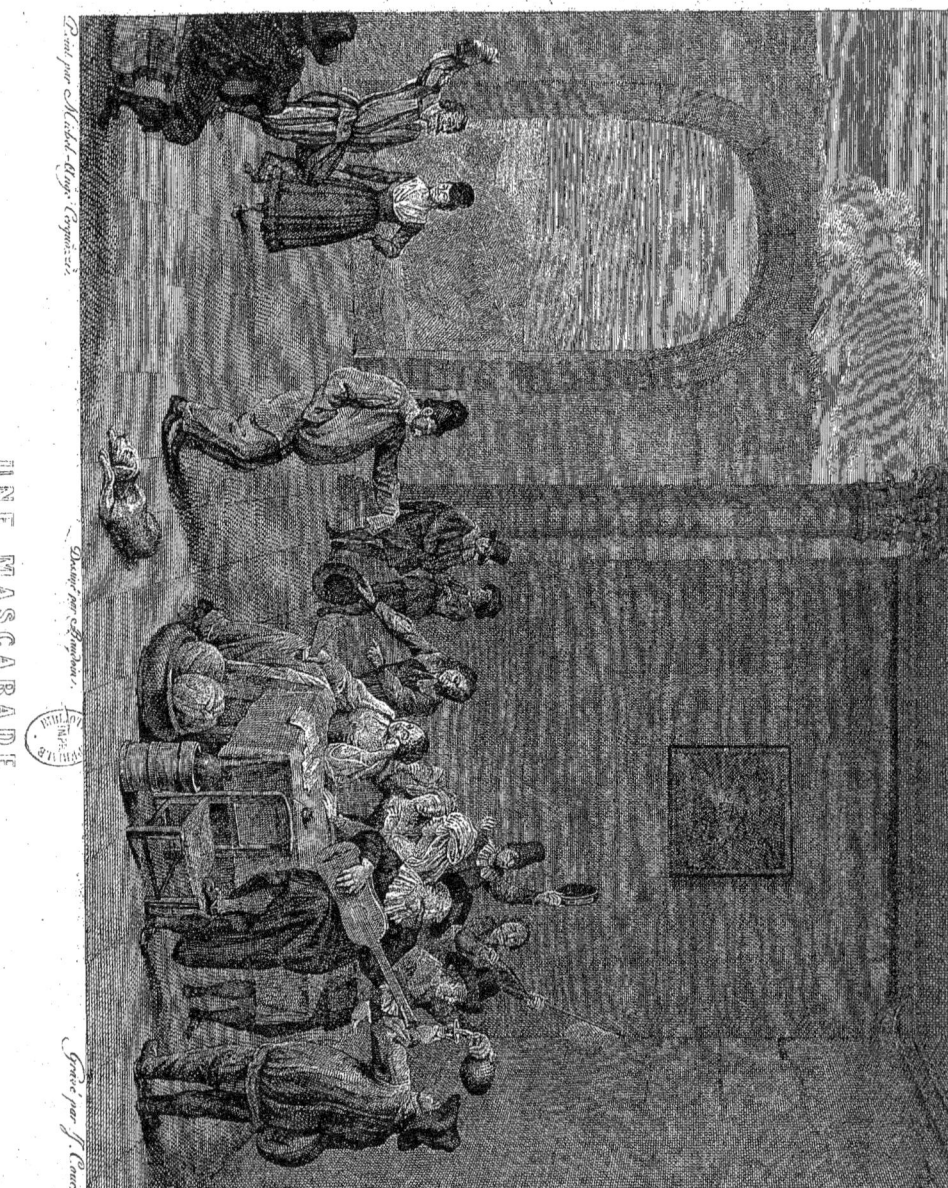

UNE MASCARADE

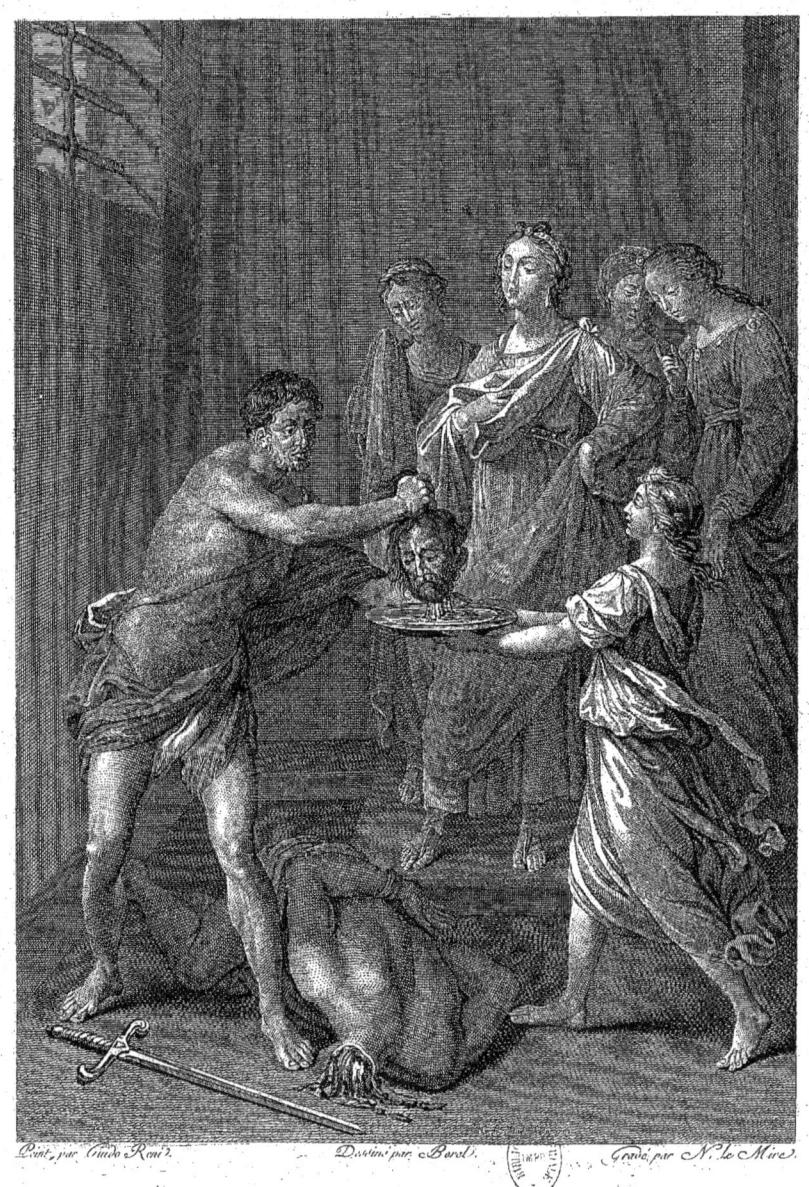

LA DÉCOLLATION DE SAINT JEAN-BAPTISTE

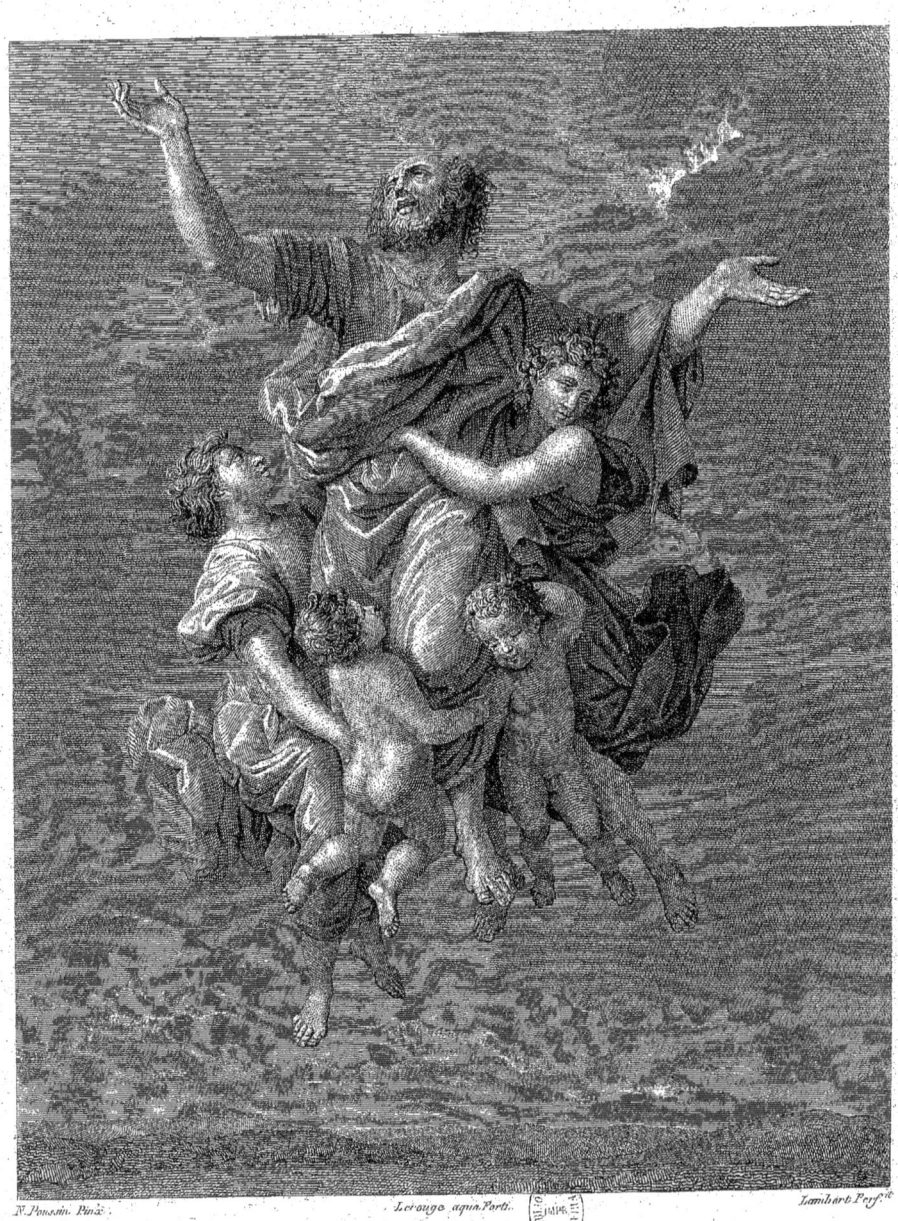

LE RAVISSEMENT DE SAINT-PAUL

Imp. Chardon ainé, à Paris.

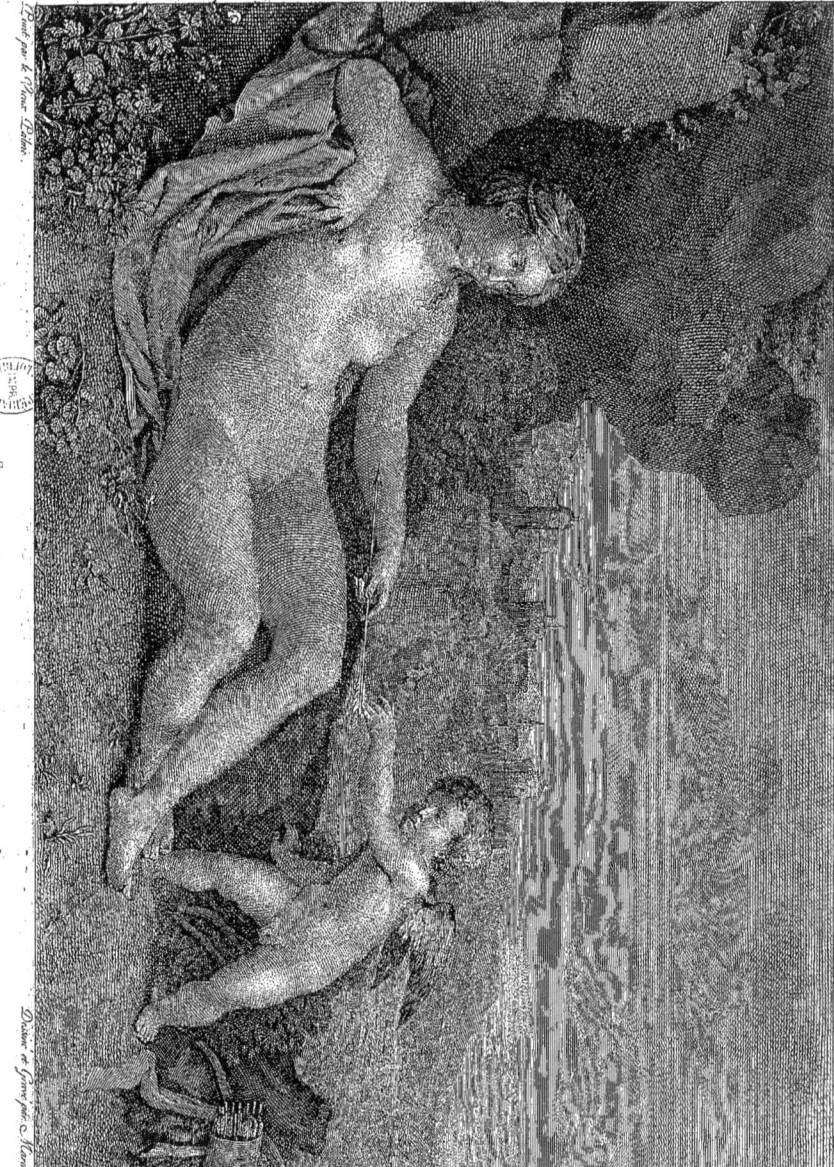

VÉNUS & L'AMOUR

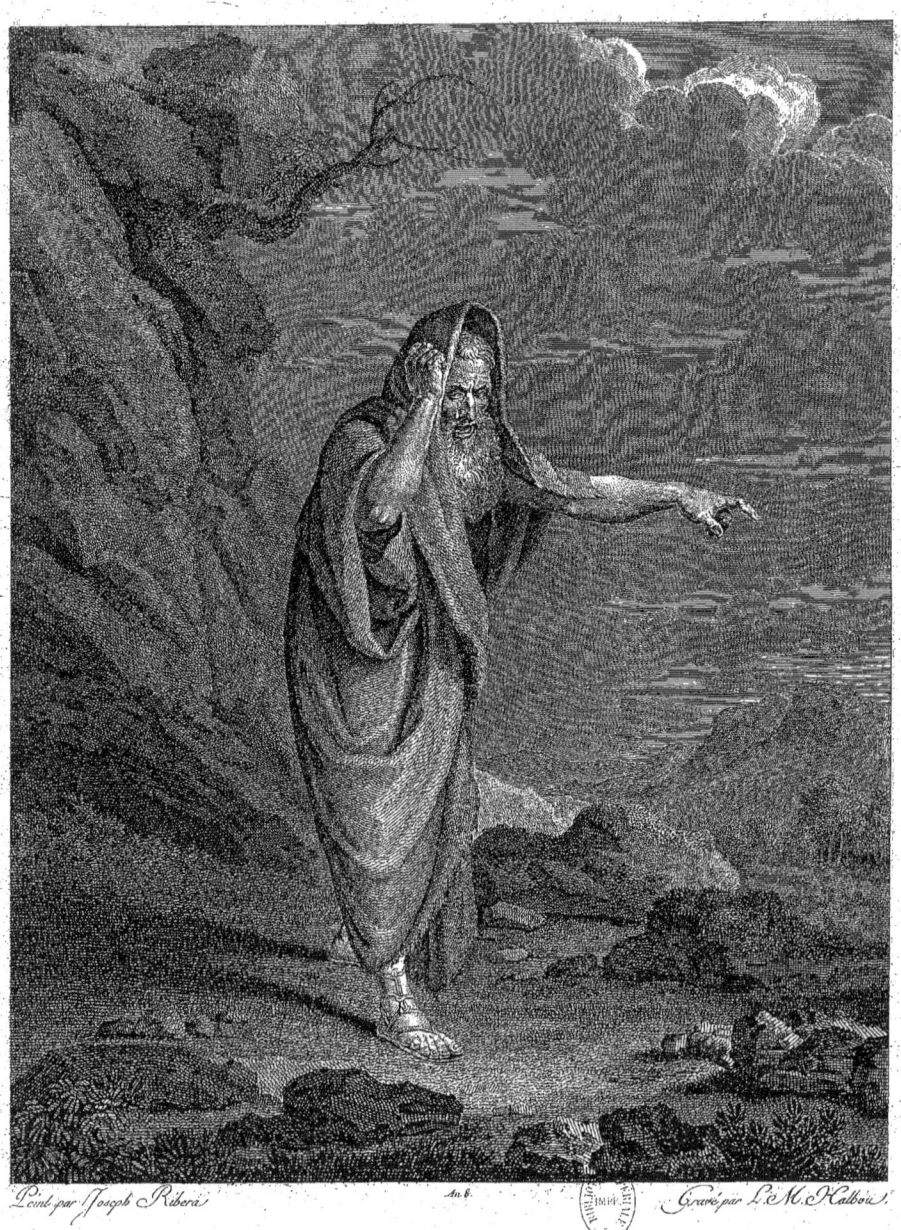

HÉRACLITE

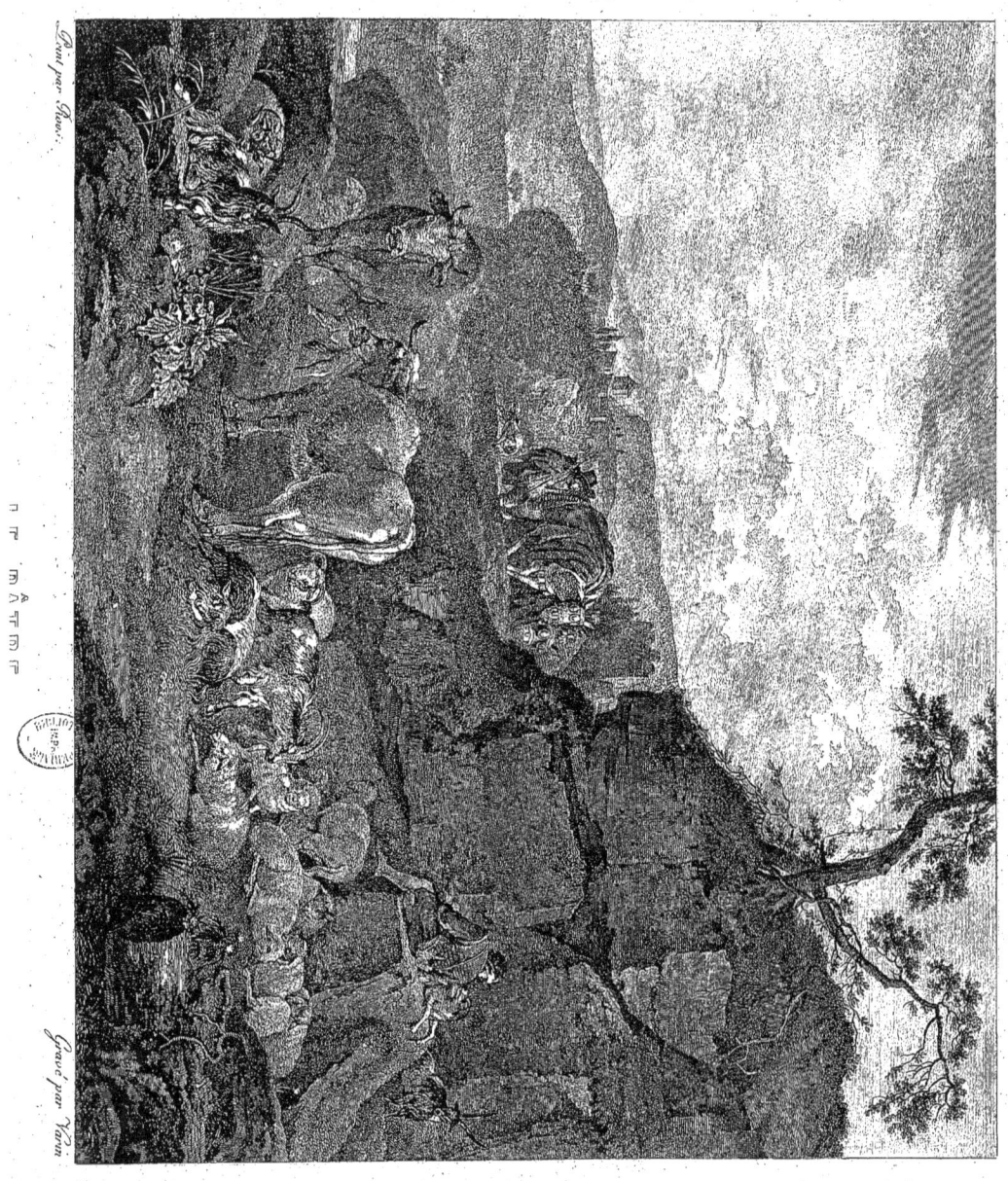

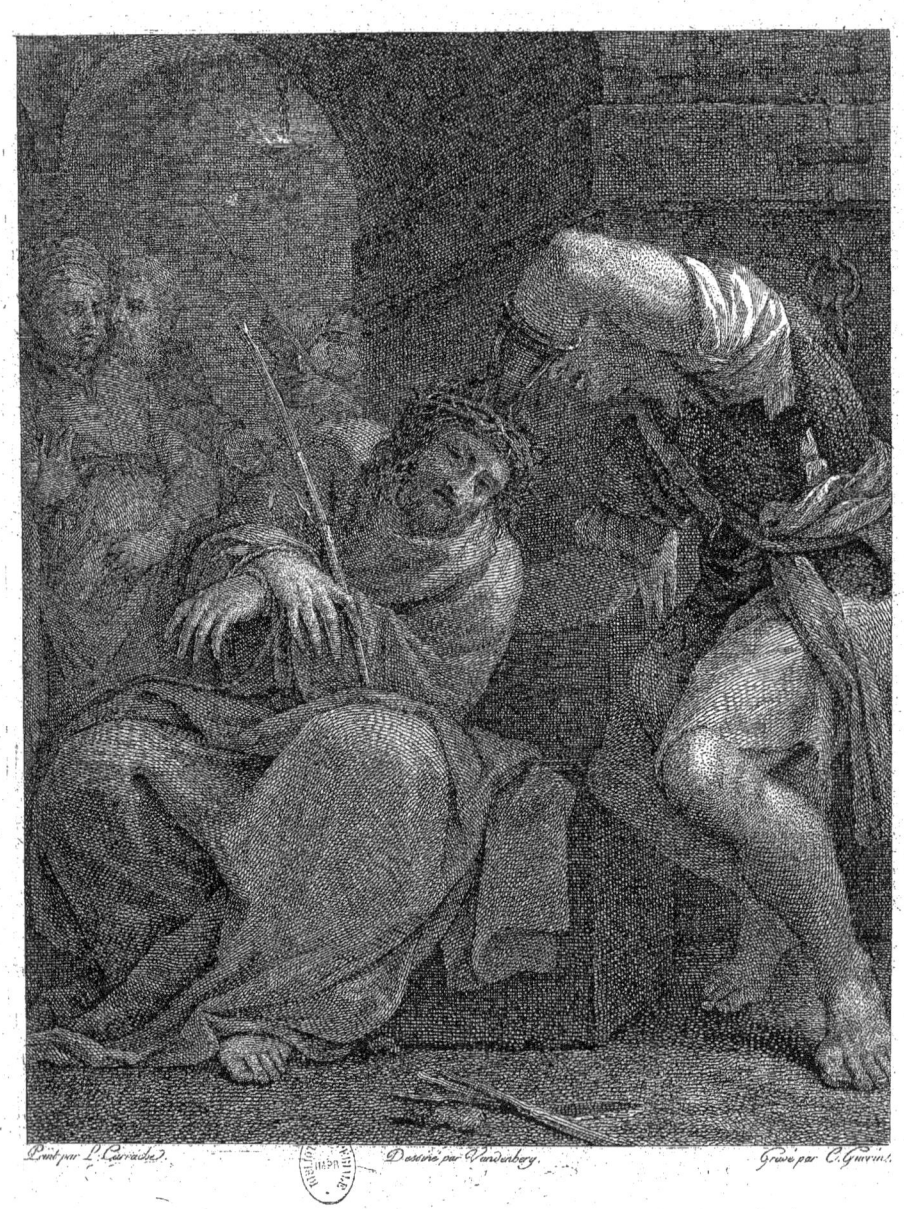

ECCE HOMO

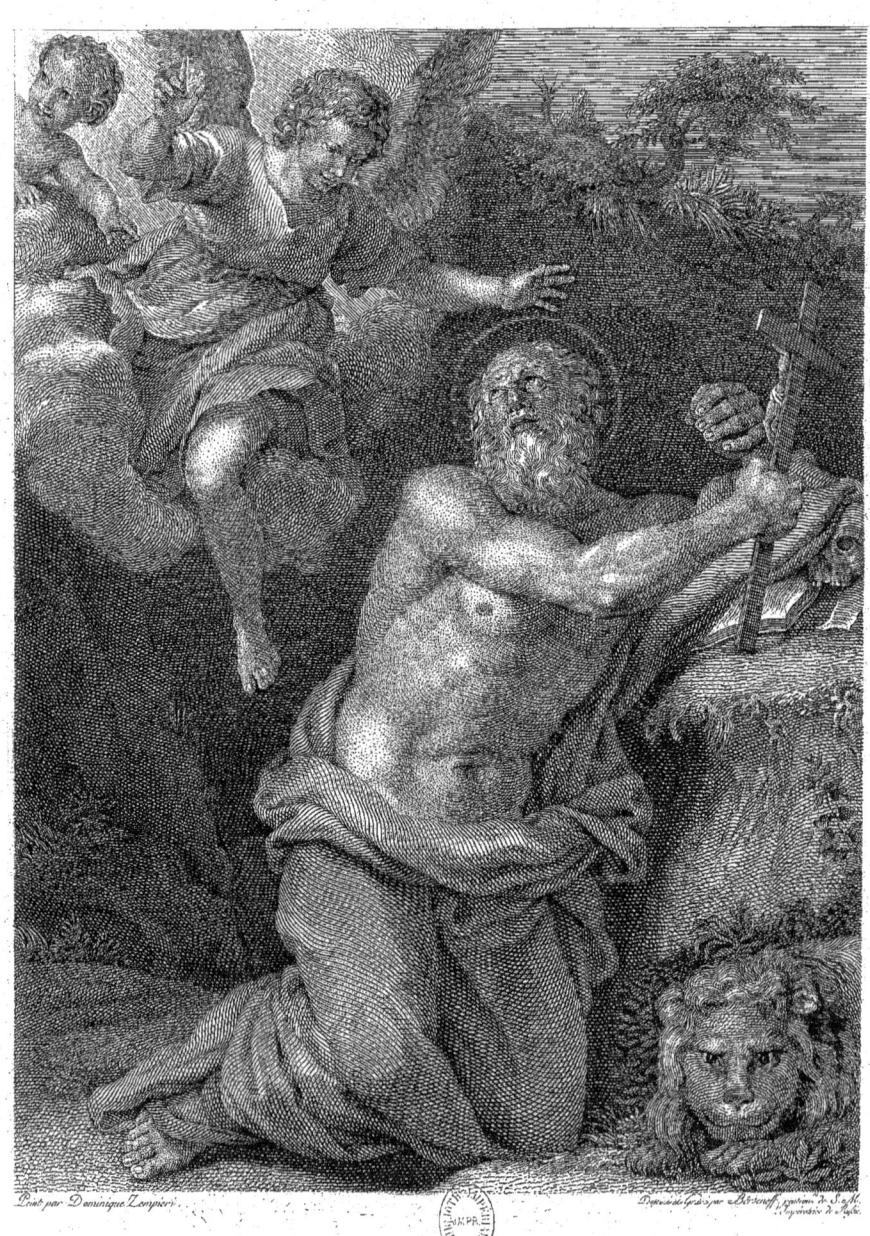

St JÉRÔME EN MÉDITATION

Imp. Chardon ainé, à Paris.

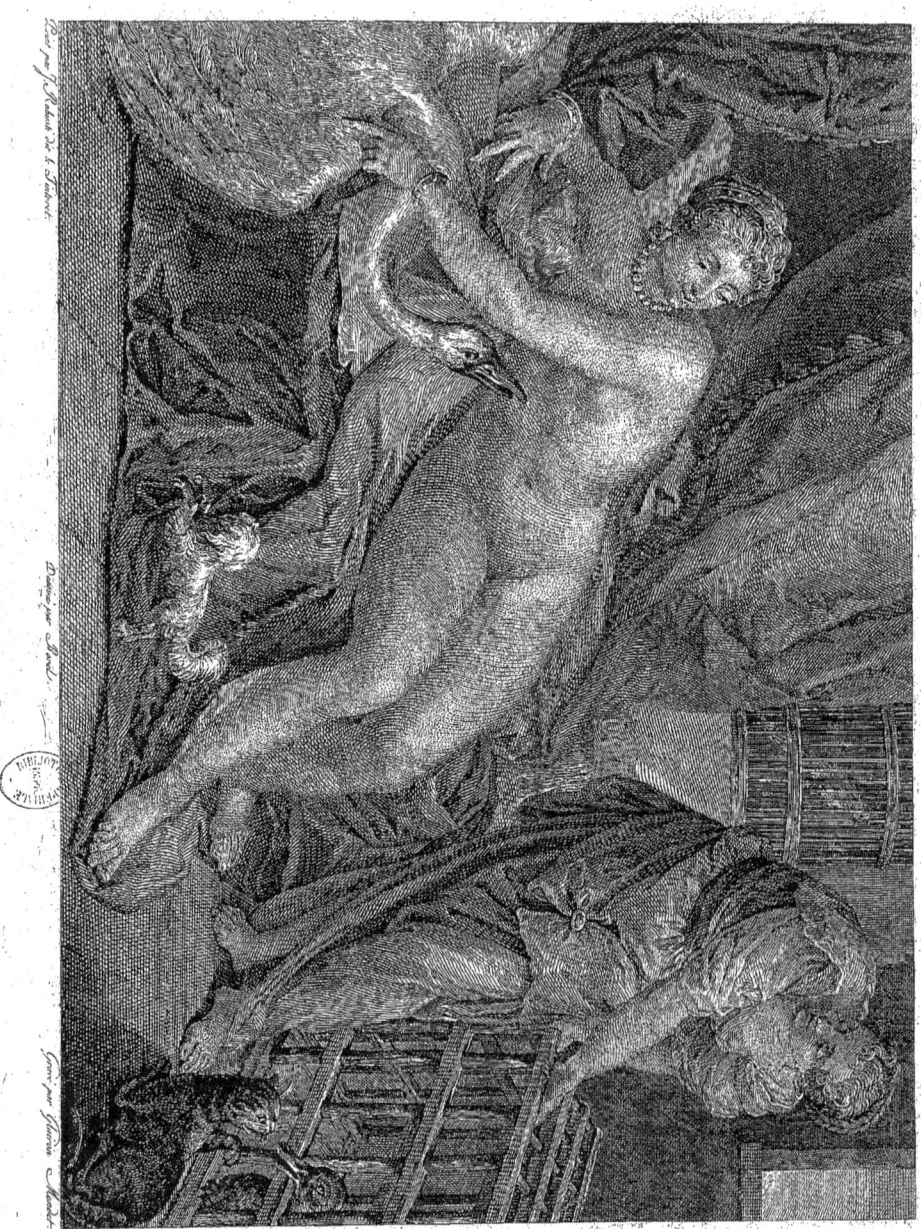

JUPITER & LEDA

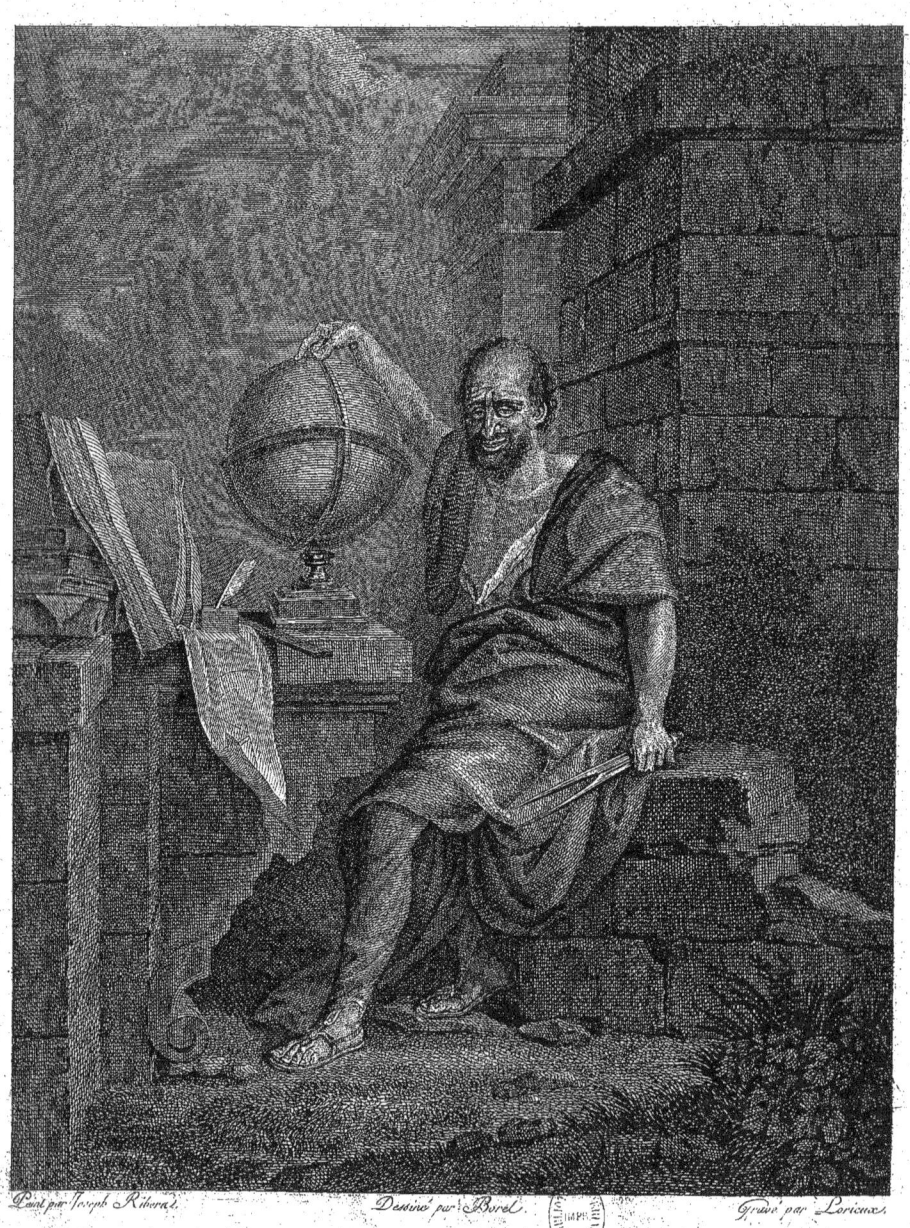

DÉMOCRITE

LES BERGERS

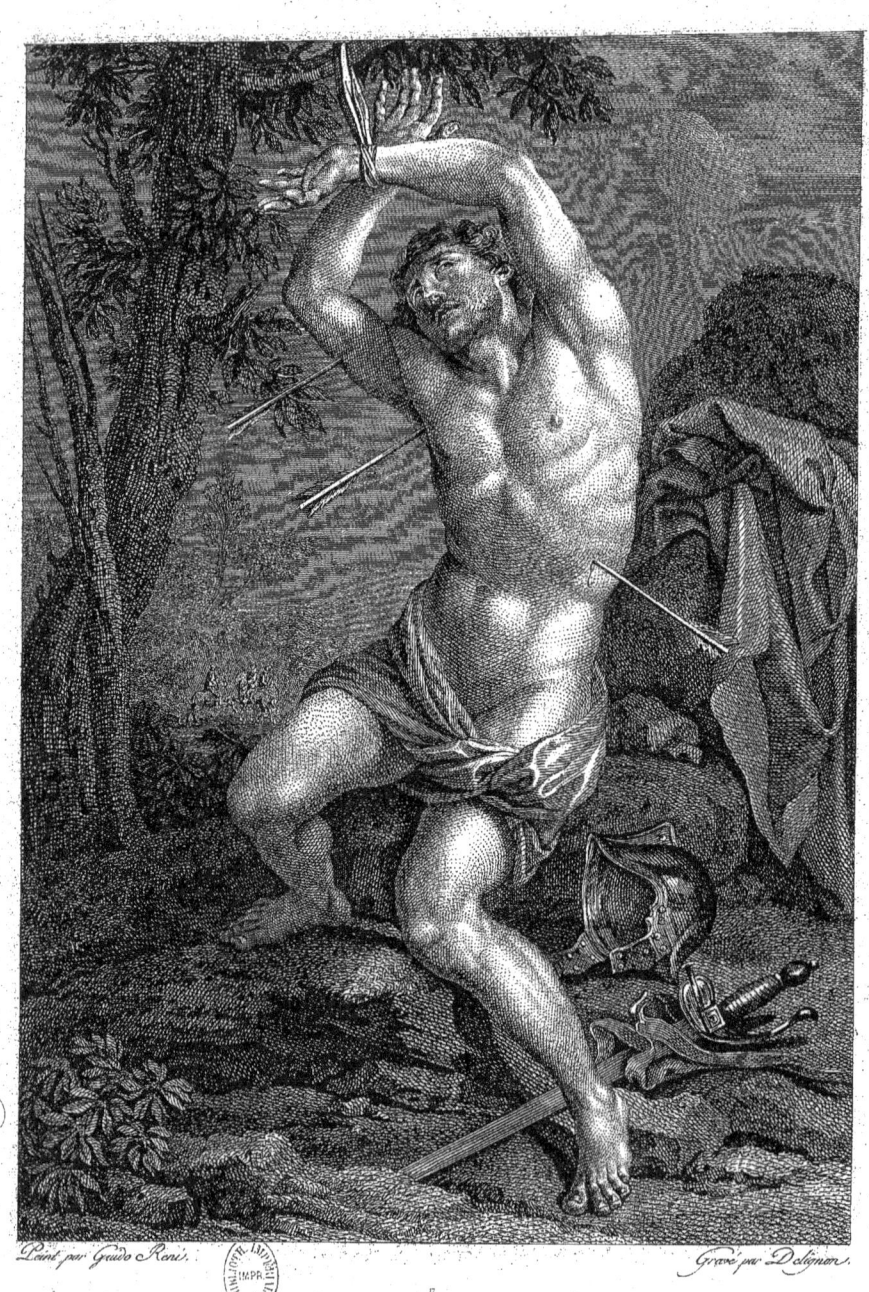

SAINT SÉBASTIEN

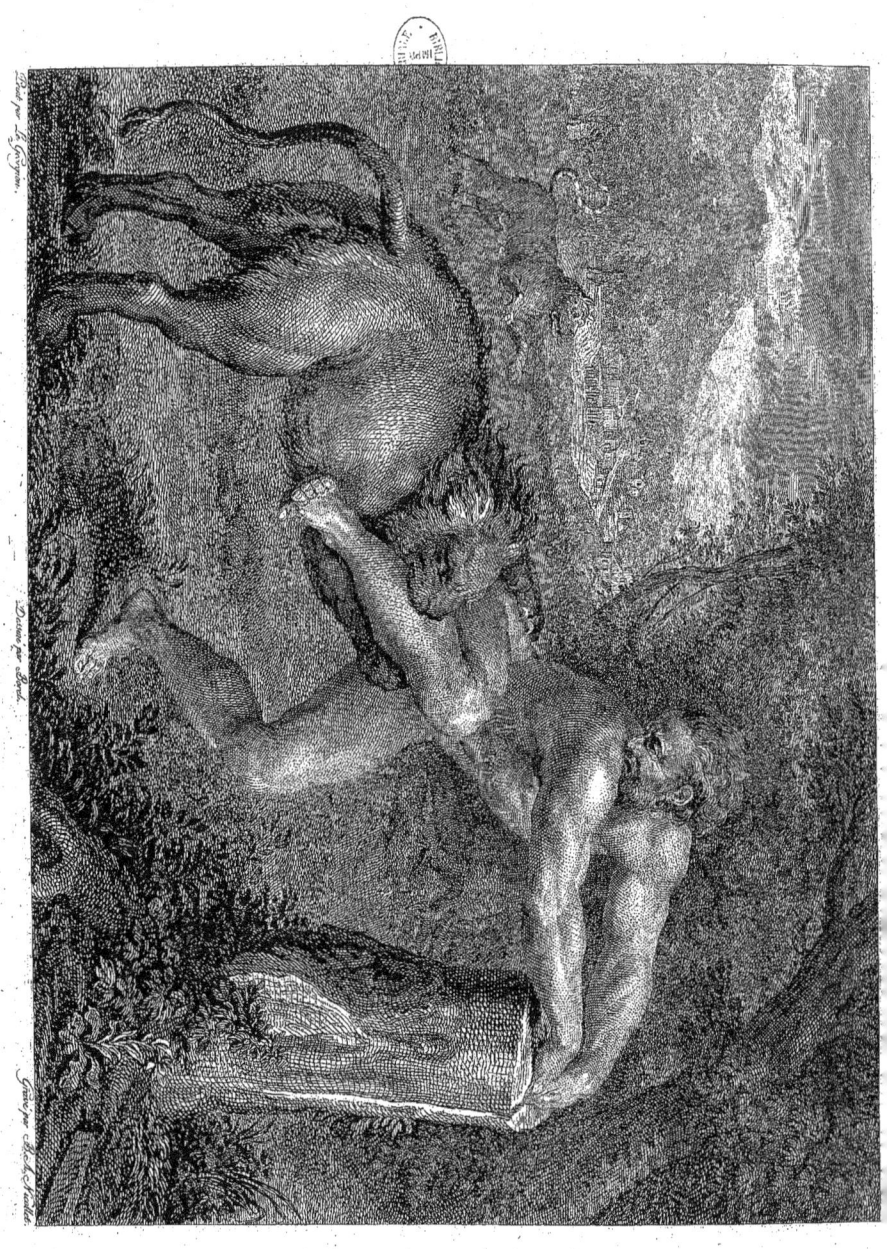

MILON DE CROTONE

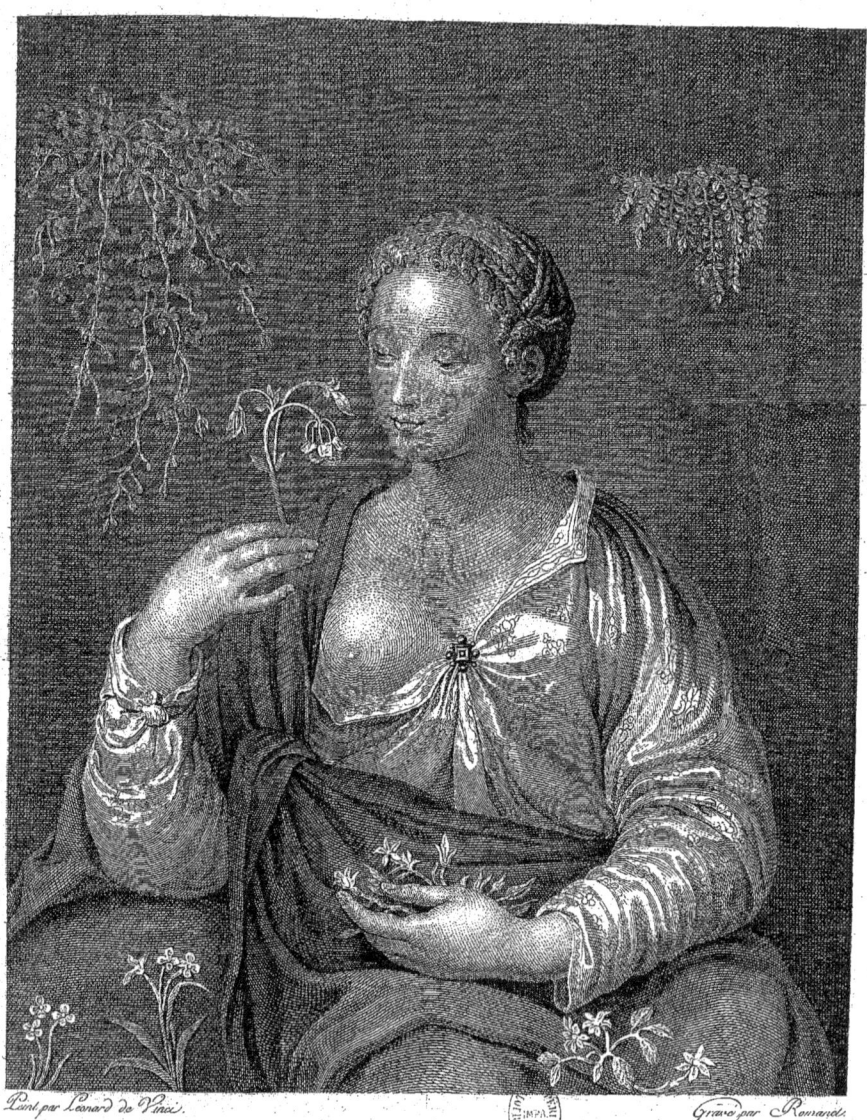

LA COLOMBINE

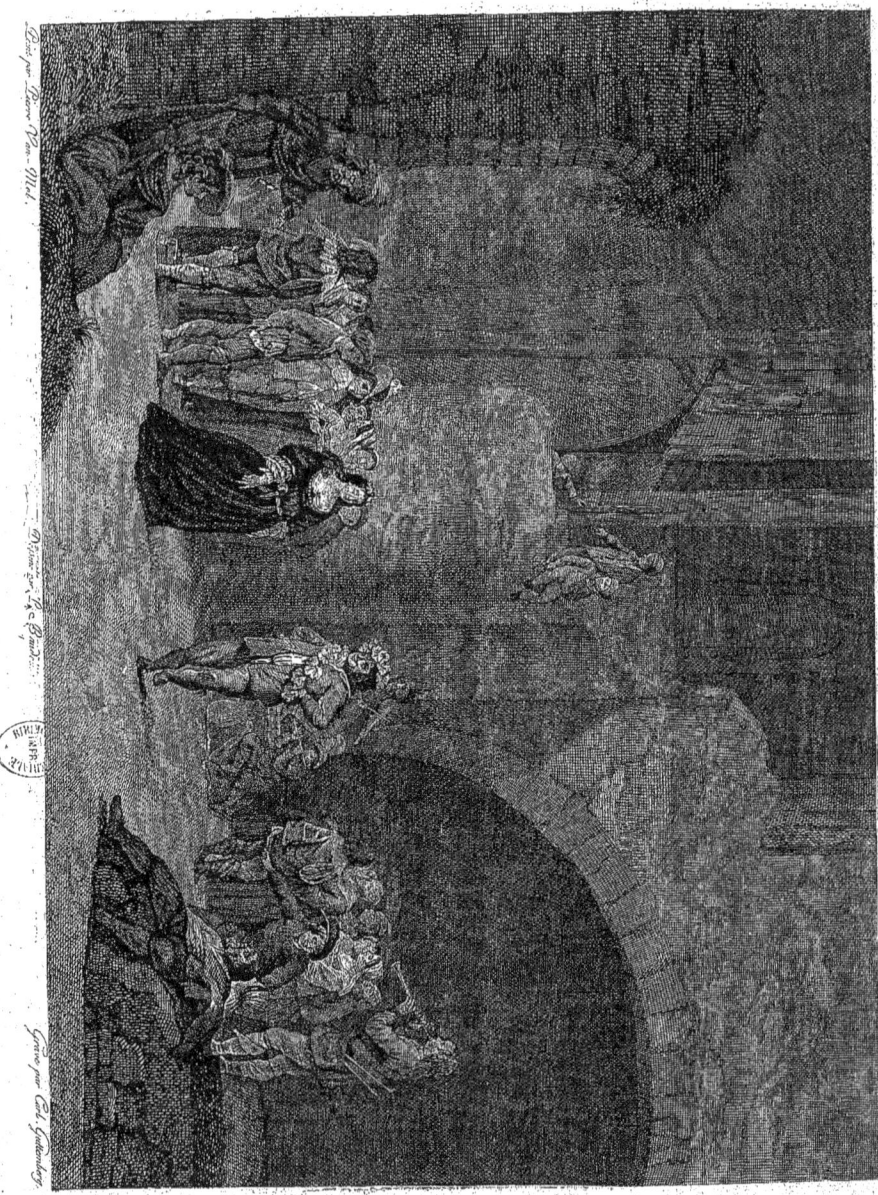

LA DANSE

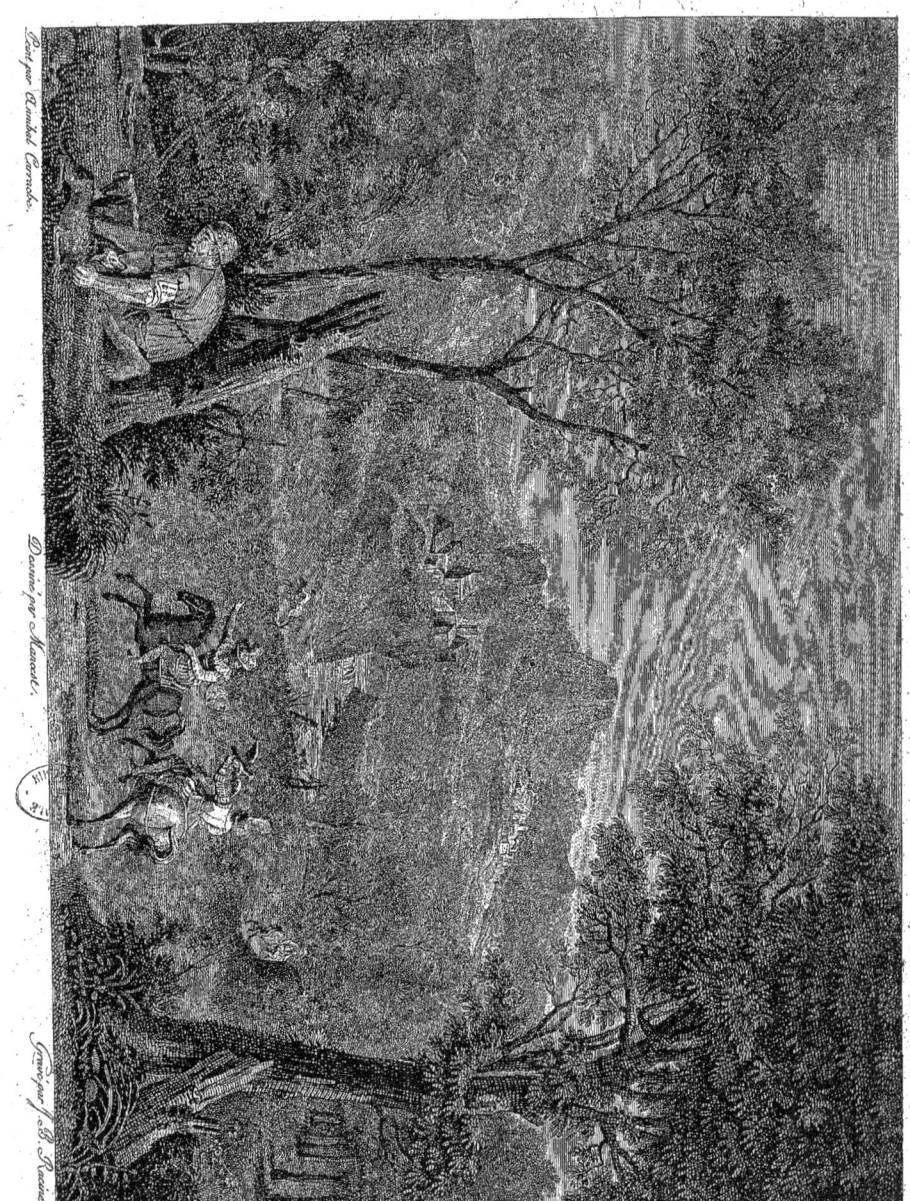

LES CHASSEURS

Peint par Georges Georgion.

Gravé par Lassalle

L'INVENTION DE LA VRAIE CROIX

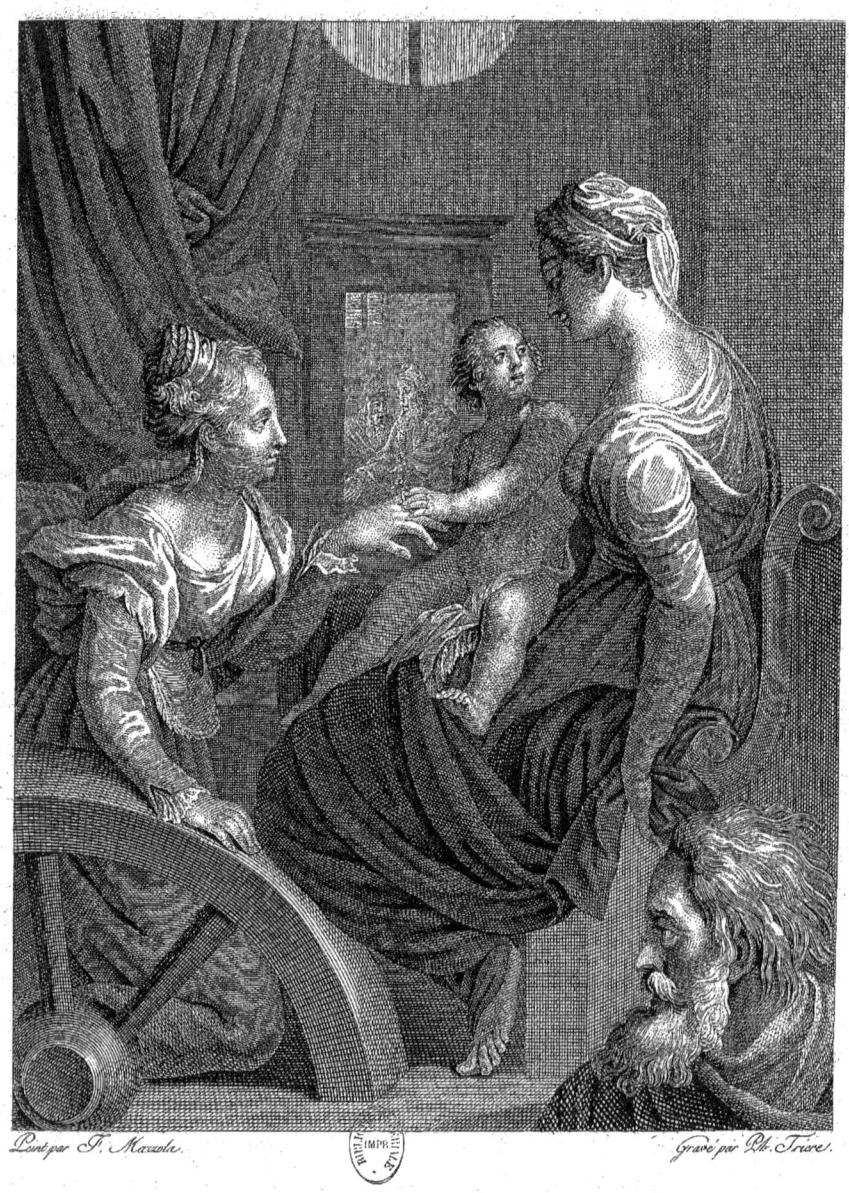

LE MARIAGE DE SAINTE CATHERINE

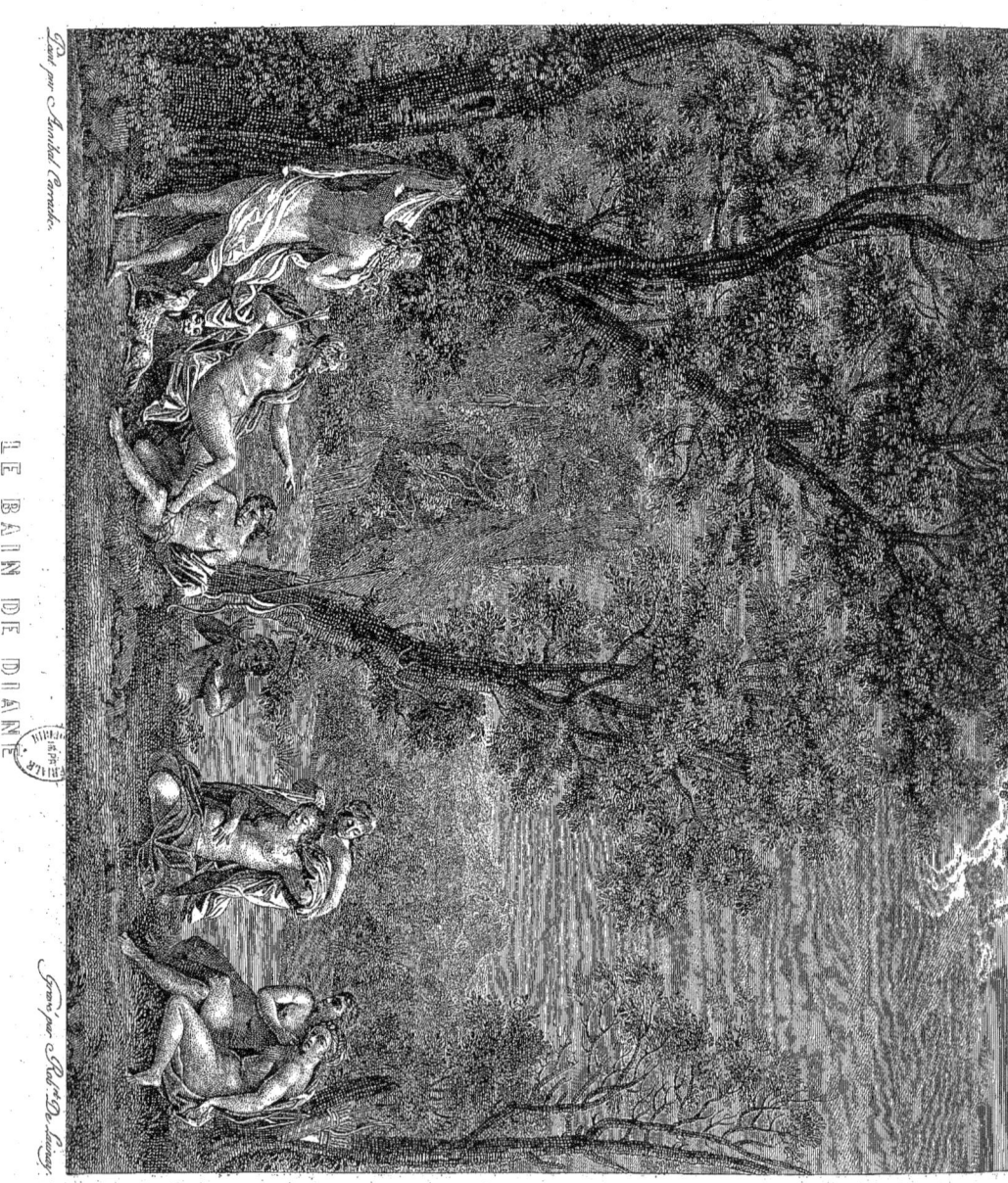

LE BAIN DE DIANE

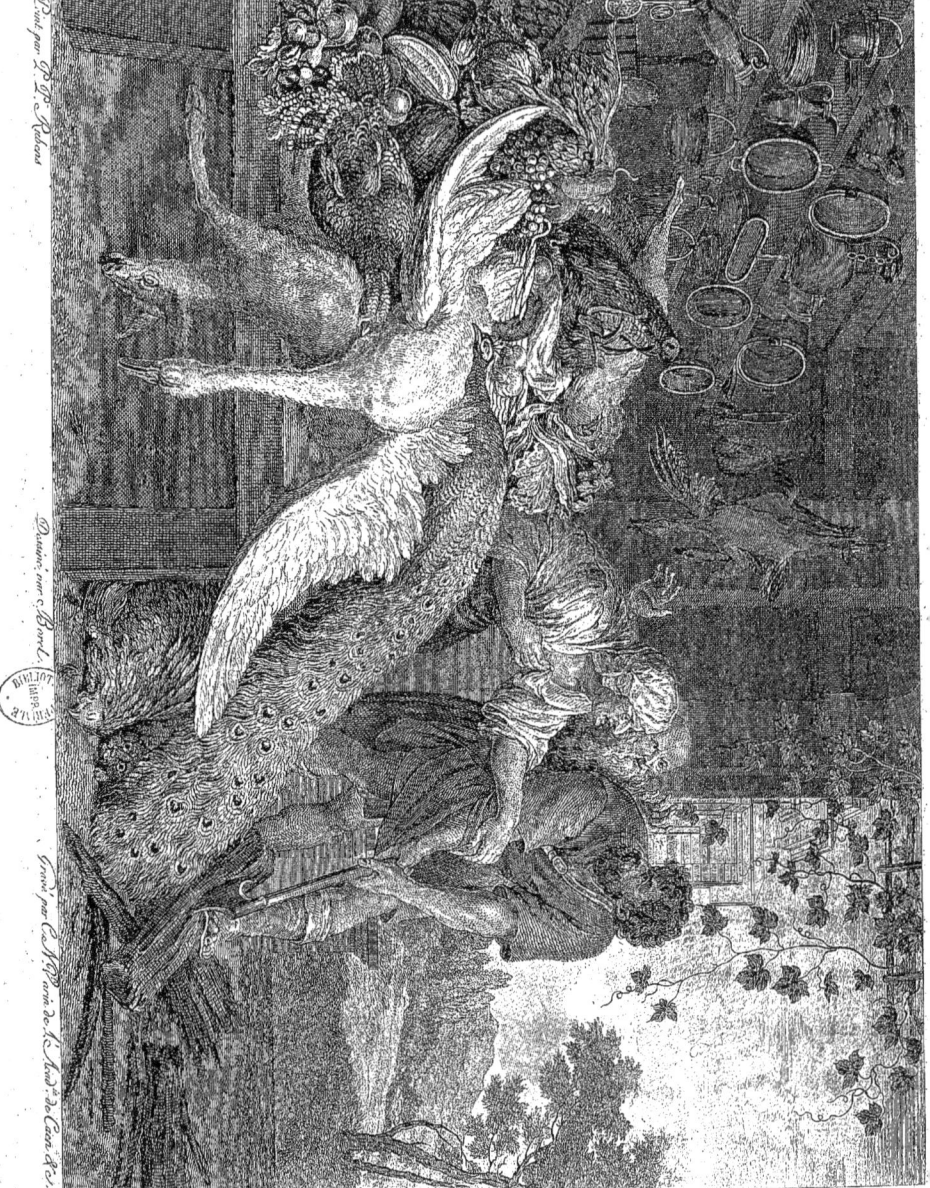

L'AVENTURE DE PHILOPŒMEN

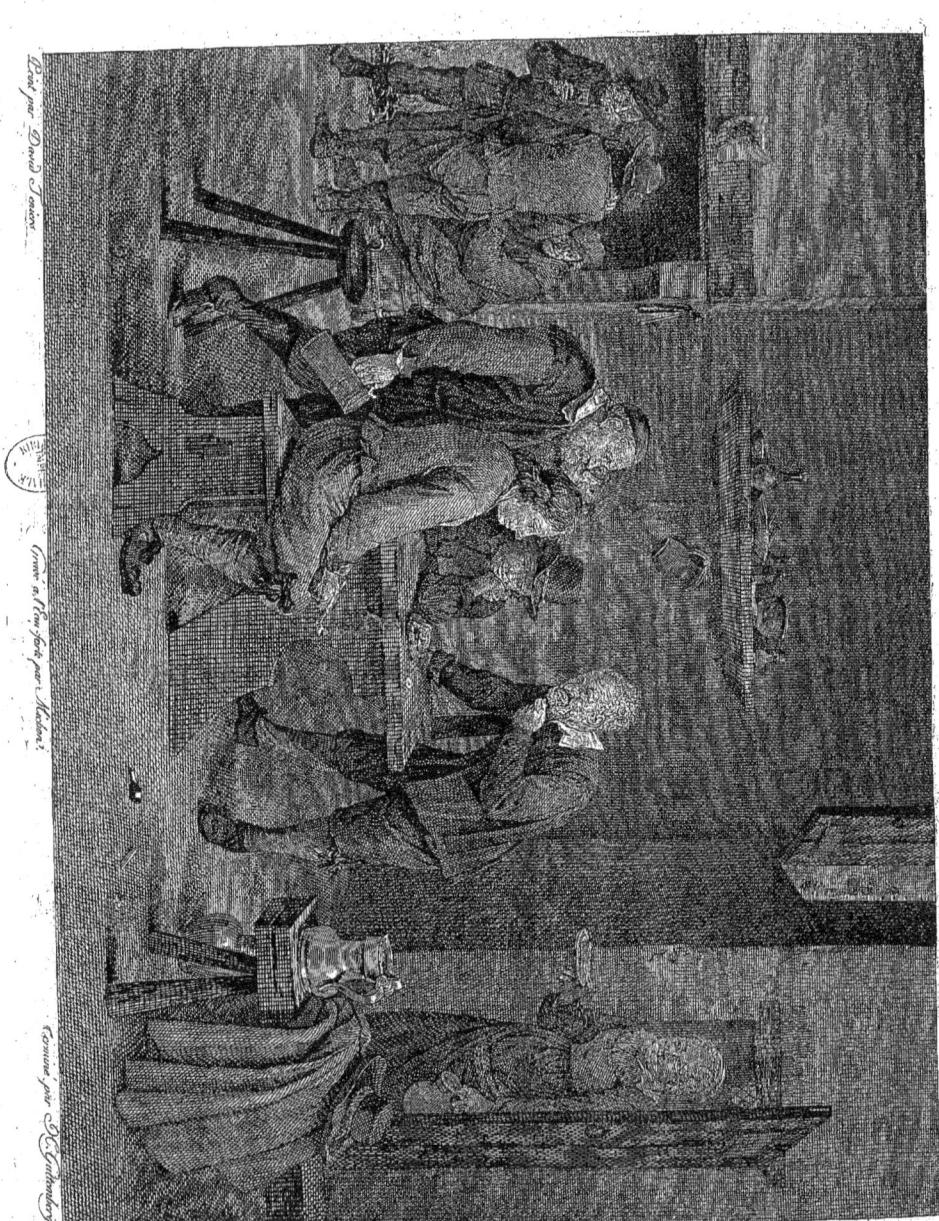

LE VIEILLARD

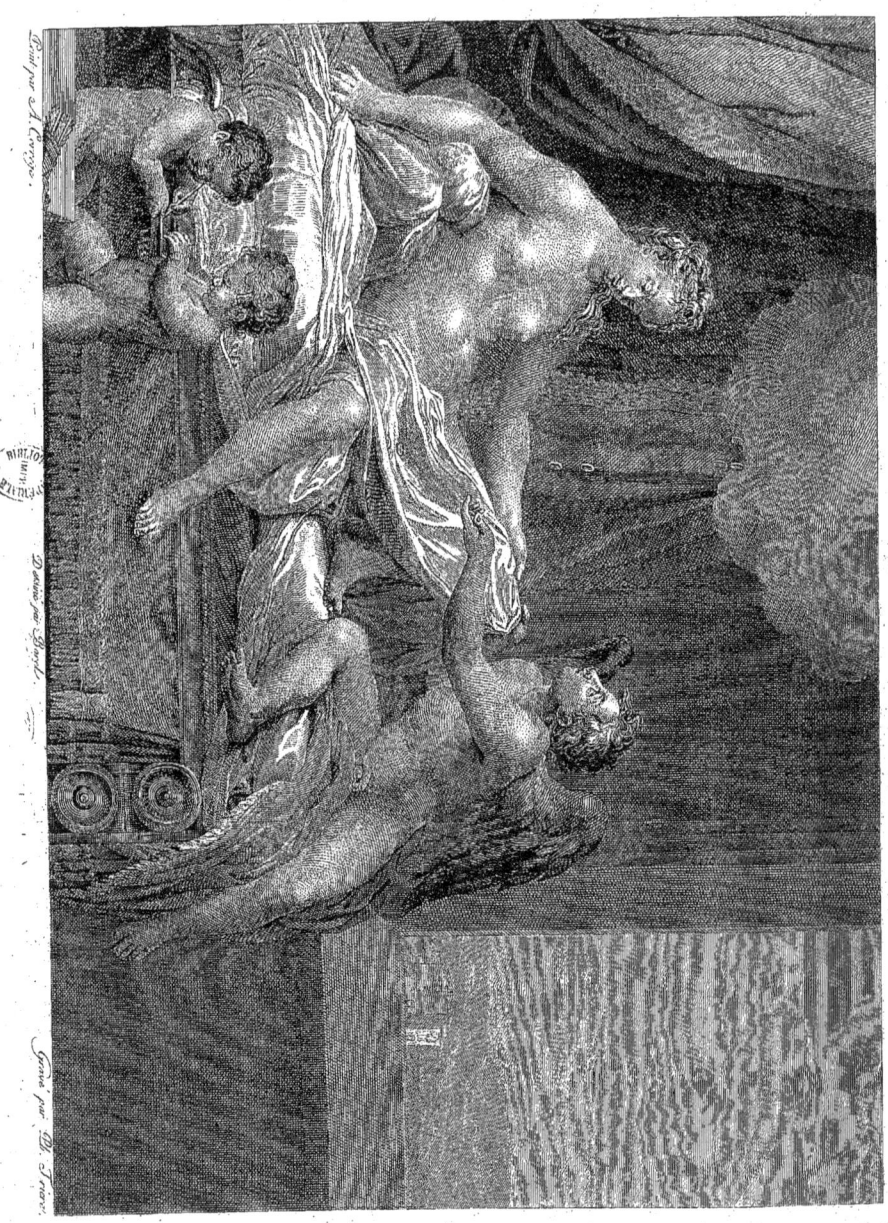

DANAÉ

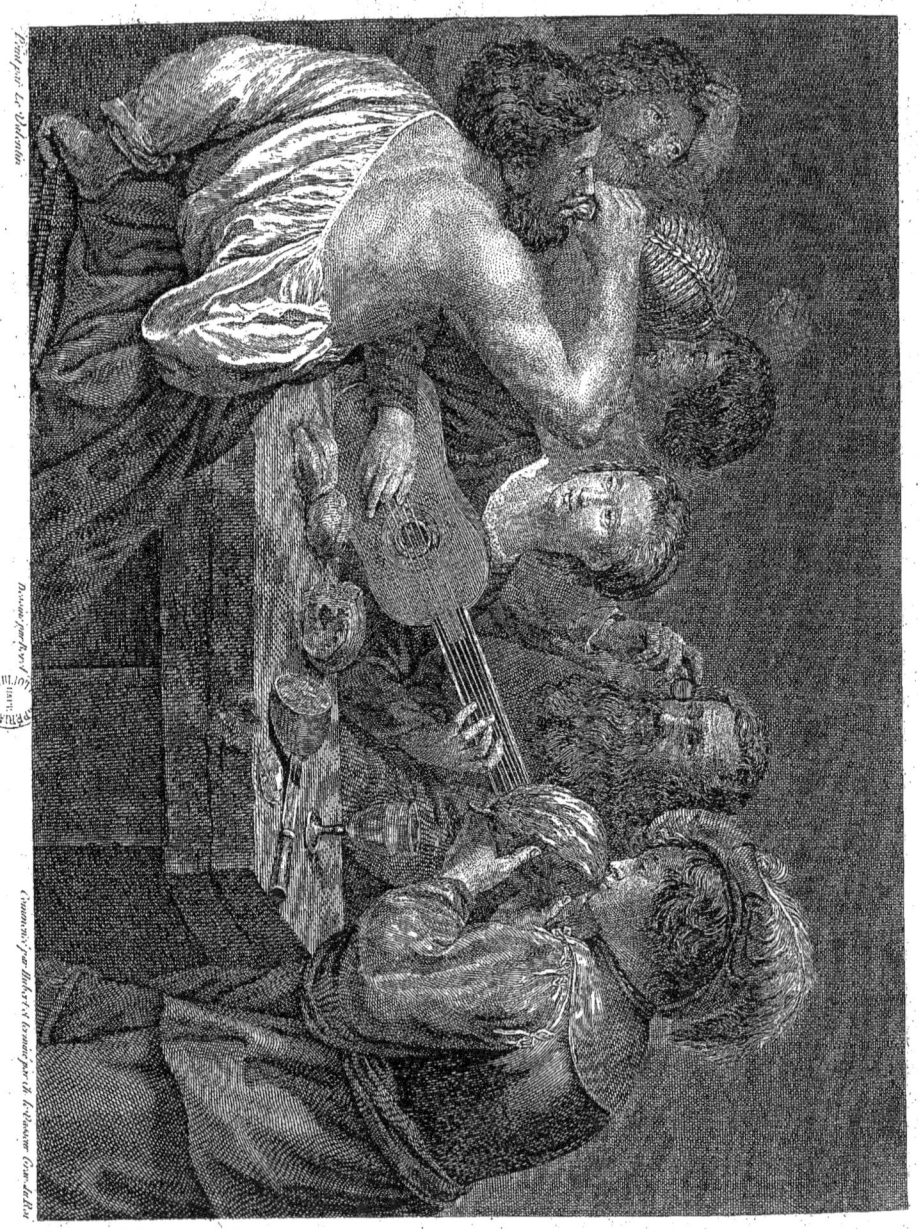

LES CINQ SENS

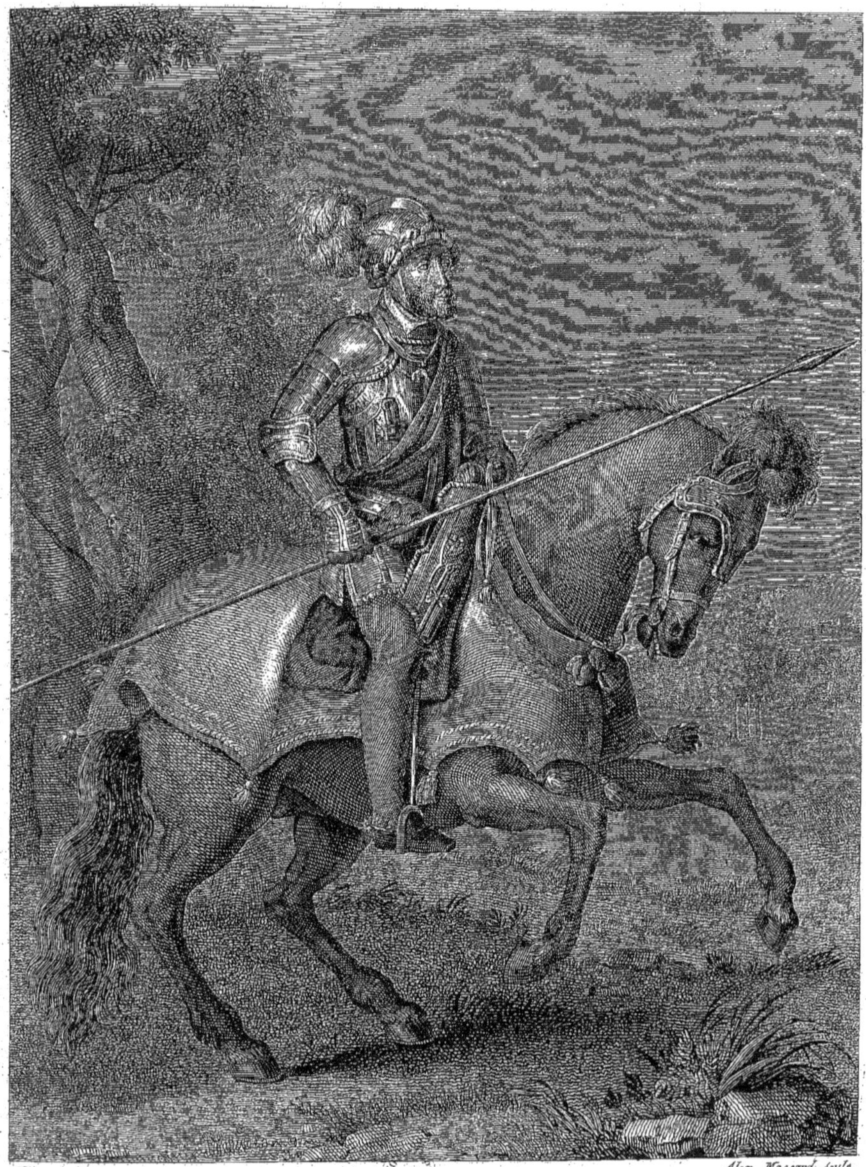

Titien pinx.^t Alex. Massard sculp.

CHARLES-QUINT

Imp. Chardon ainé, à Paris.

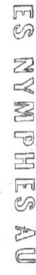

LES NYMPHES AU BAIN

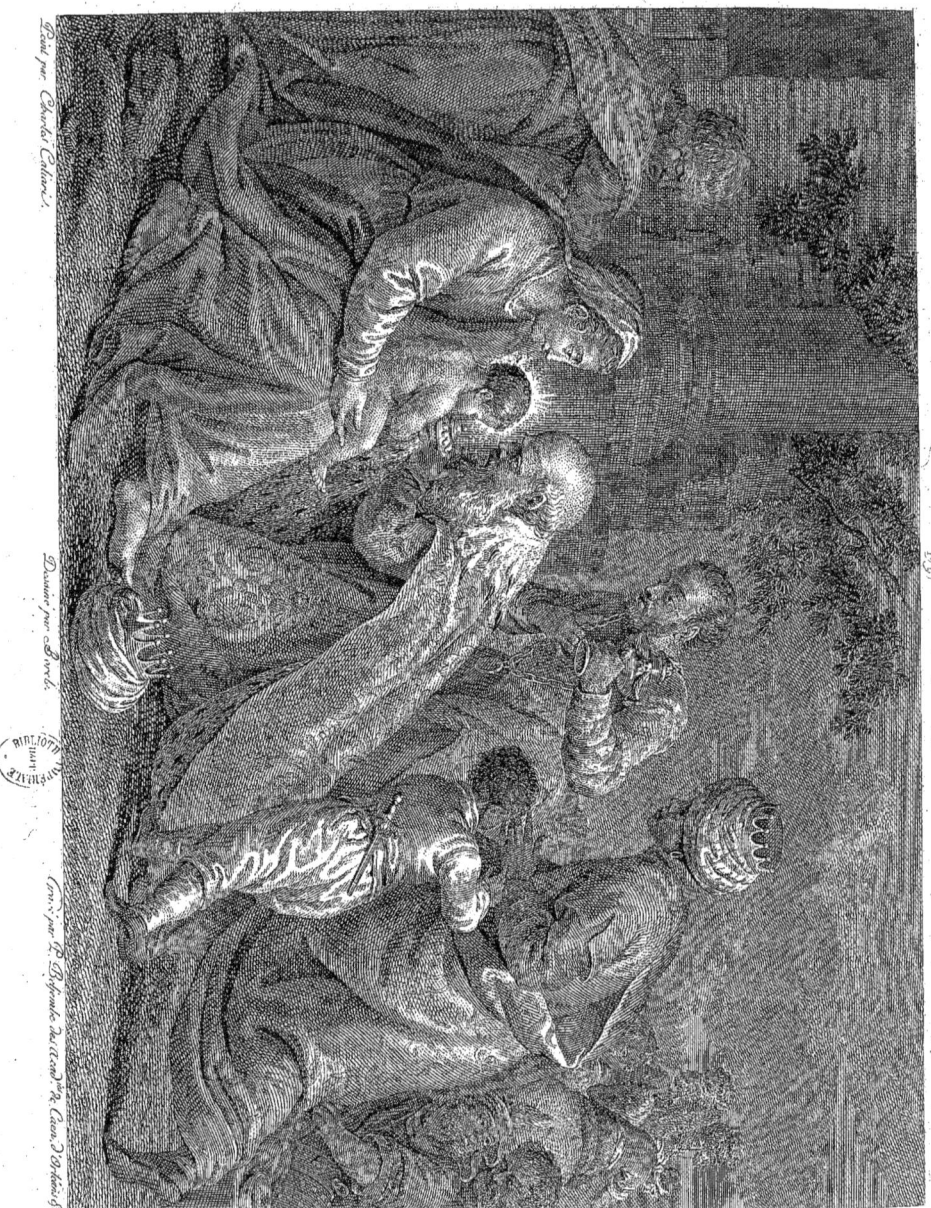

L'ADORATION DES ROIS

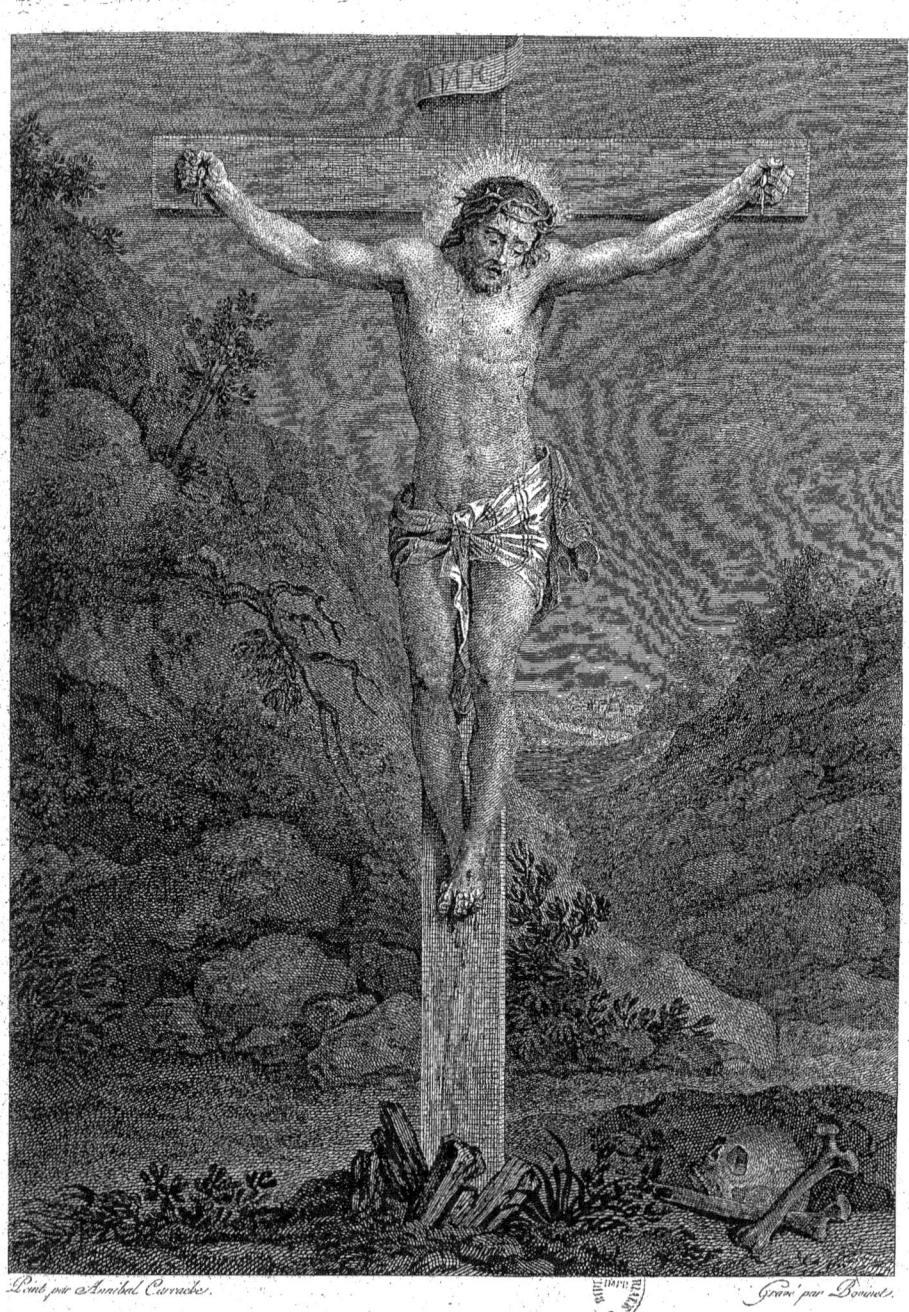

Peint par Annibal Carrache.   Gravé par Bouvets.

LE CRUCIFIX

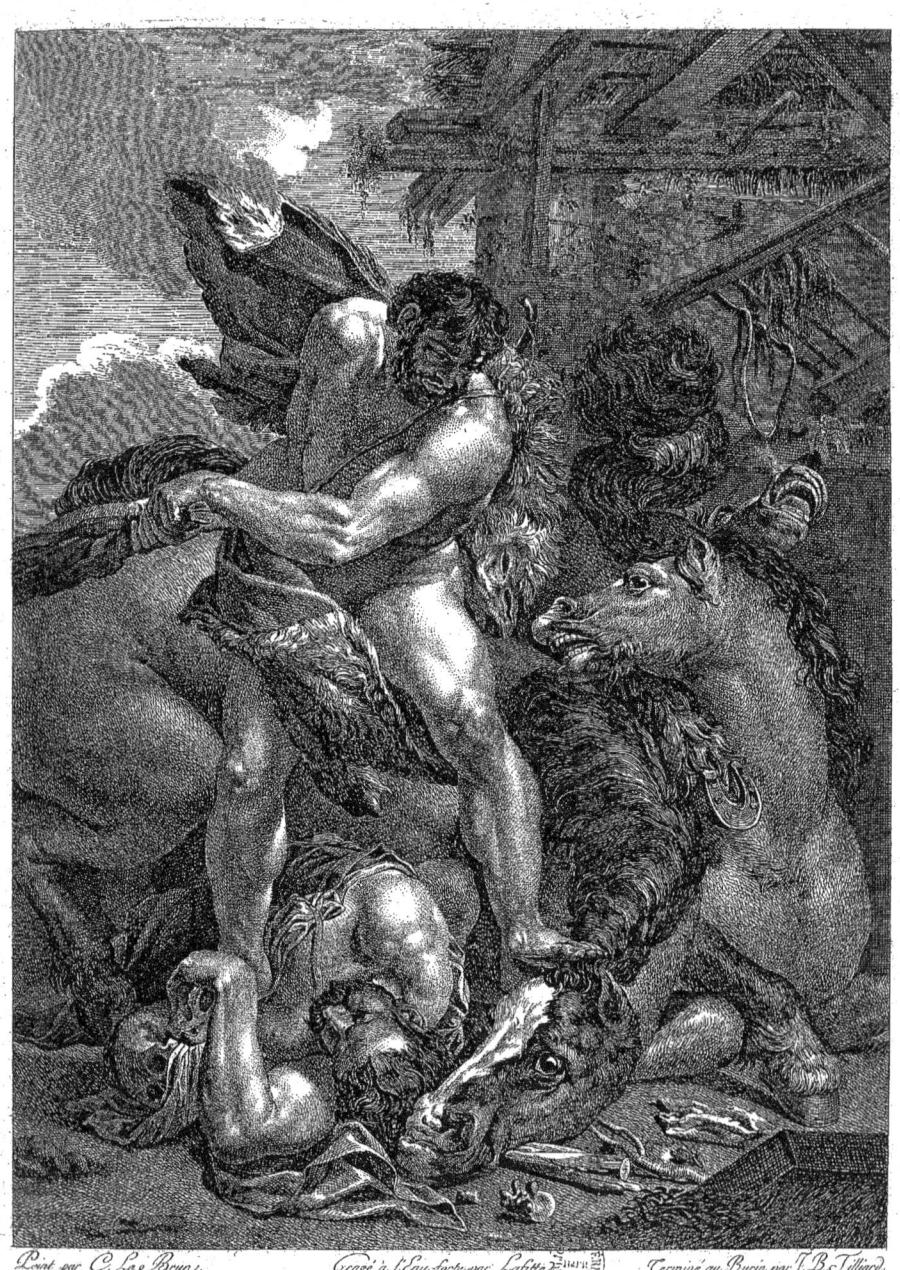

Peint par C. Le Brun. Gravé à l'Eau forte par Lafitte. Terminé au Burin par J. B. Tilliard.

HERCULE ASSOMMANT LES CHEVAUX DE DIOMÈDE

Imp. Chardon ainé, à Paris.

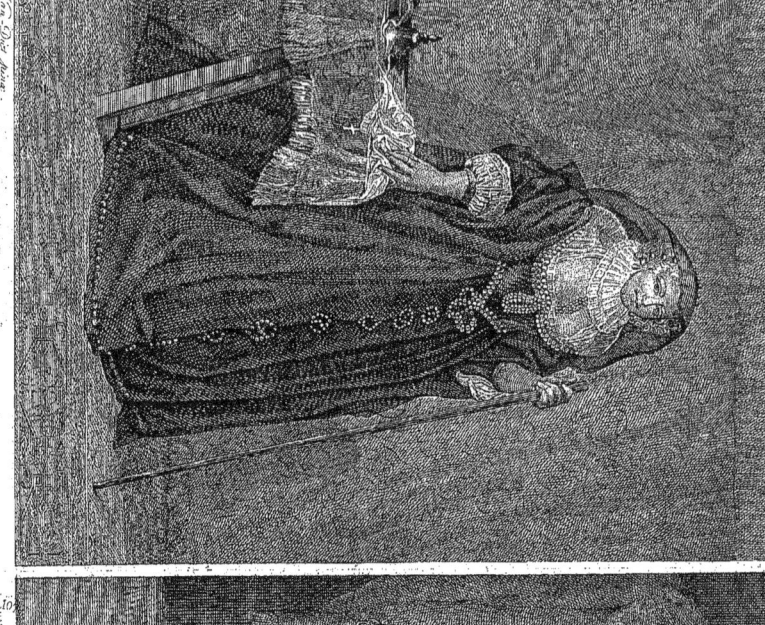

LA REINE DE BOHÊME

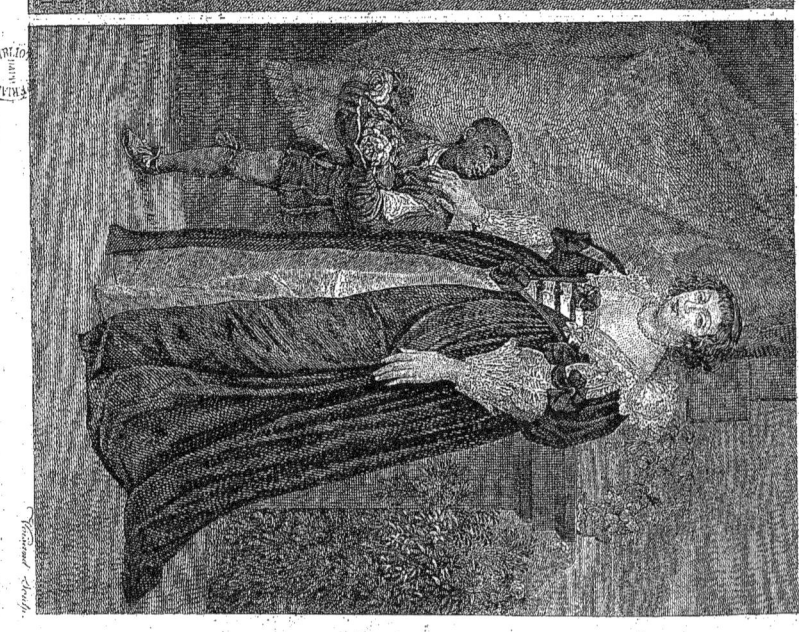

LA PRINCESSE DE PHALSBOURG

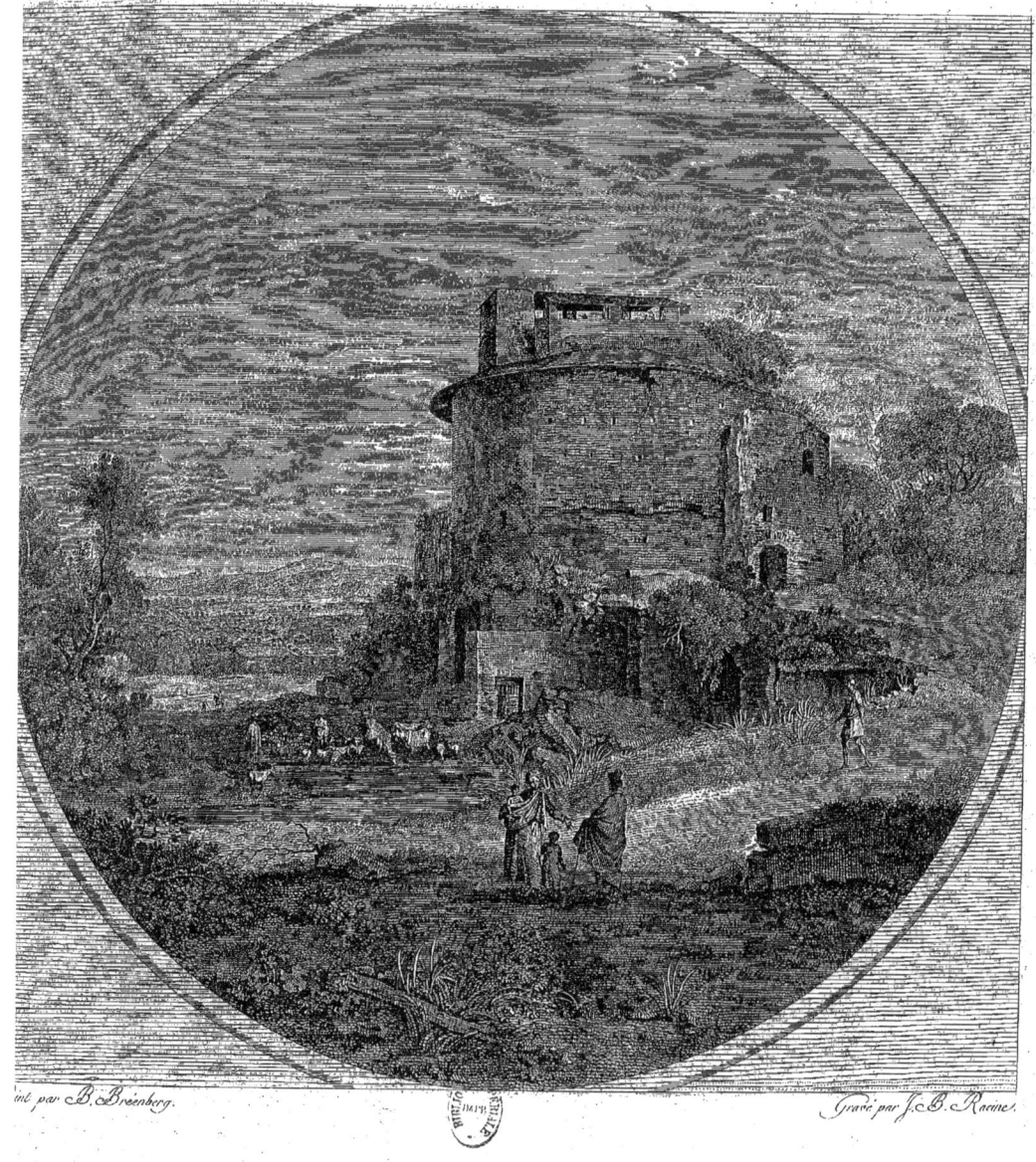

LA TOUR

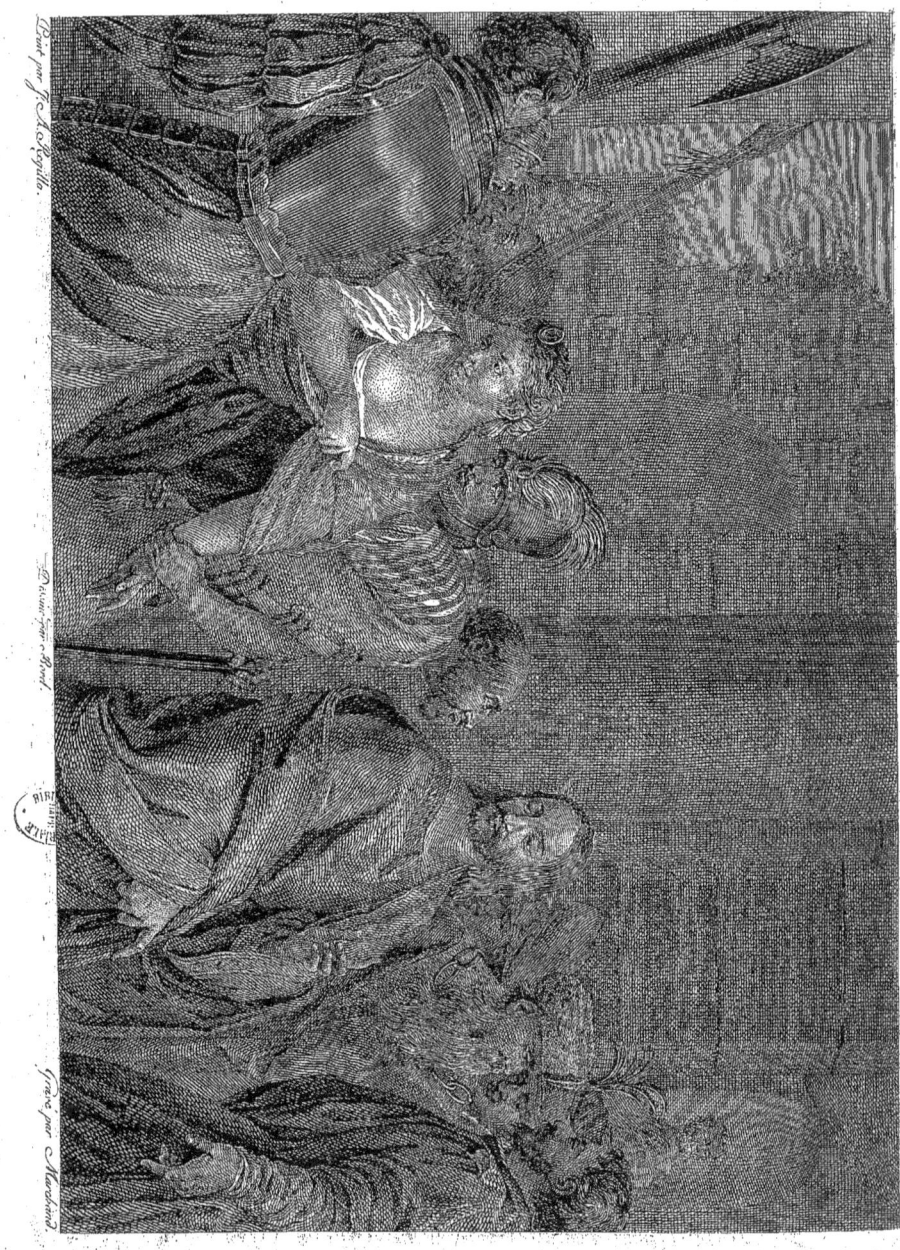

LA FEMME ADULTÈRE

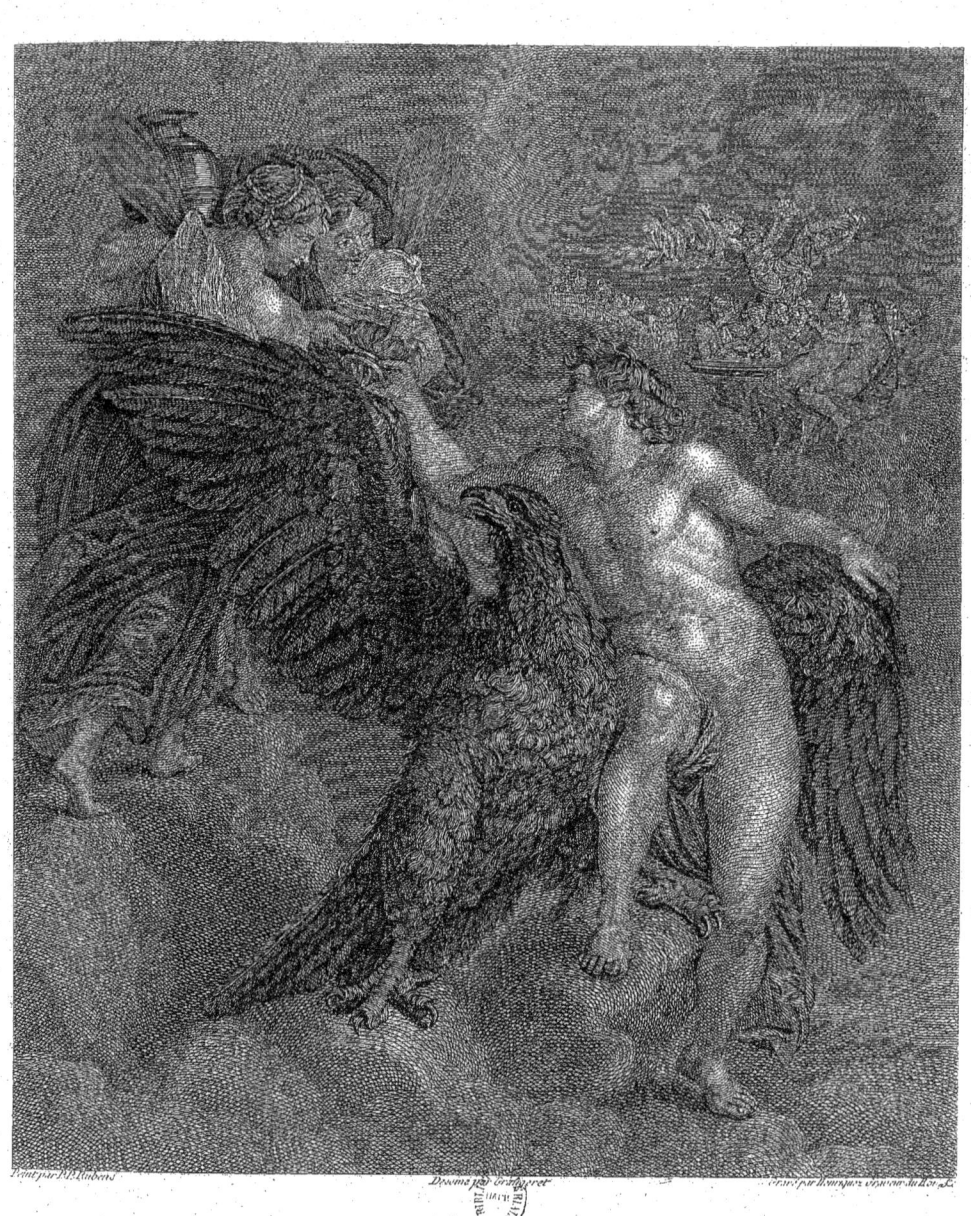

L'ENLÈVEMENT DE GANYMÈDE

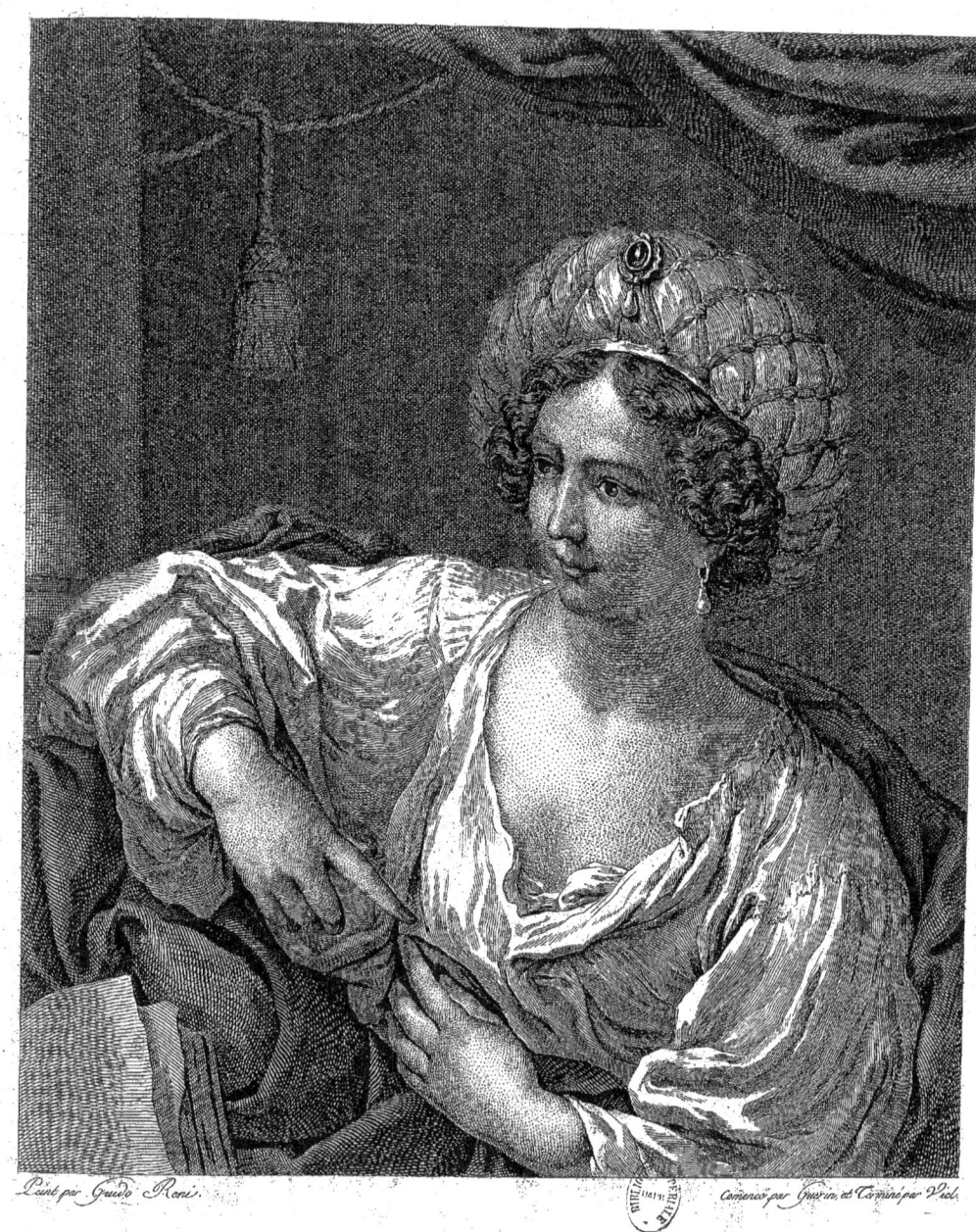

UNE SIBILLE

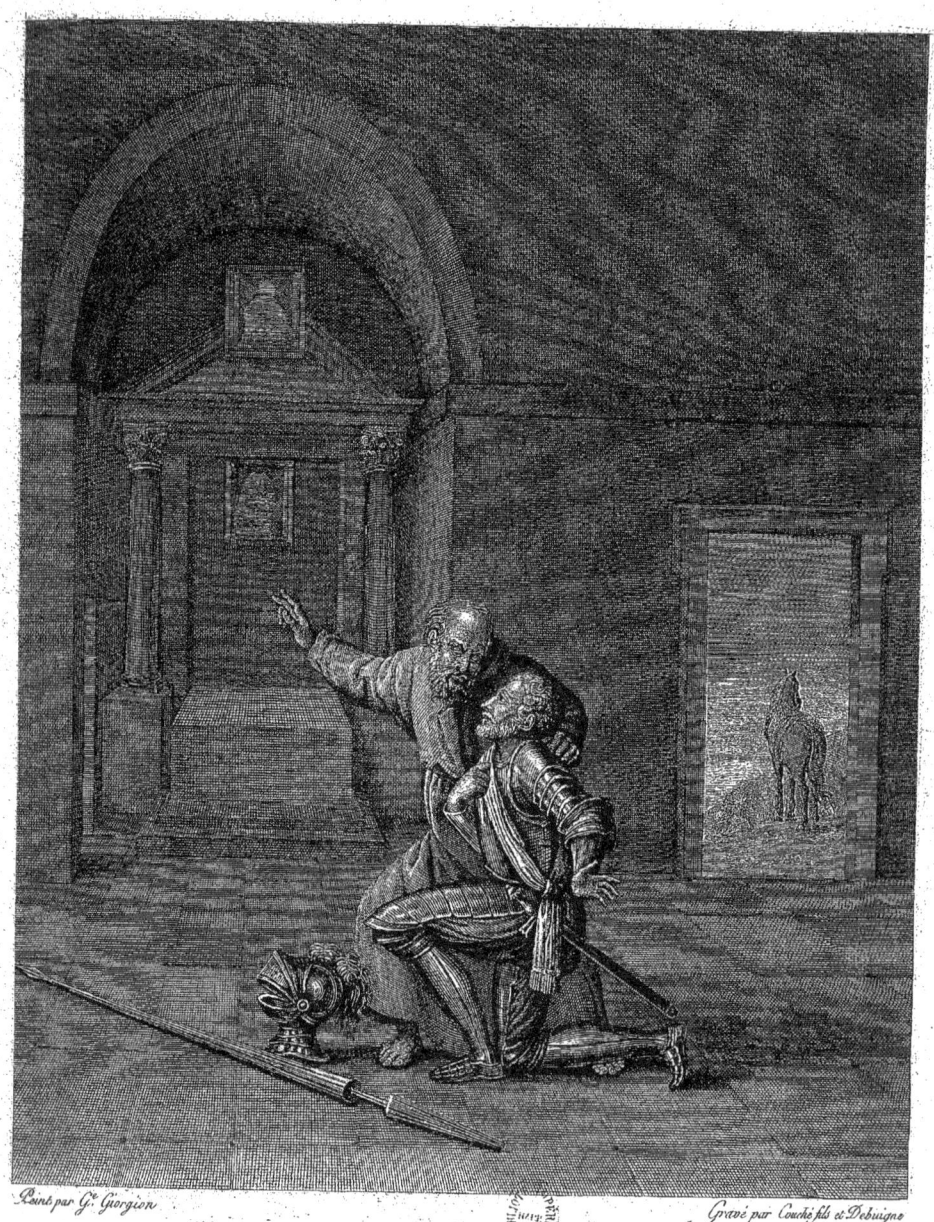

UN CHEVALIER BLESSÉ

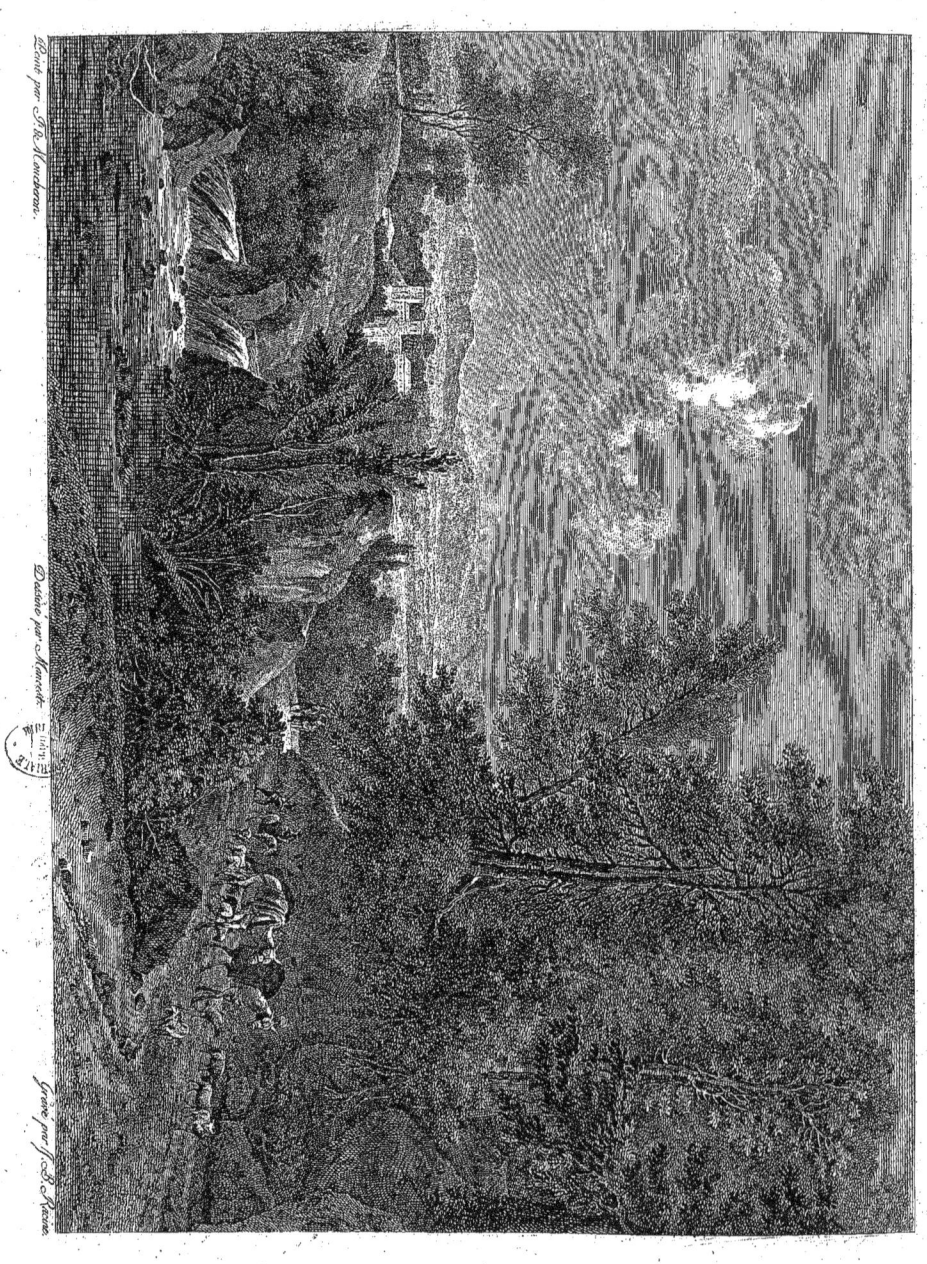

LA CHUTE D'EAU

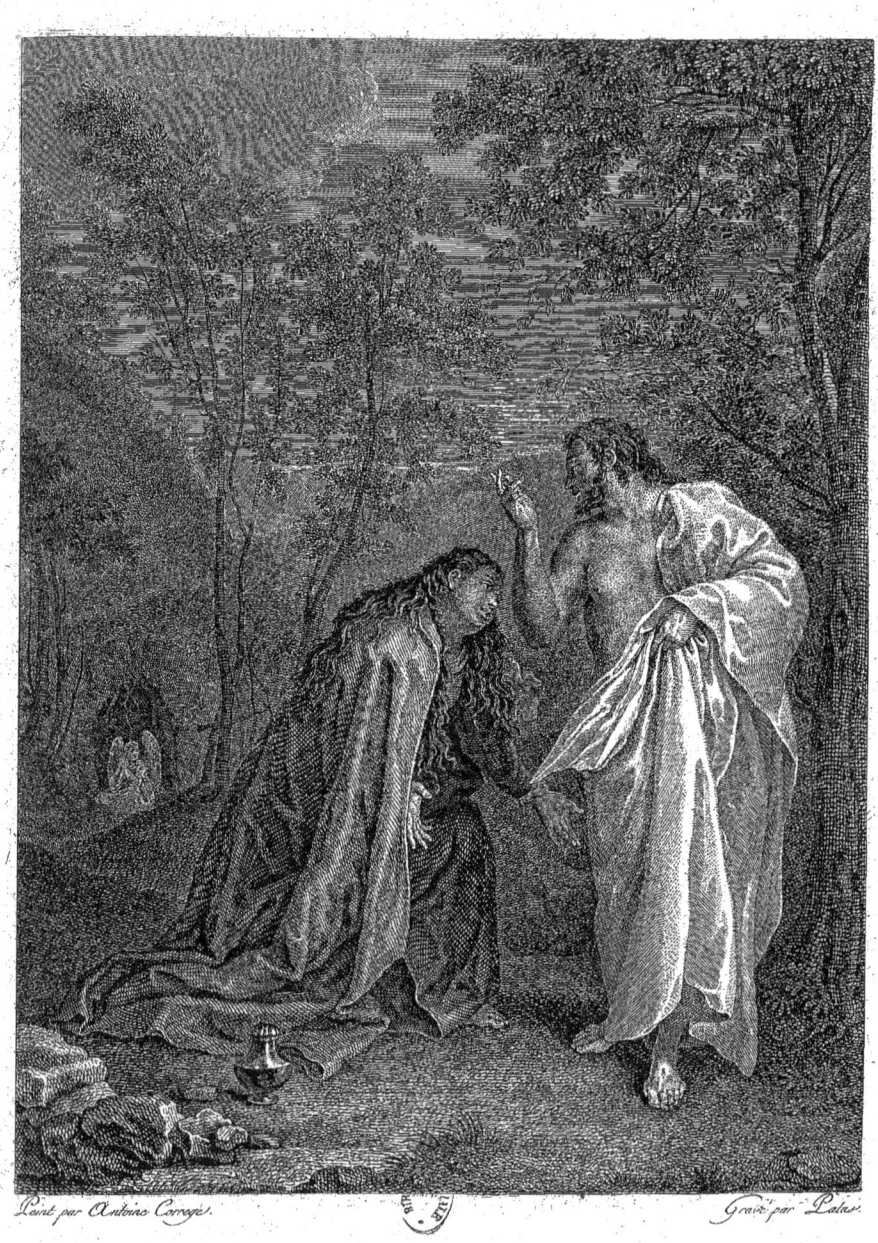

JÉSUS APPARAISSANT À LA MADELEINE

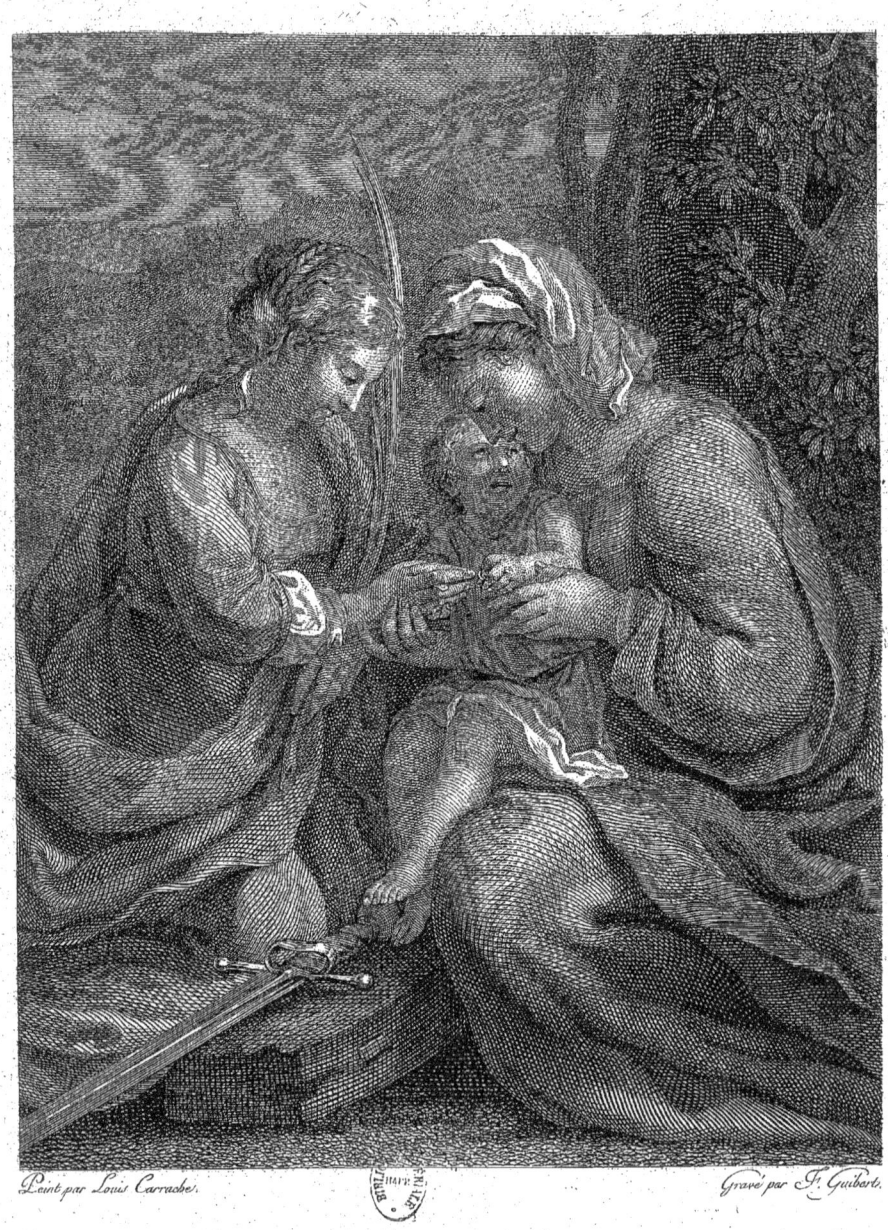

Peint par Louis Carrache. Gravé par F. Guibert.

LE MARIAGE DE Ste CATHERINE

Imp. Chardon ainé, à Paris.

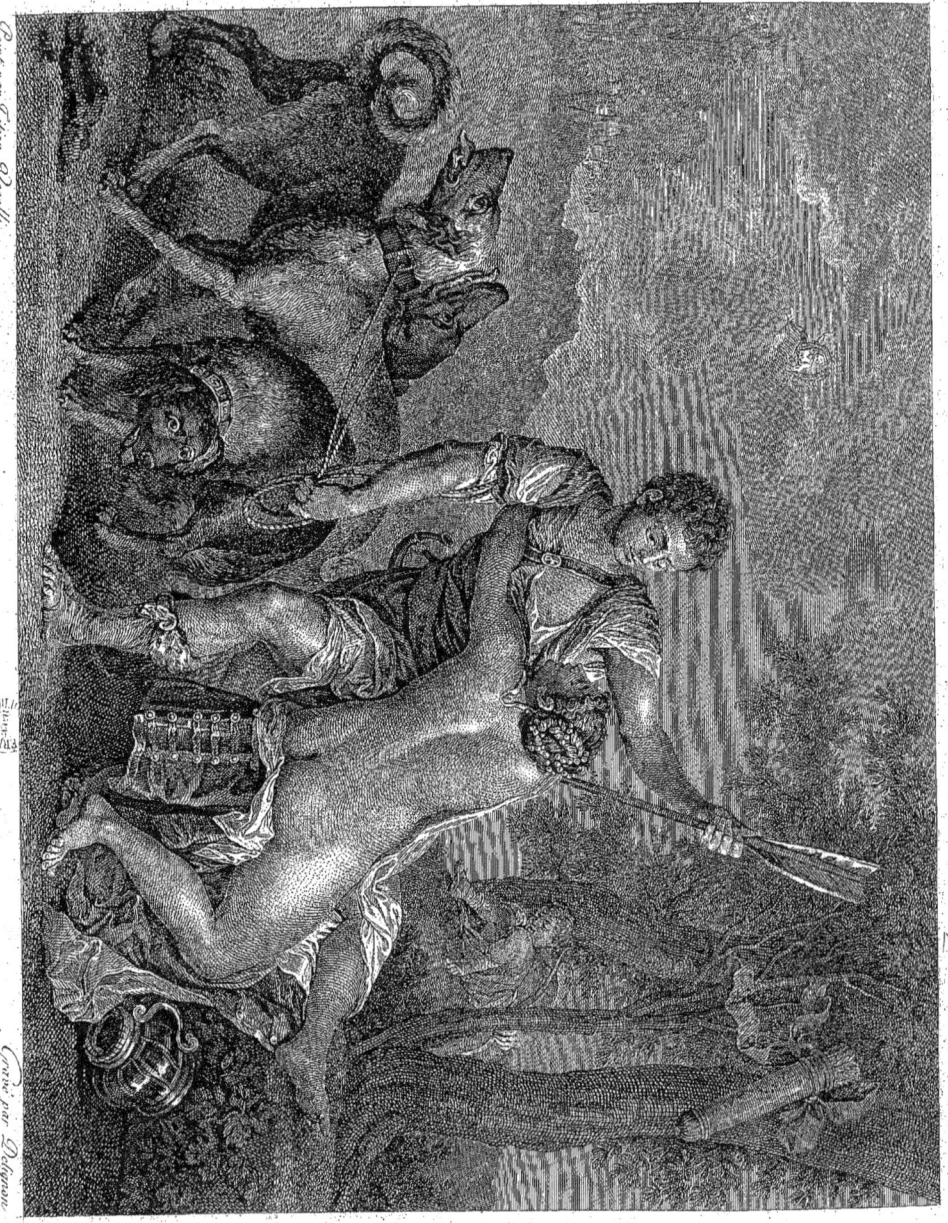

LE DEPART D'ADONIS

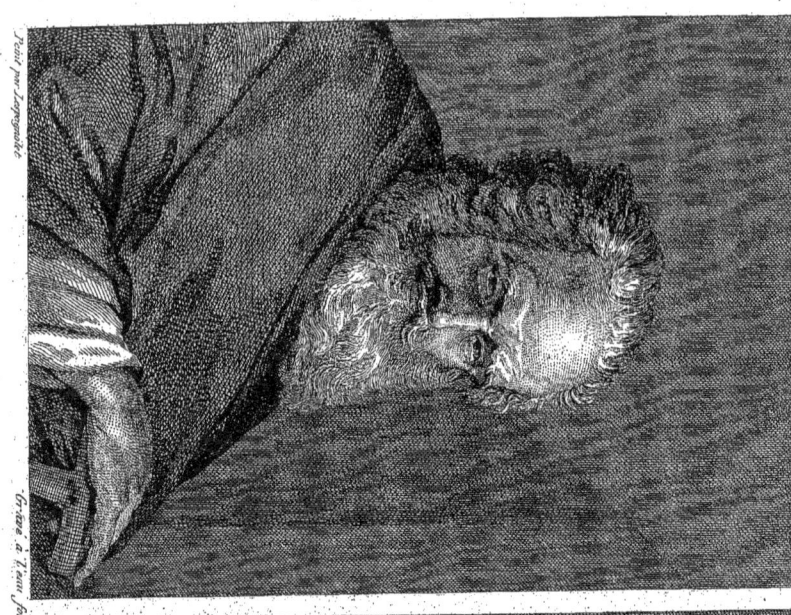
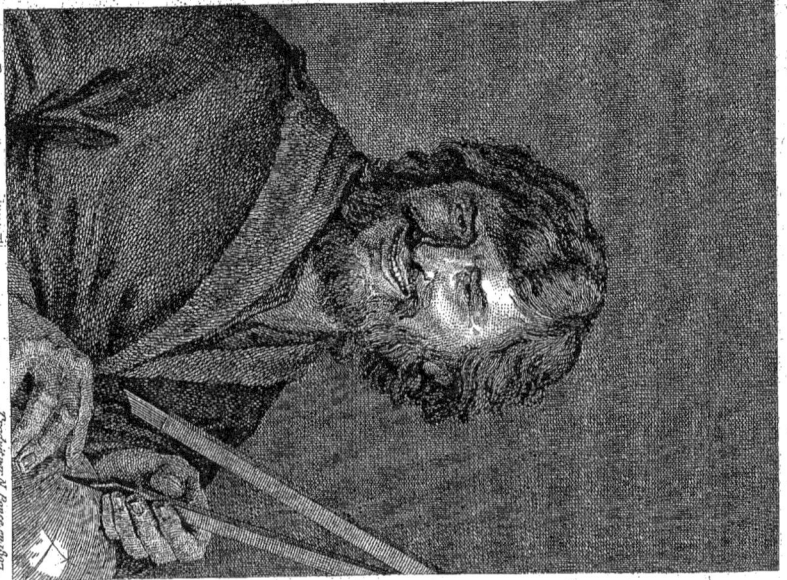

HÉRACLITE & DÉMOCRITE

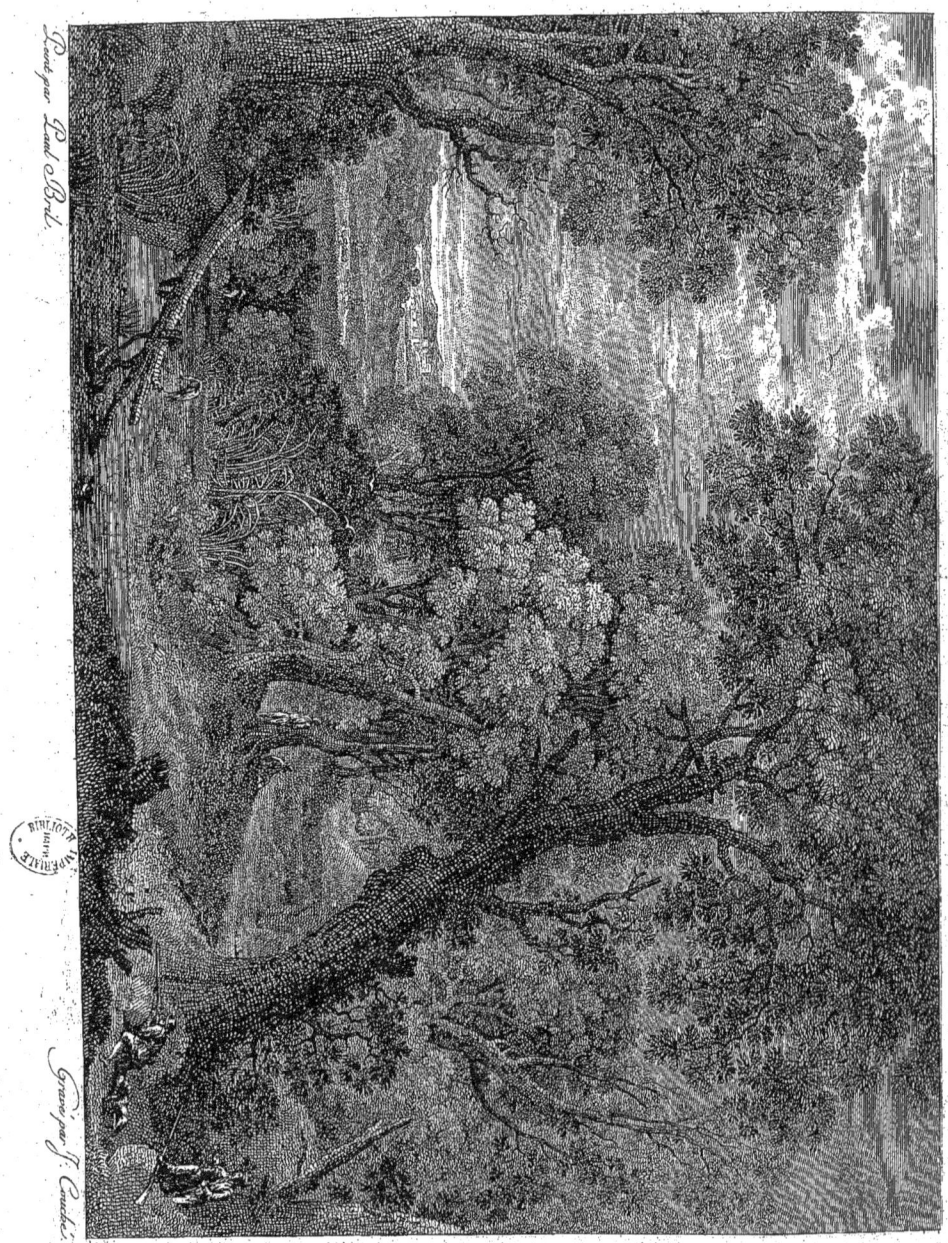

LA CHASSE AUX CANARDS

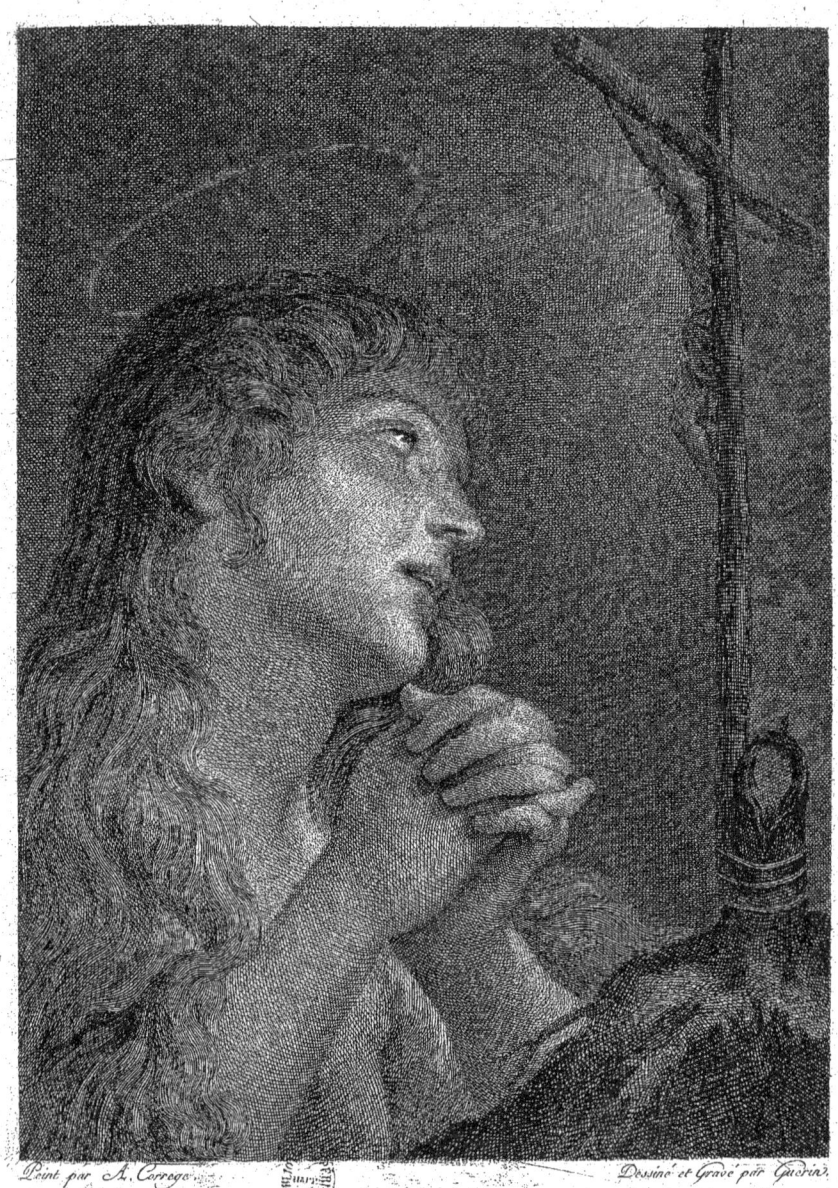

LA MADELEINE

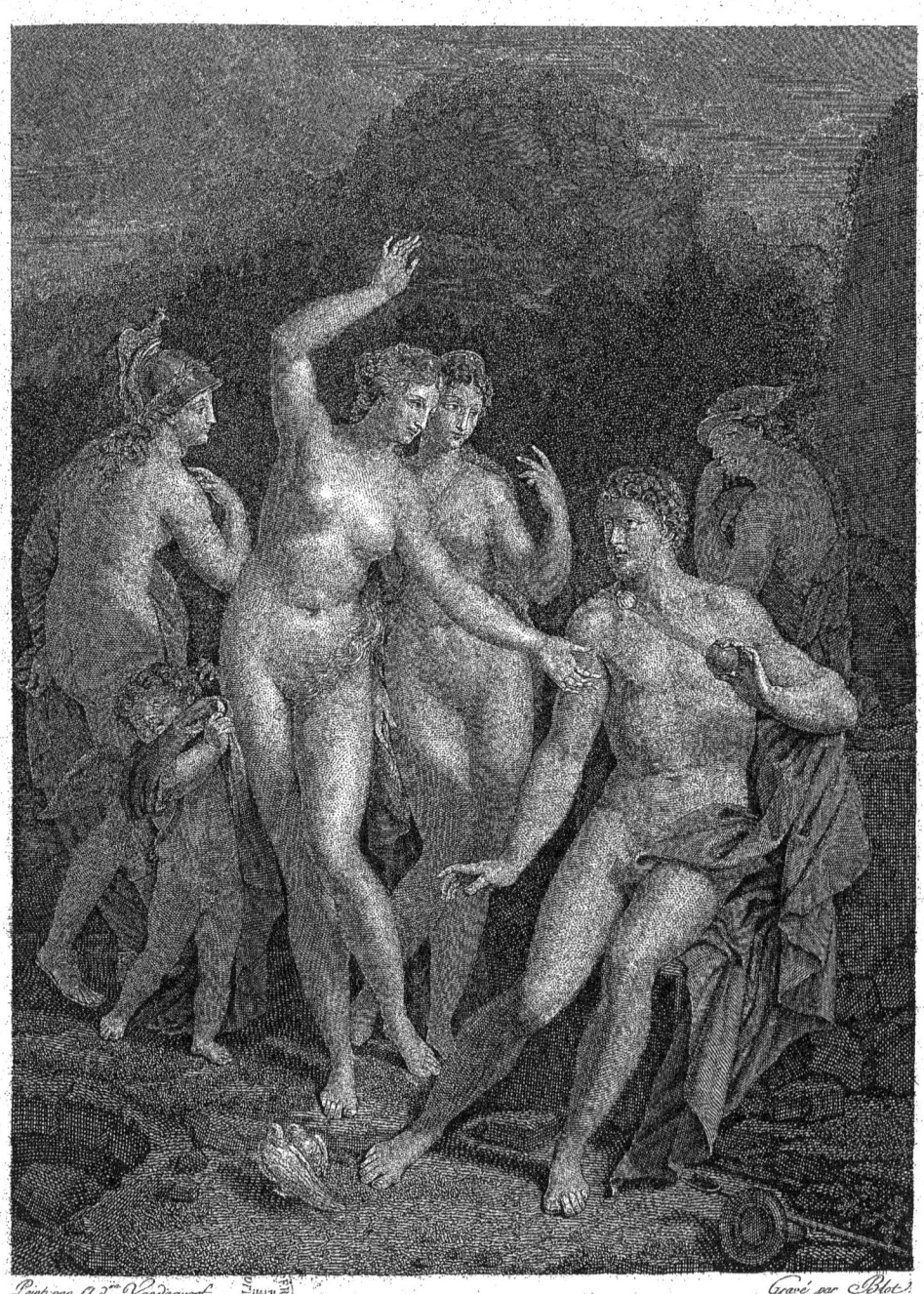

LE JUGEMENT DE PÂRIS

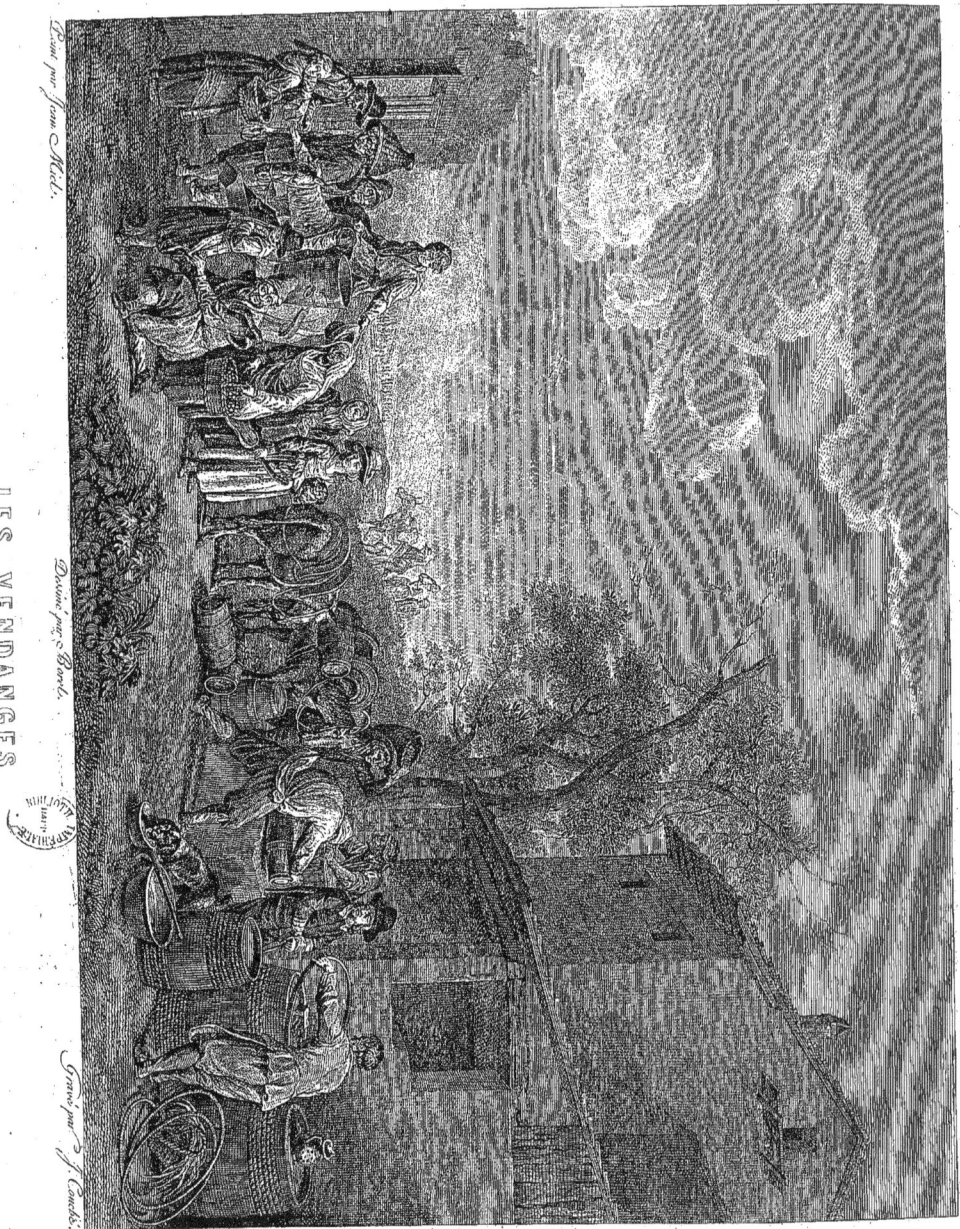

LES VENDANGES

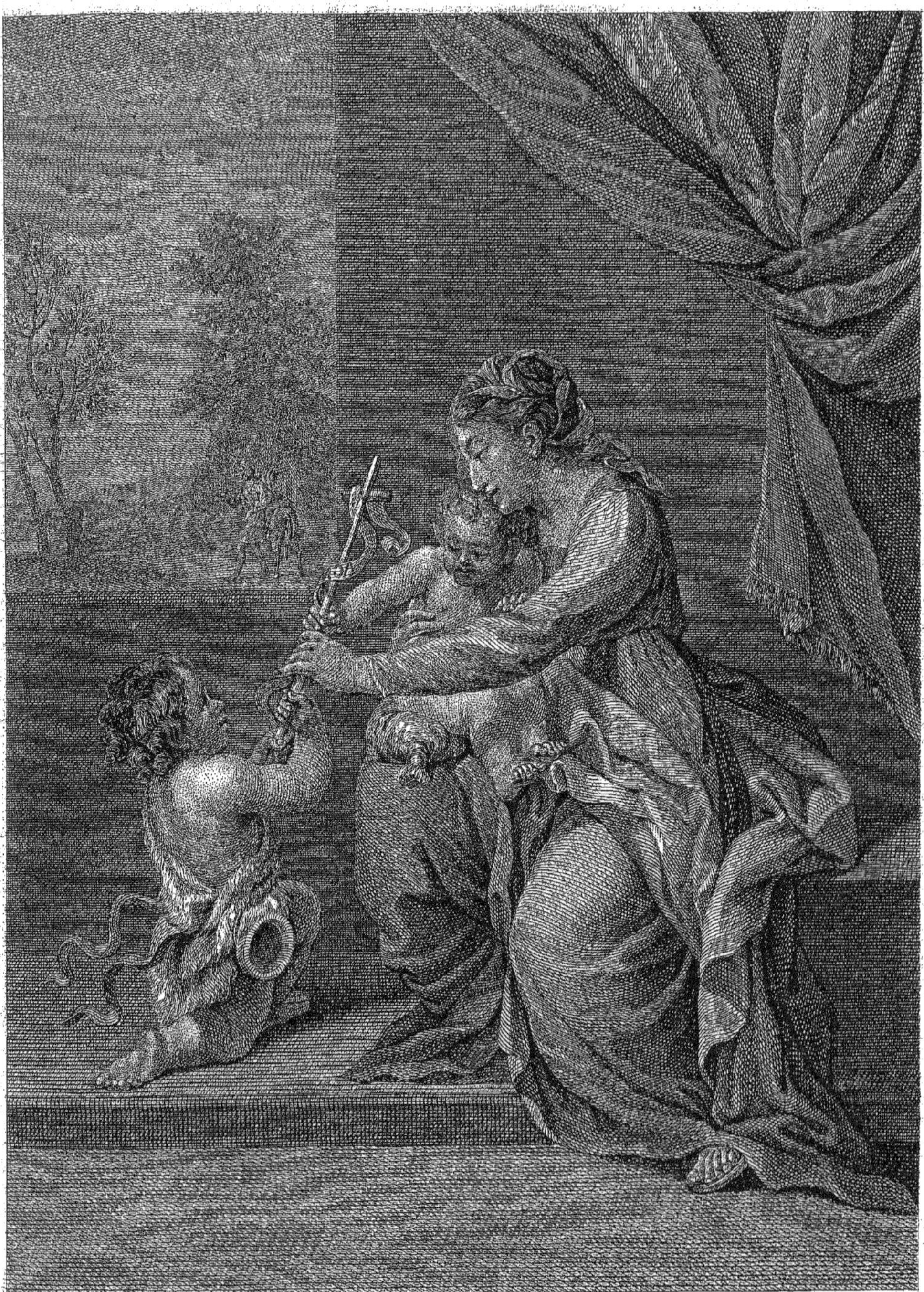

Peinte par François Mazzola. Gravée par J.^s Michaut

LA SAINTE FAMILLE

Imp. Chardon ainé, à Paris.

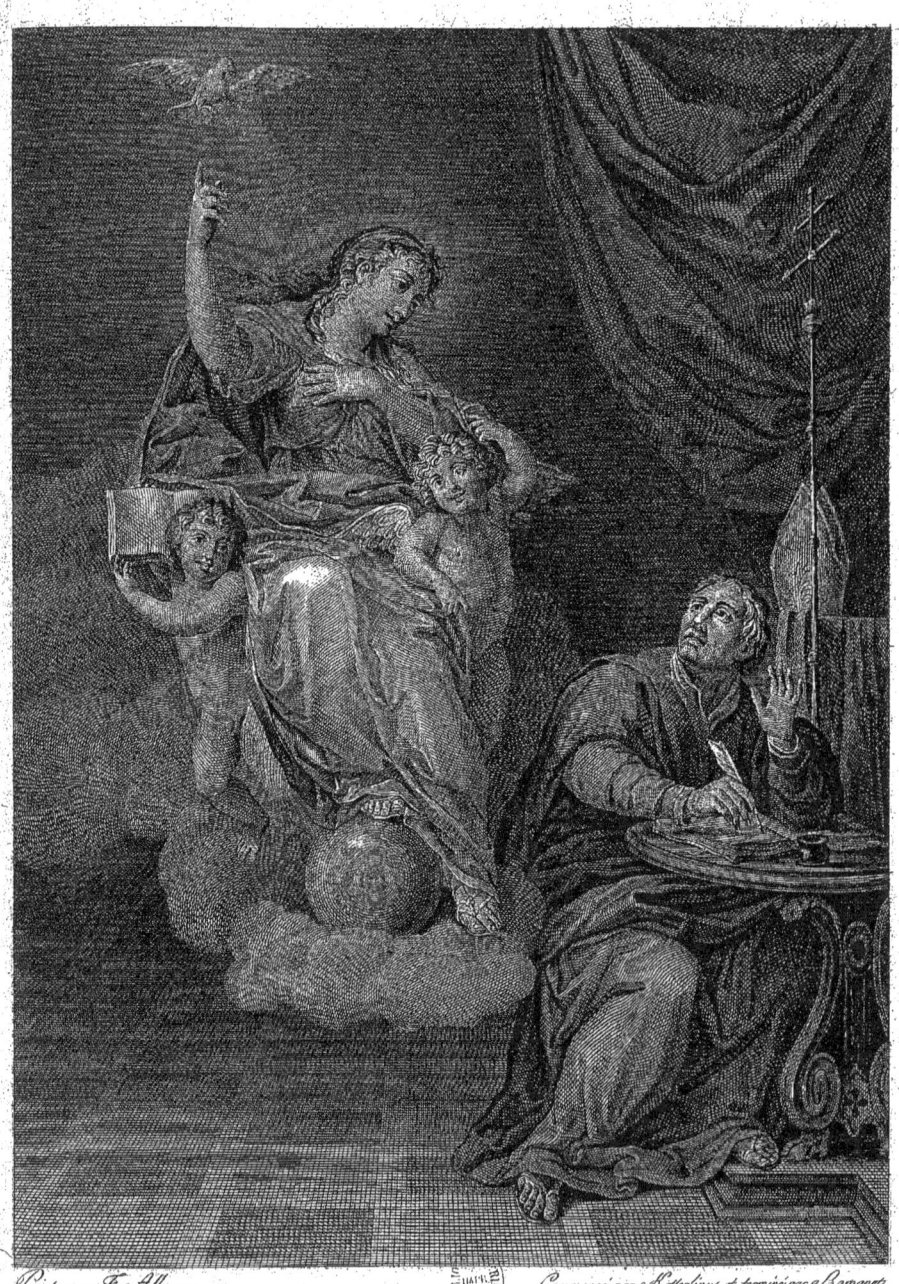

SAINT LAURENT JUSTINIEN

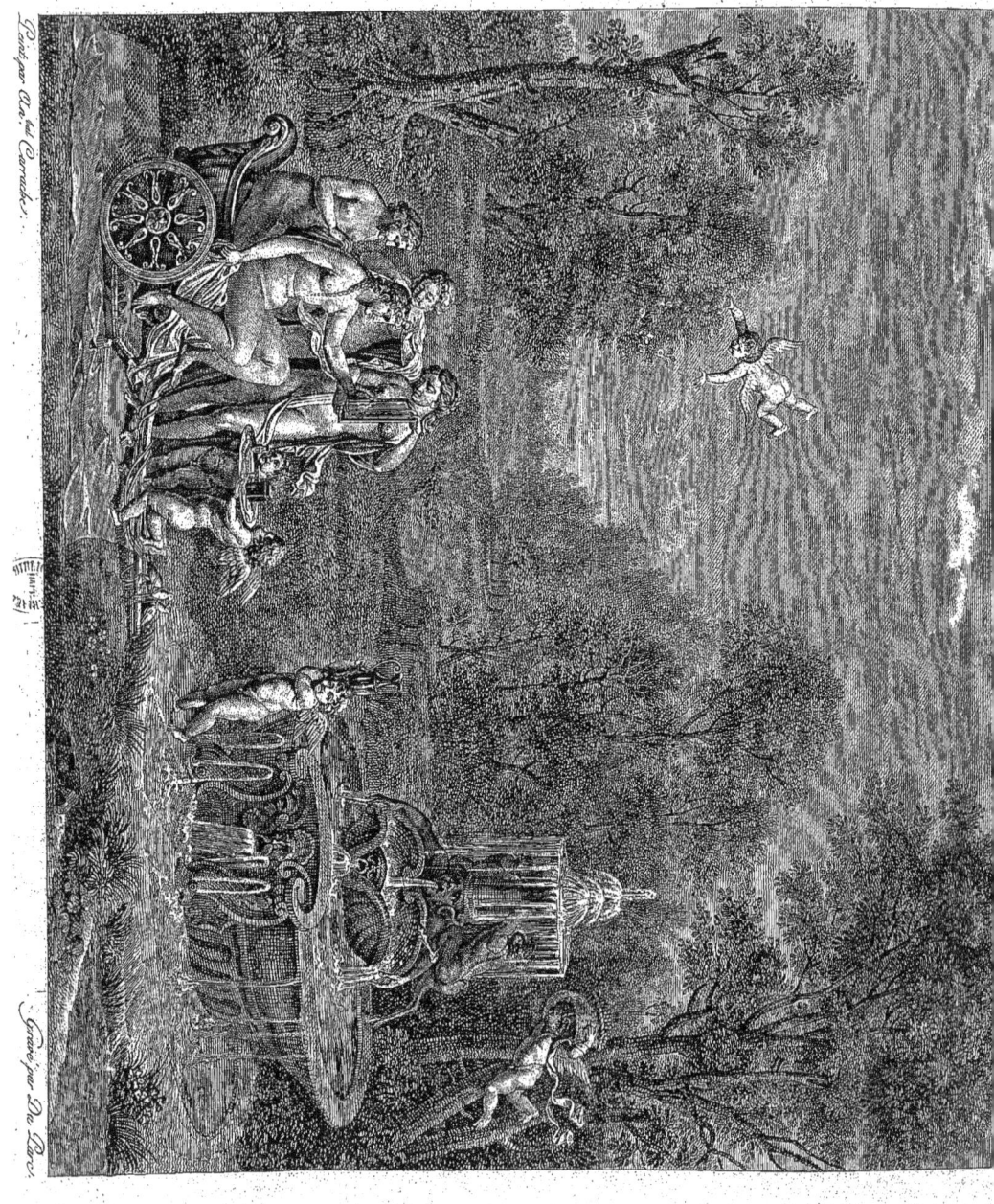

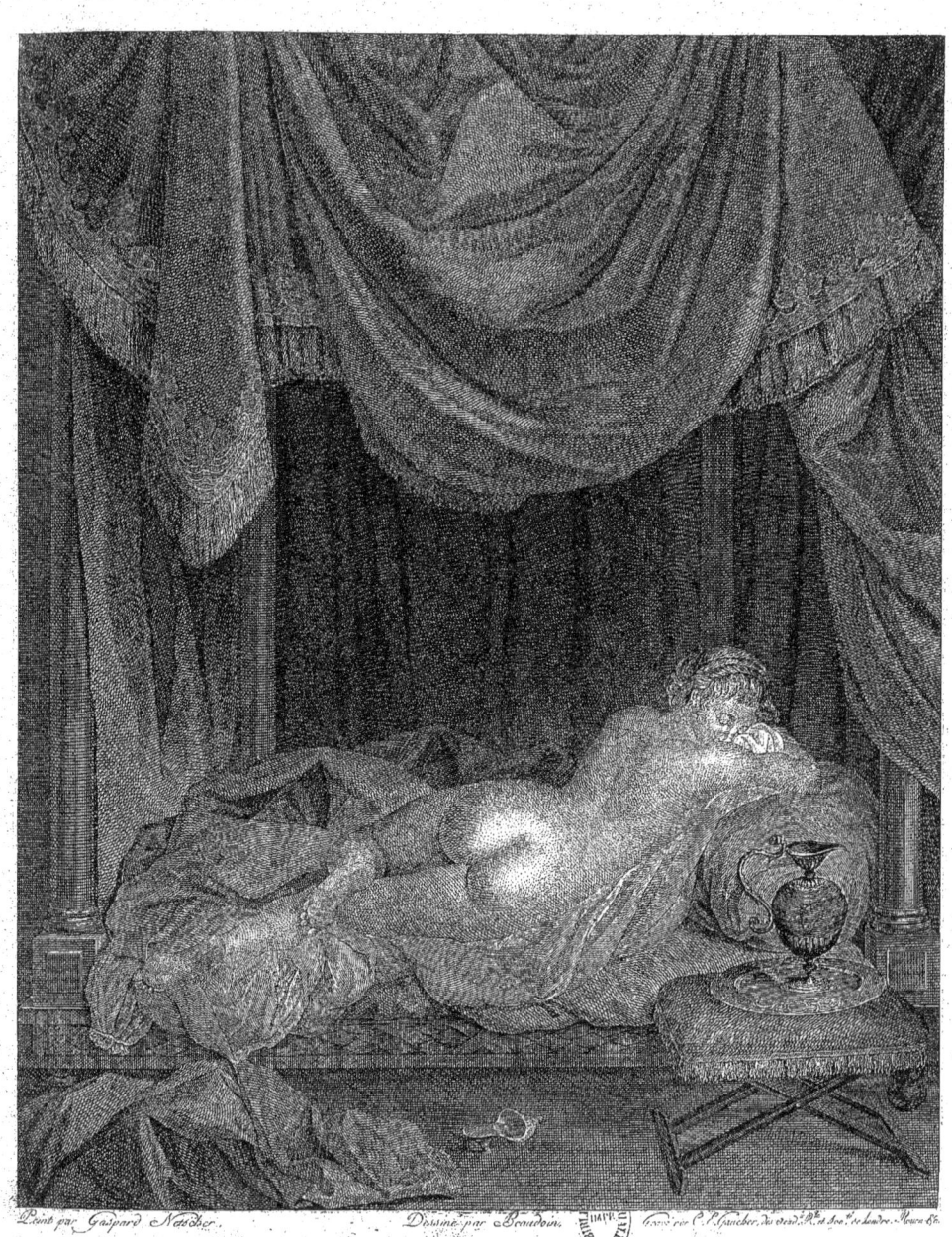

LE REPOS

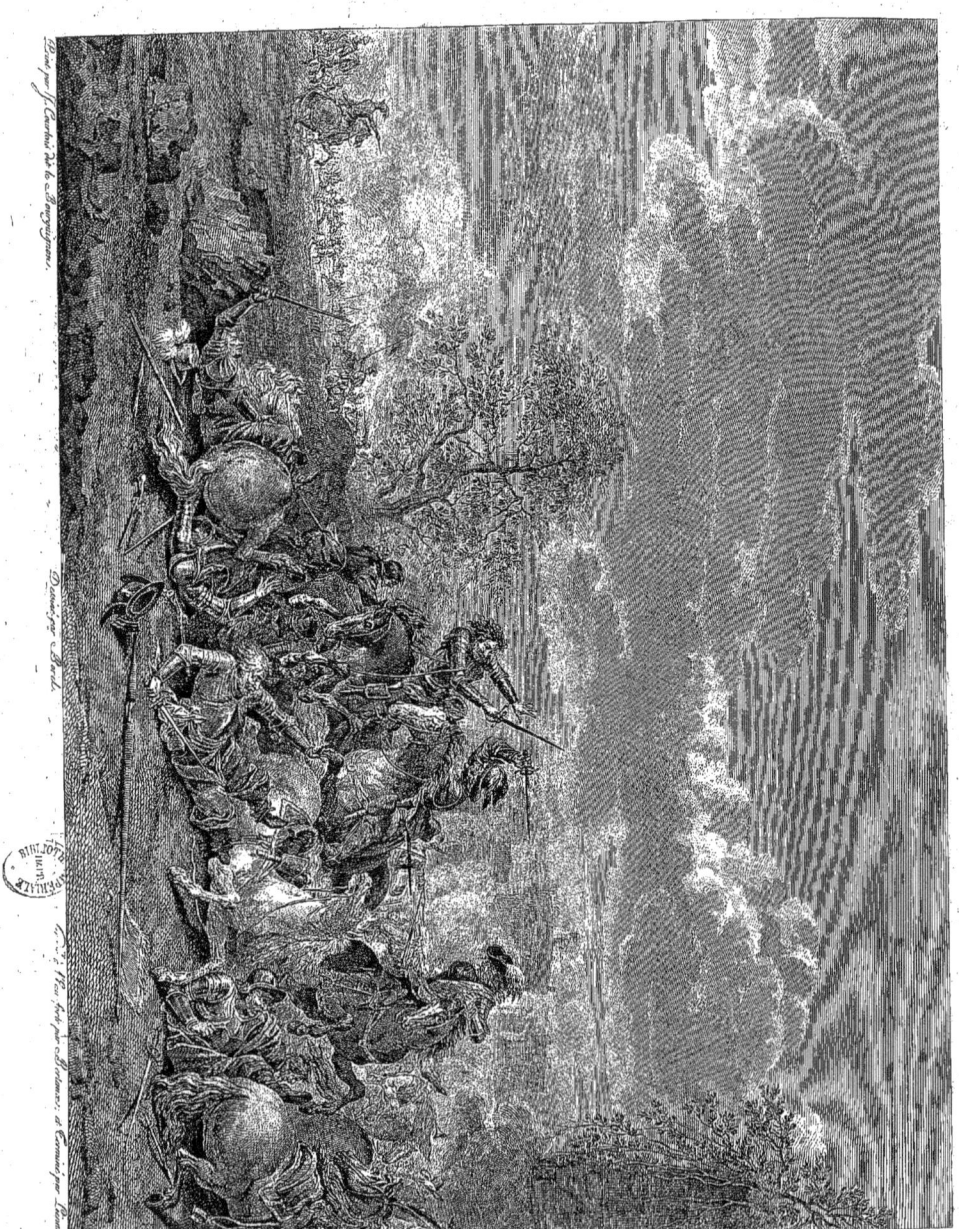

CHOC DE CAVALERIE

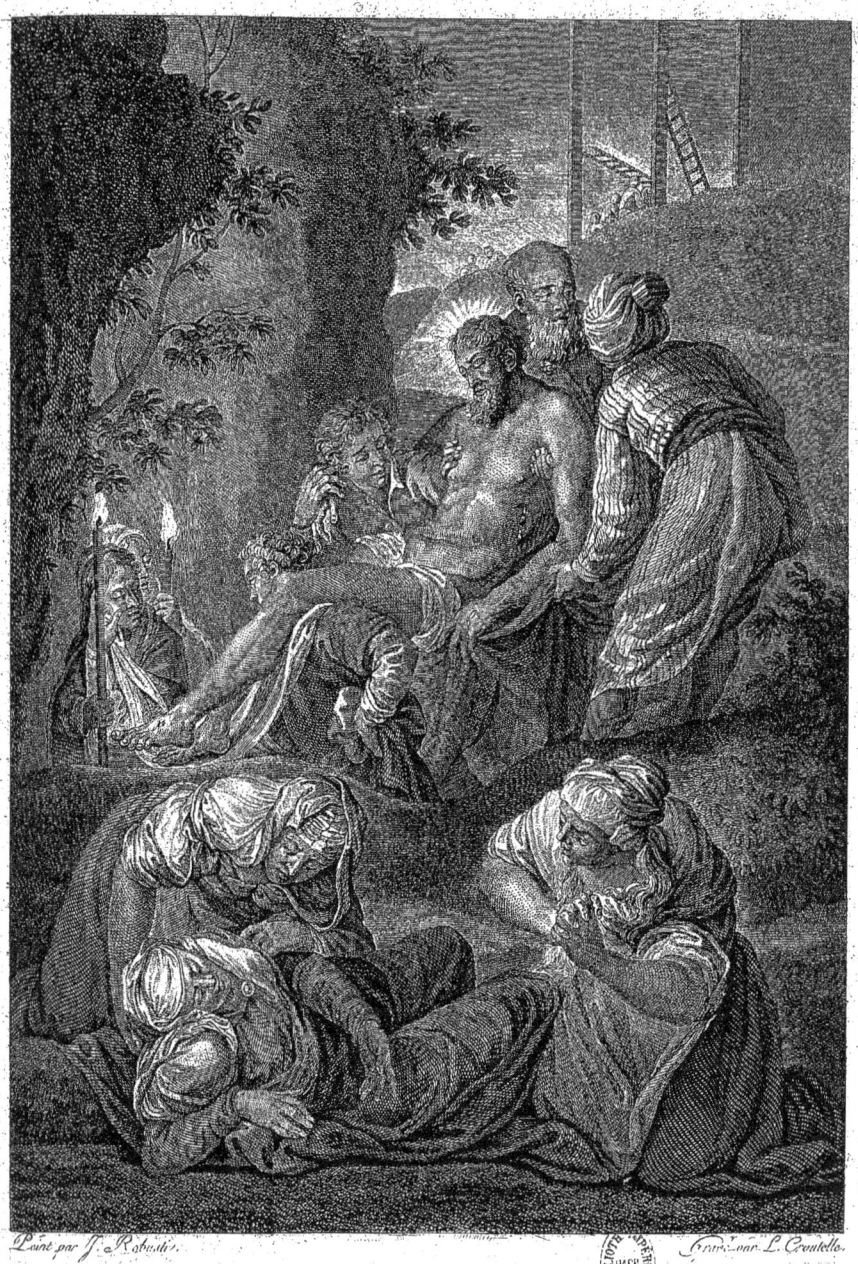

LA DESCENTE DE CROIX

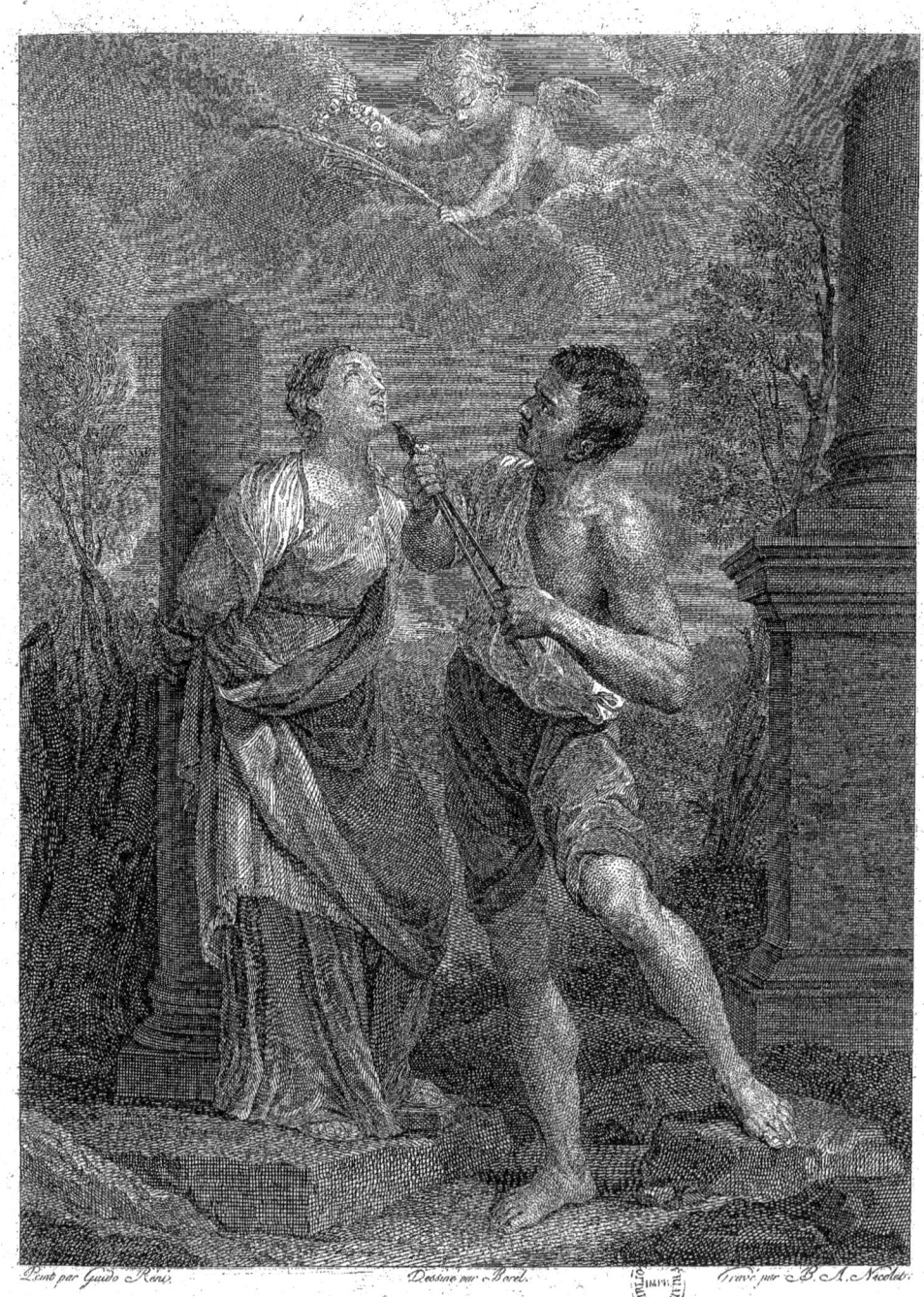

SAINTE APPOLINE

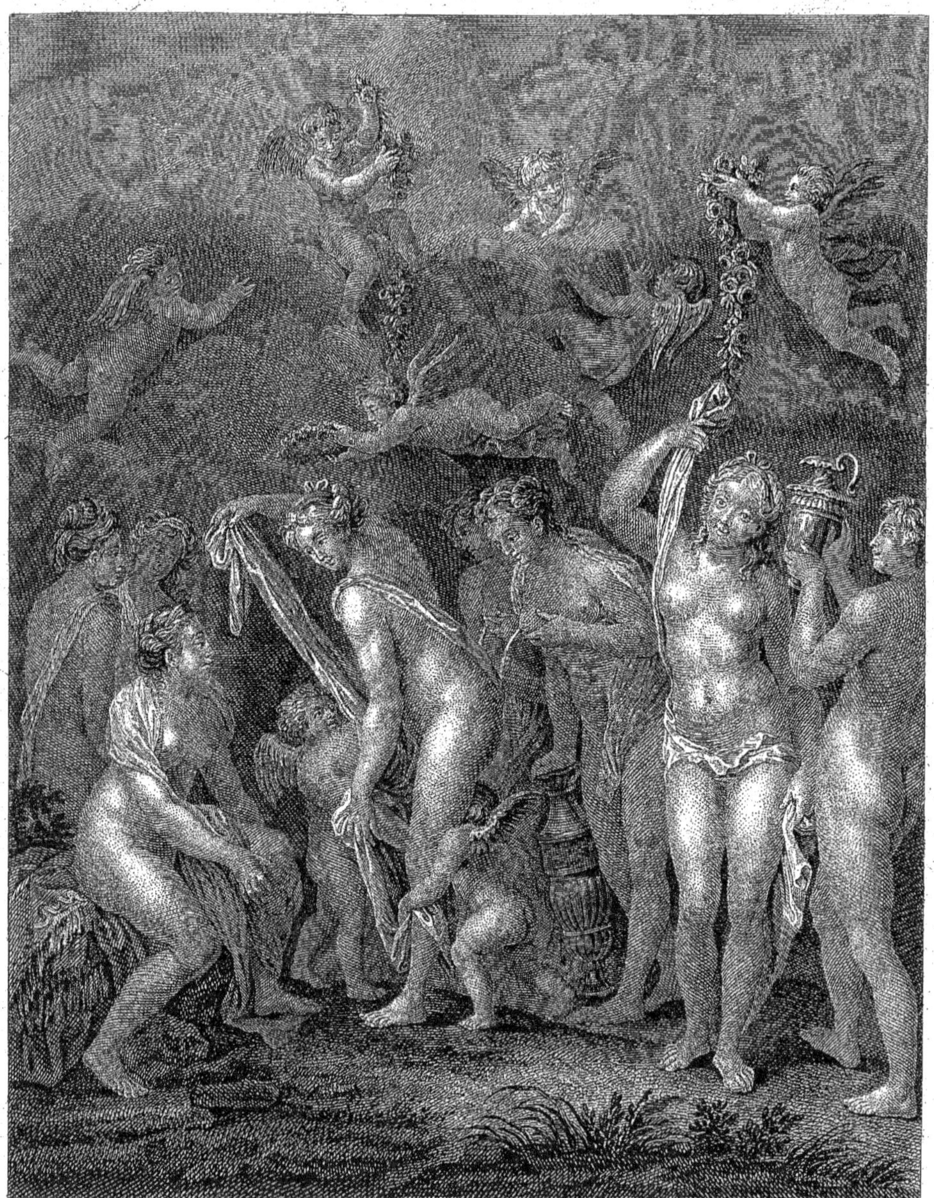

Peint par Perrin del Vaga. Dessiné par Boïel. Gravé par Ph. Triere.

LES TROIS DÉESSES

Imp. Chardon ainé, à Paris.

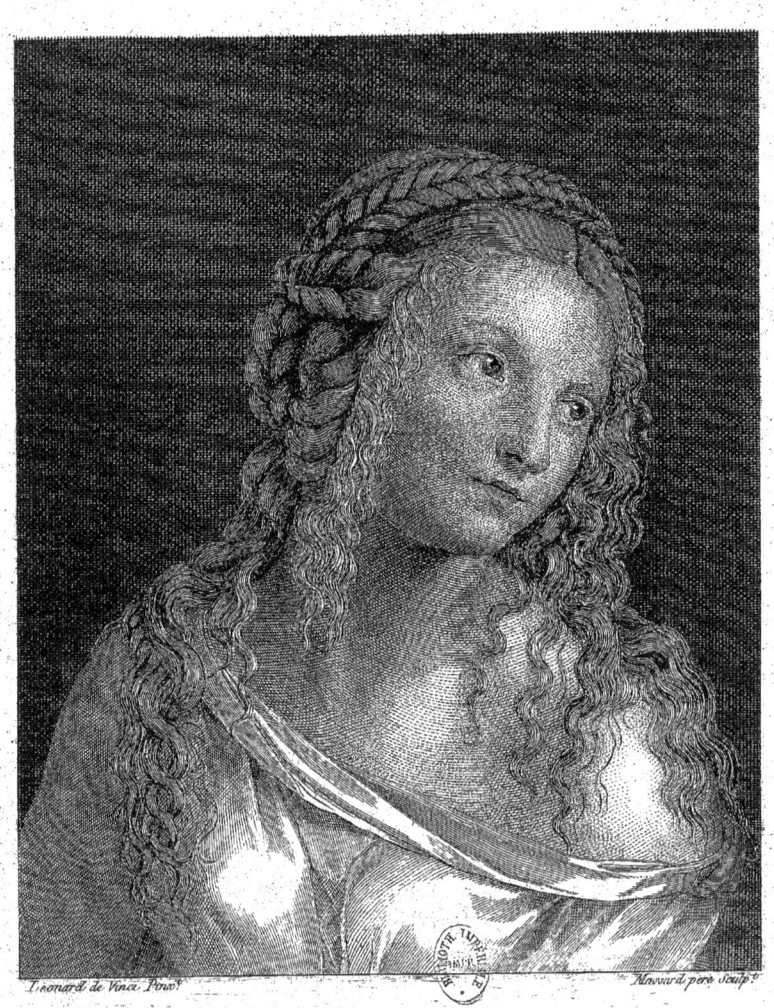

PORTRAIT DE FEMME

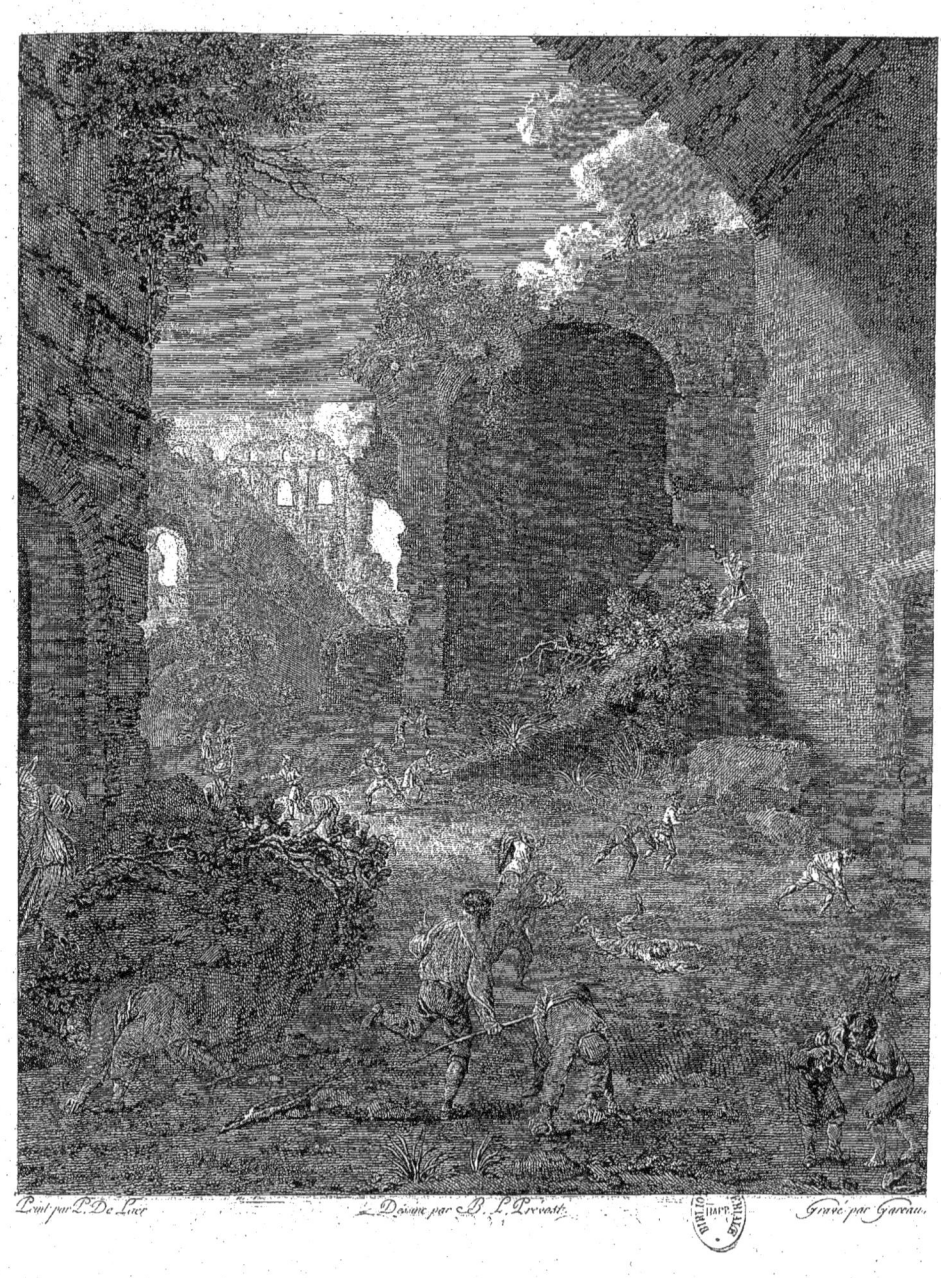

LES ENFANTS

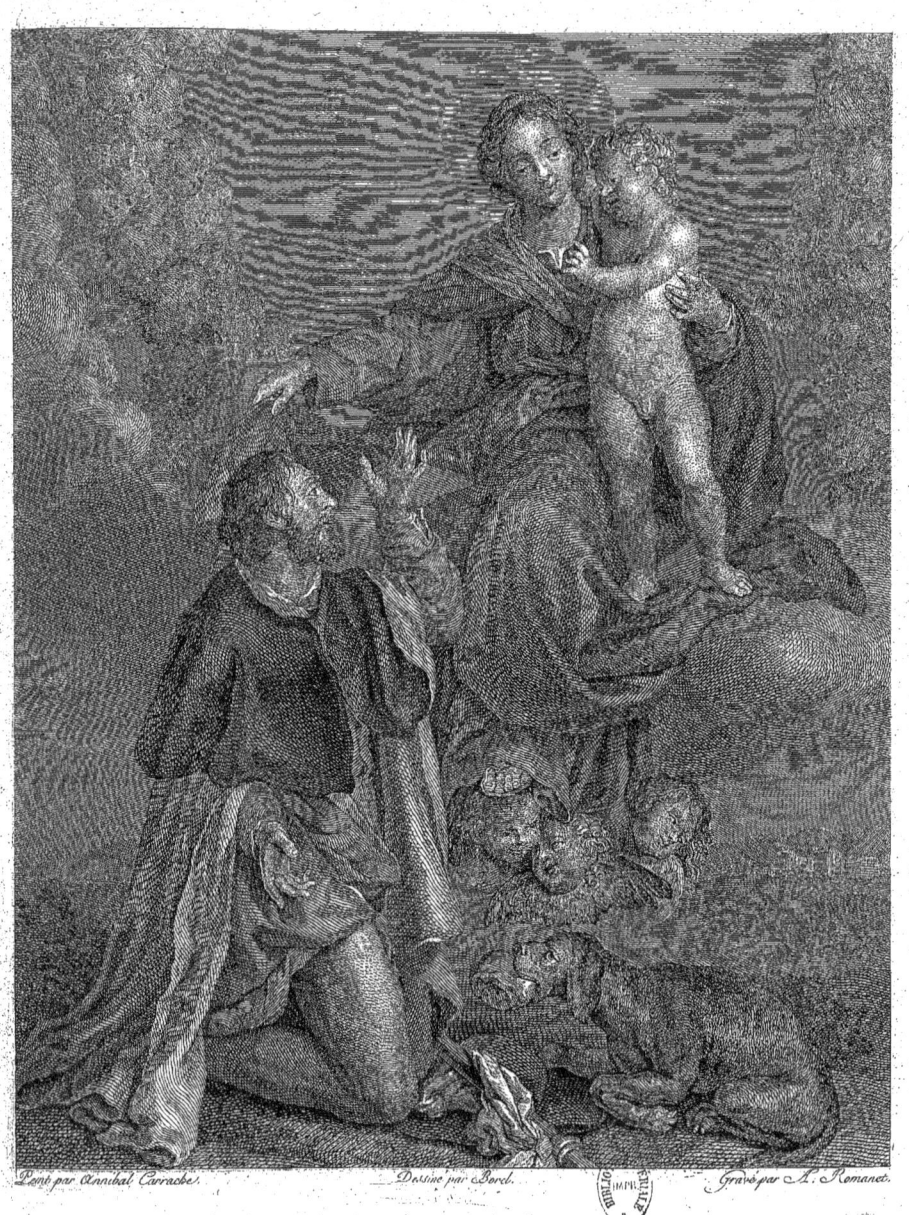

SAINT ROCH

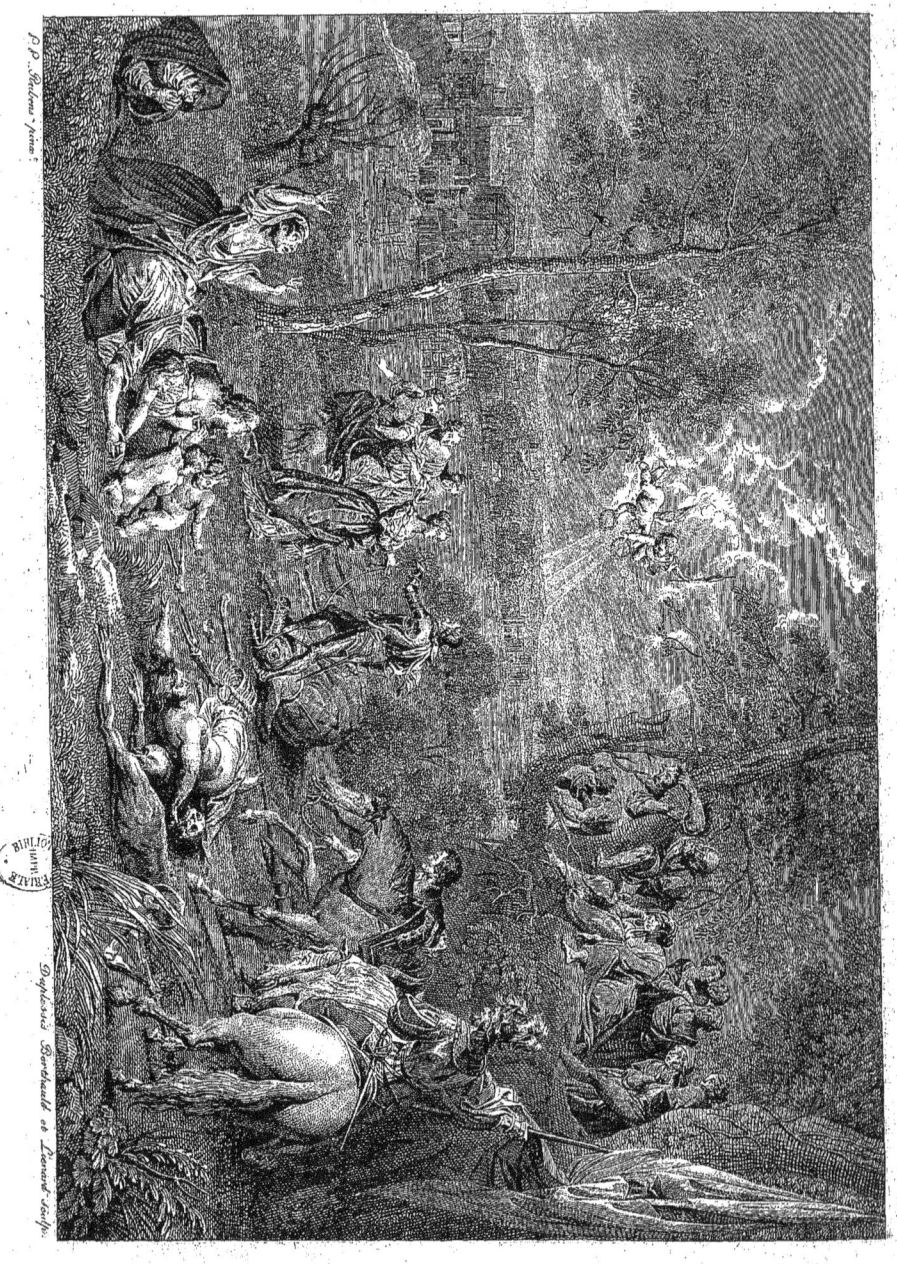

SAINT GEORGE

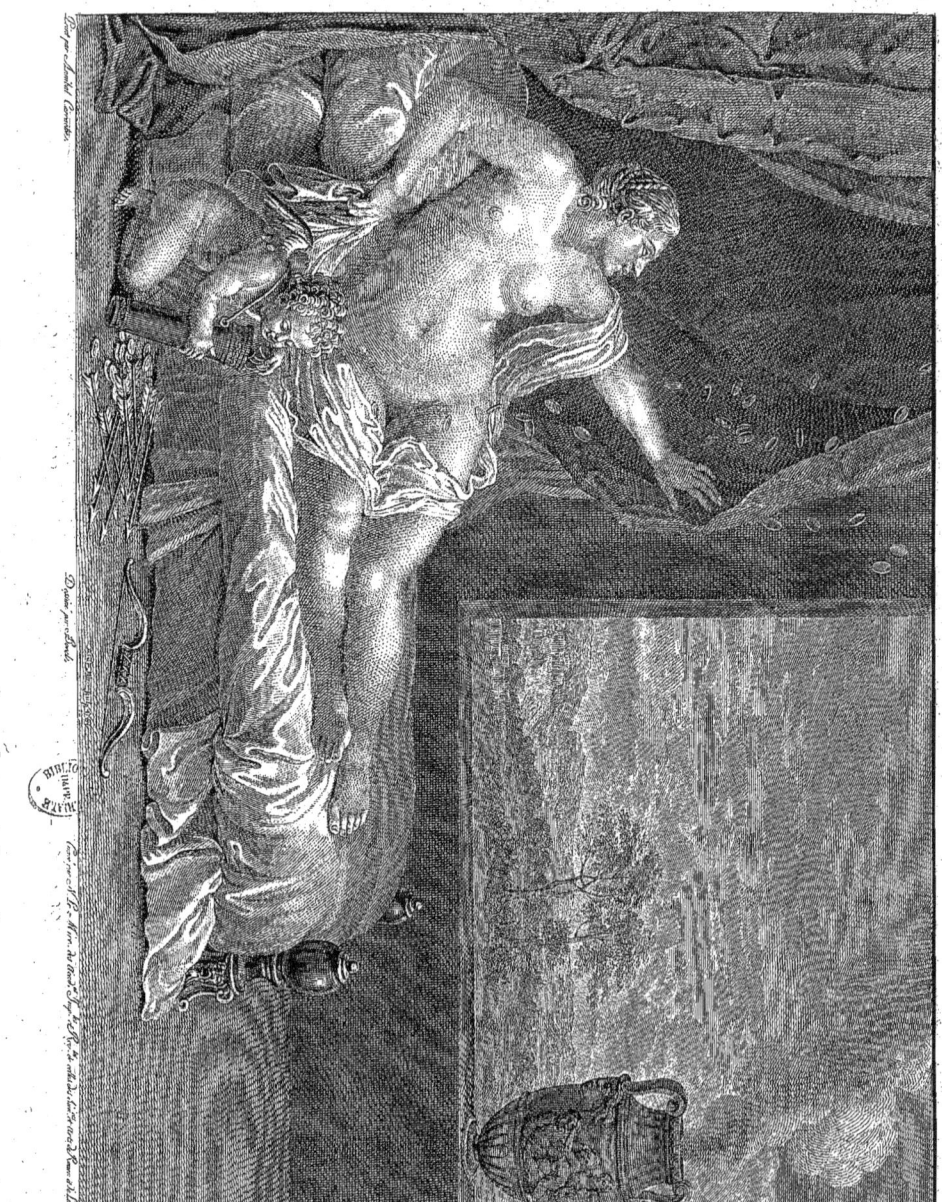

JUPITER & DANAË

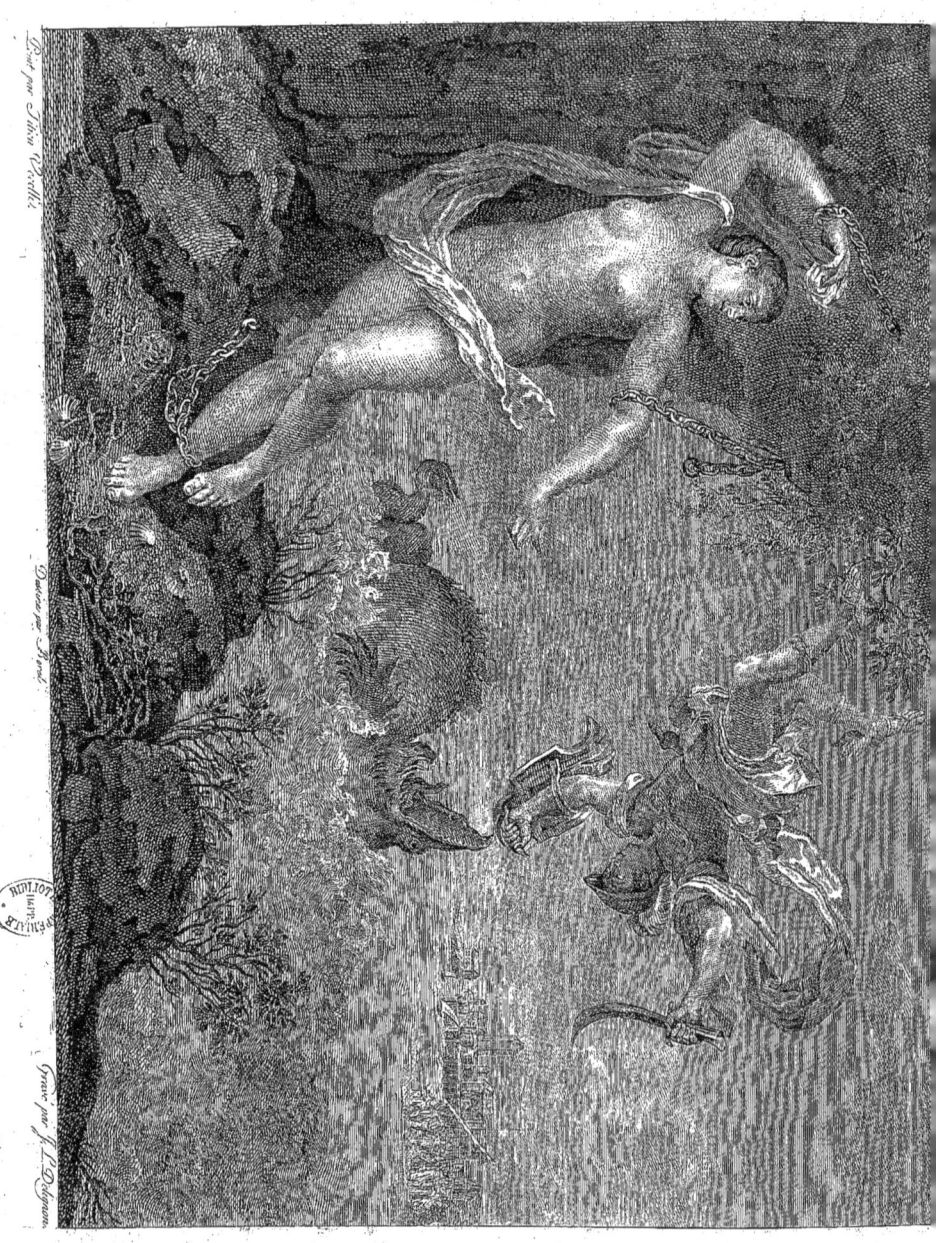

PERSÉE & ANDROMEDE

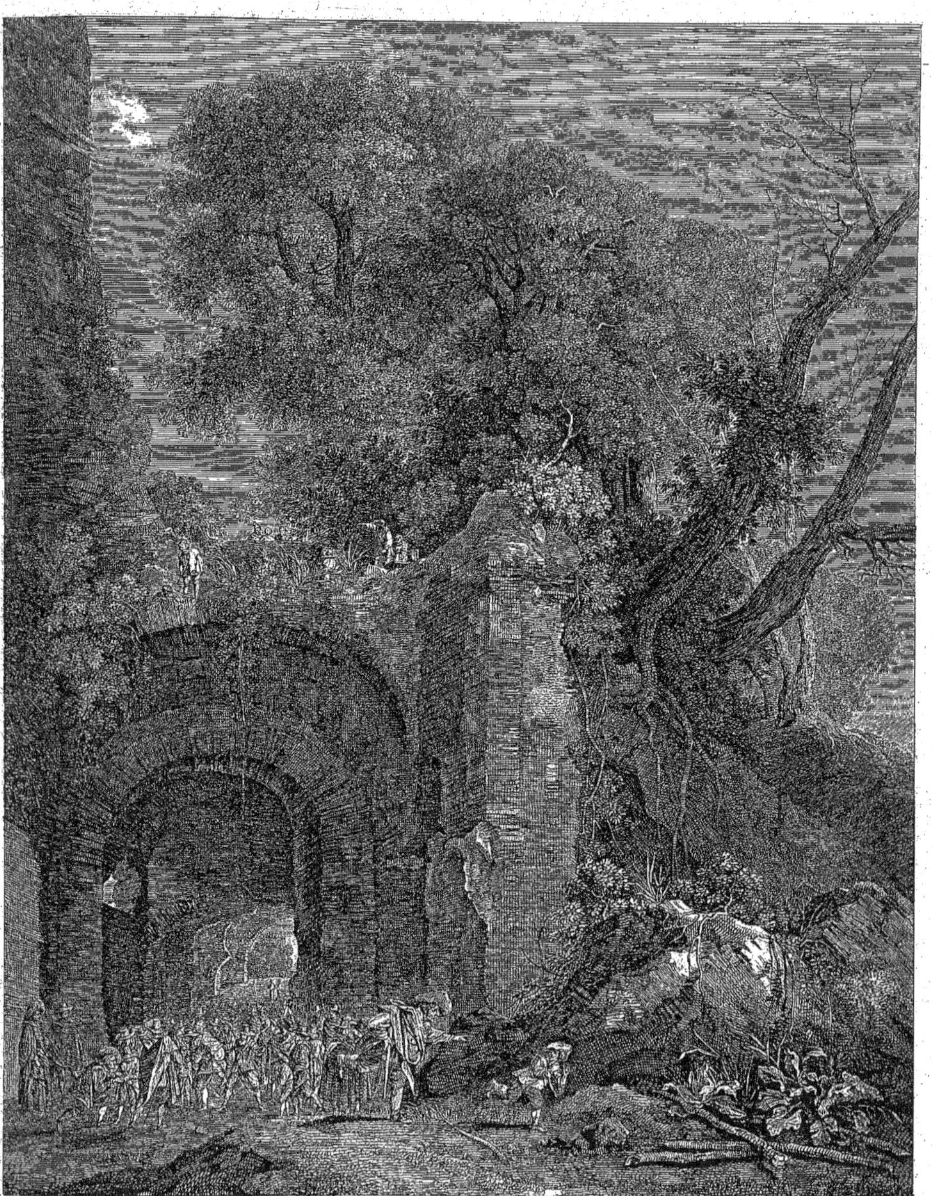

Peint par P. De Laer. Dessiné par Rosenberg. Gravé par Pilement, fils.

LES SBIRES

Imp. Chardon, ainé, à Paris.

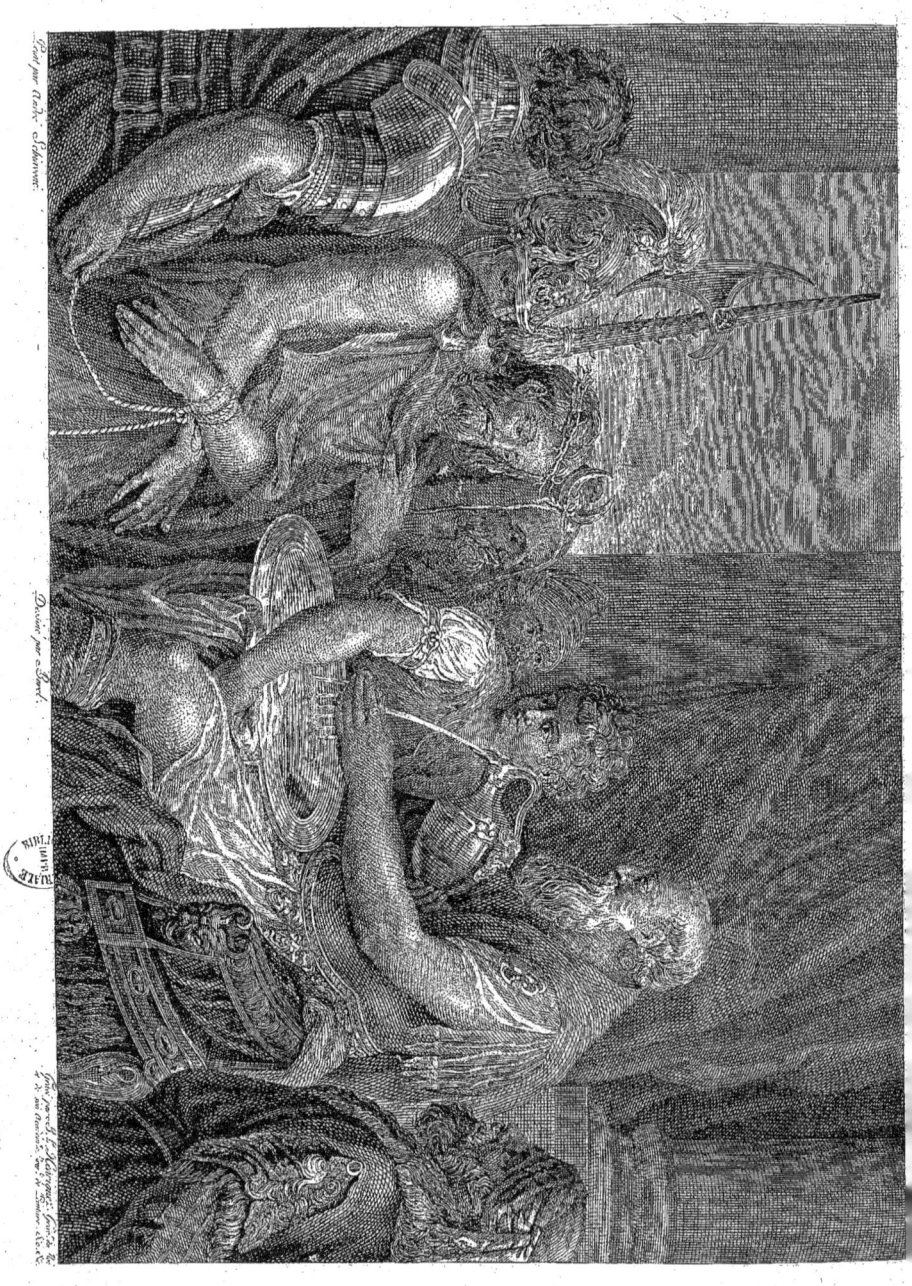

JESUS DEVANT PILATE.

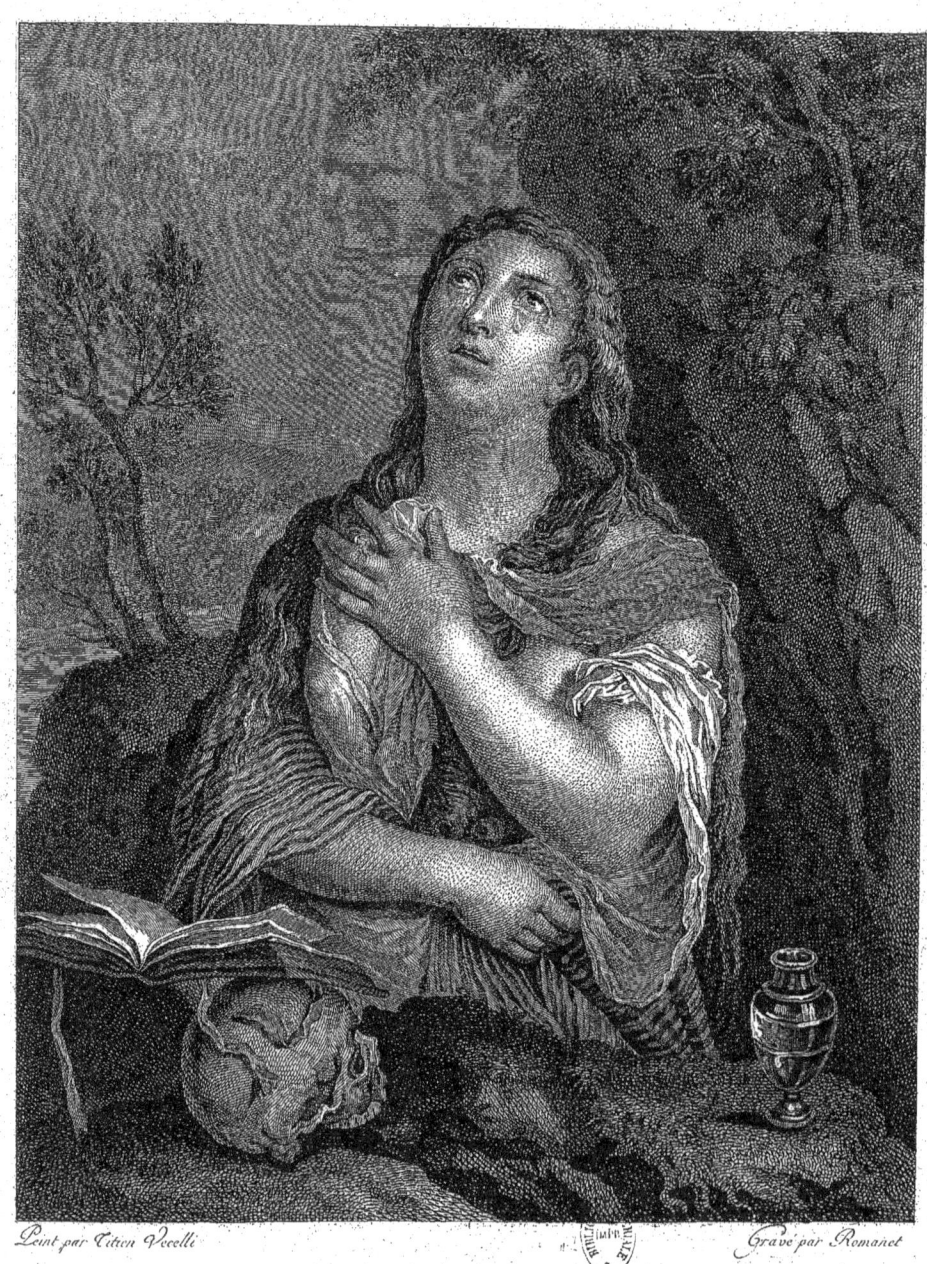

Peint par Titien Vecelli · Gravé par Romanet

LA MADELEINE

Imp. Chardon ainé, à Paris.

LA MORT D'ACTÉON

MARS ET VÉNUS

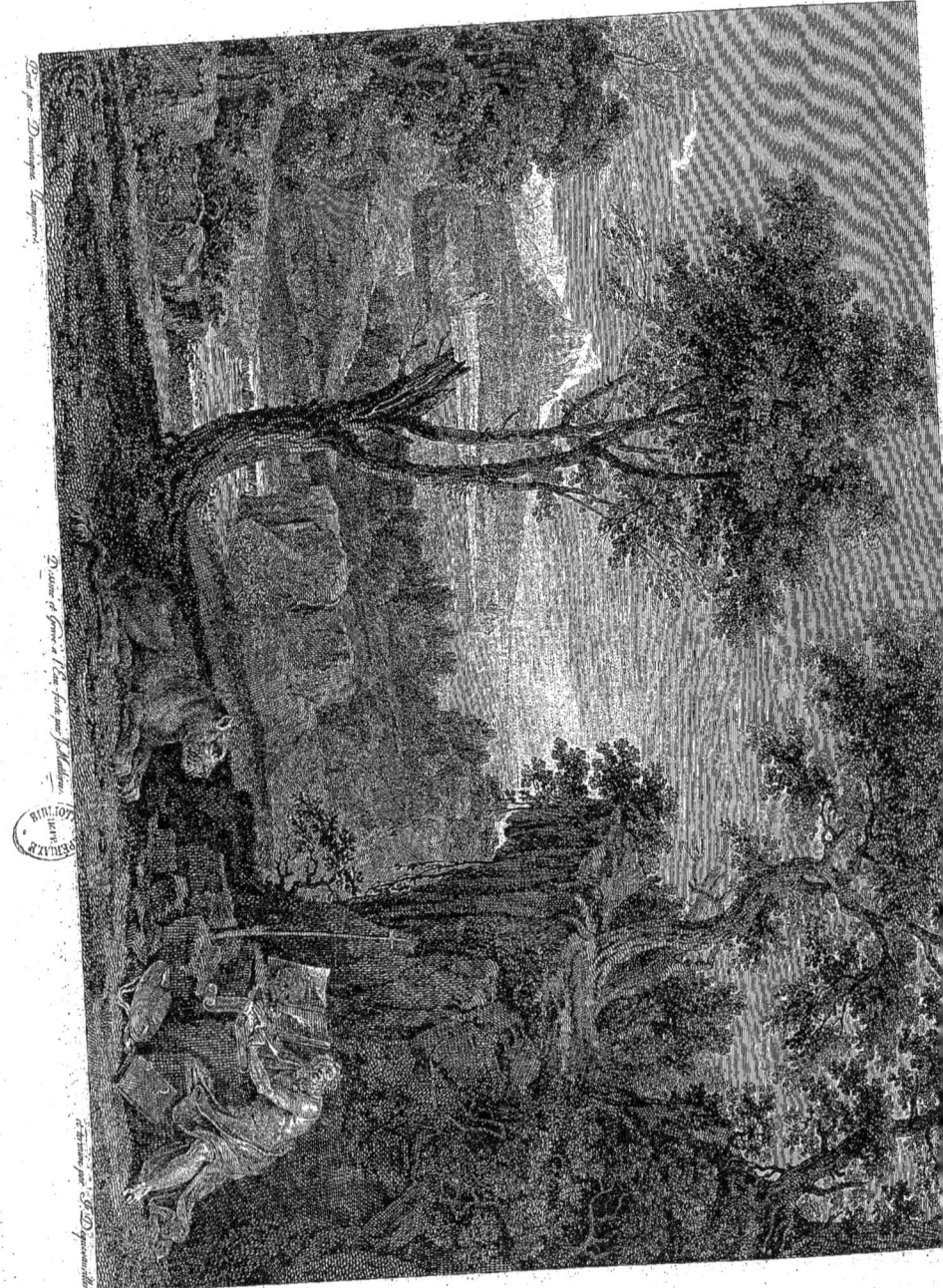

SAINT JÉRÔME DANS LE DÉSERT

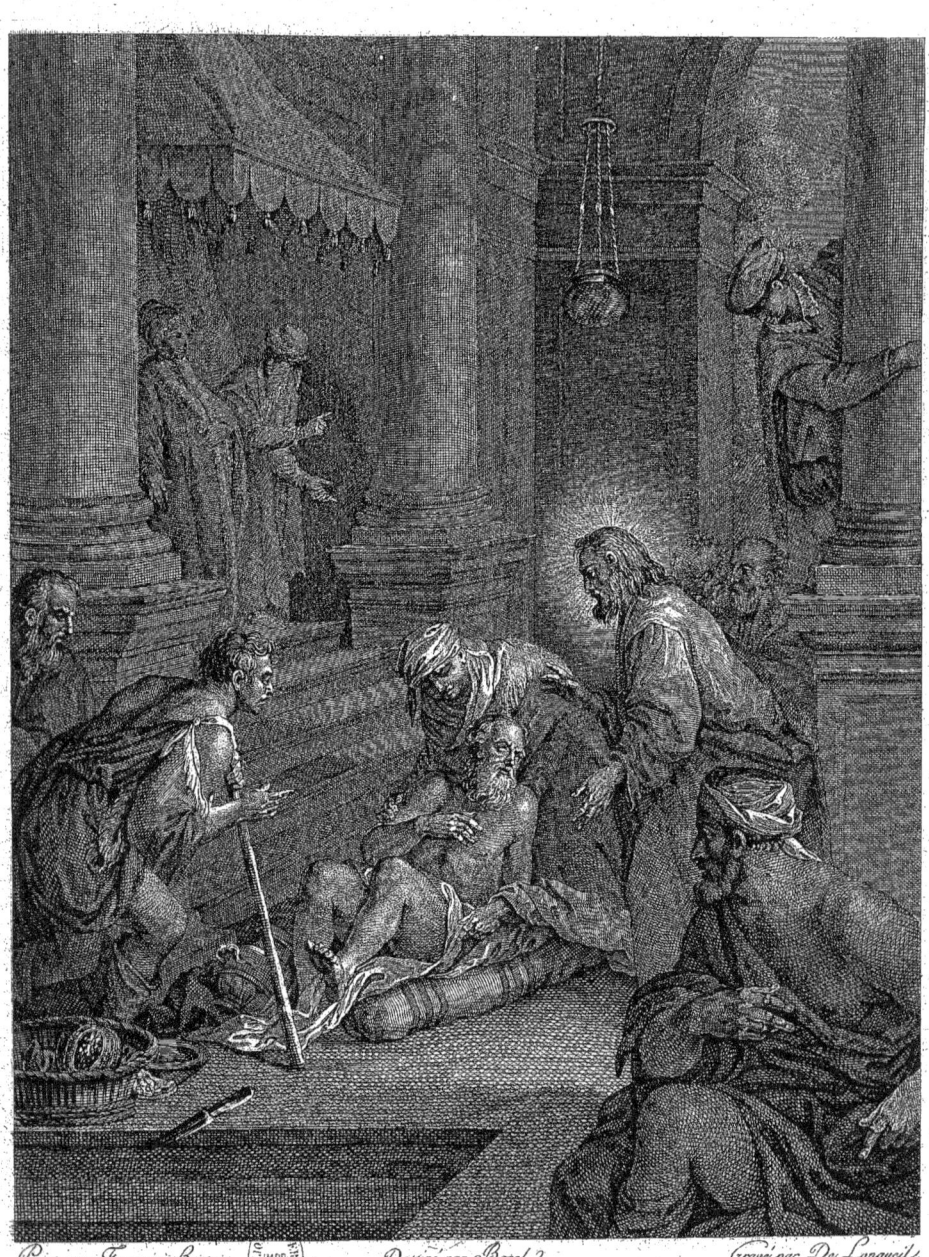

Peint par François Bassan.   Dessiné par Borel.   Gravé par De Longueil.

LE PARALYTIQUE

Imp. Chardon ainé, à Paris.

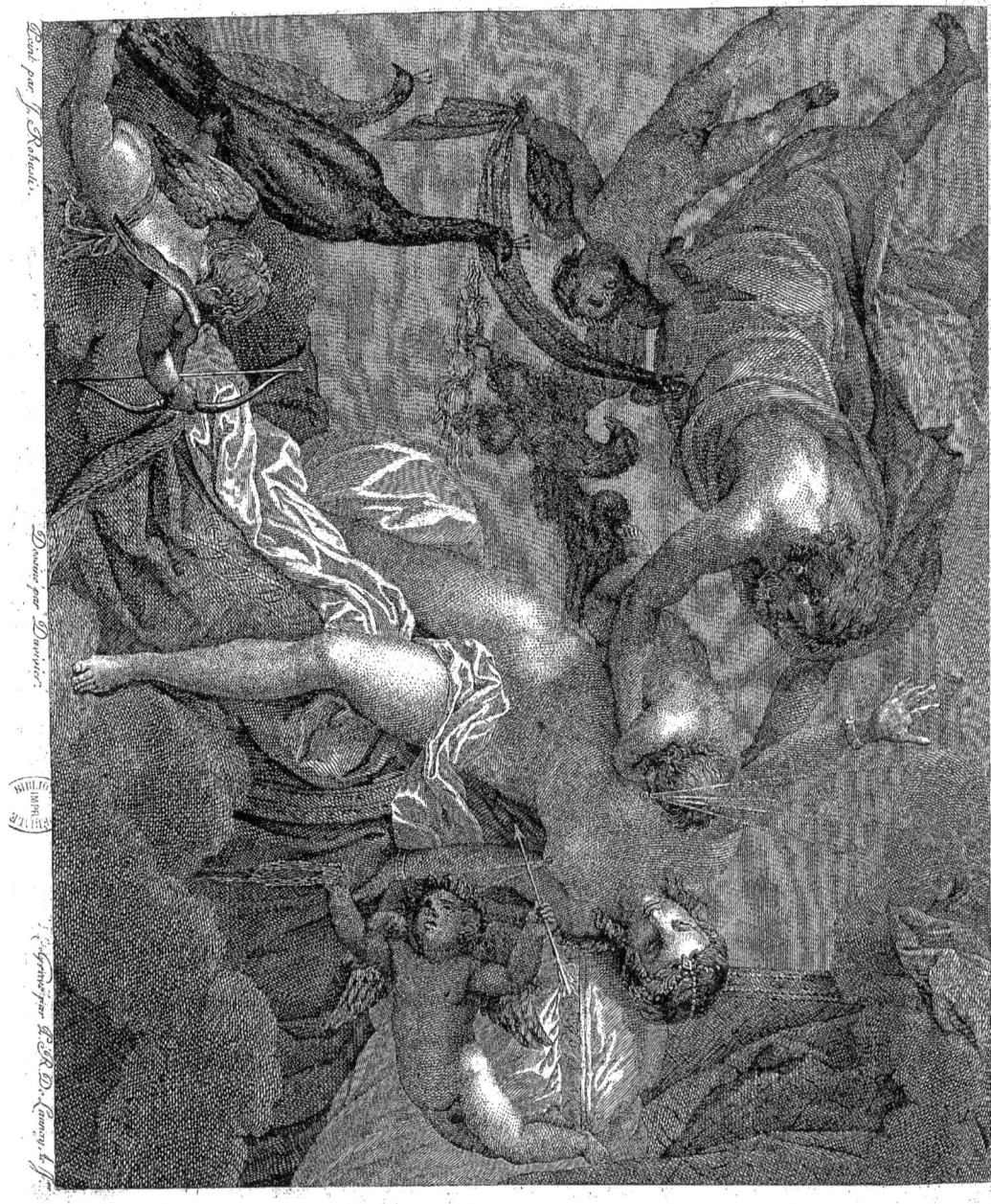

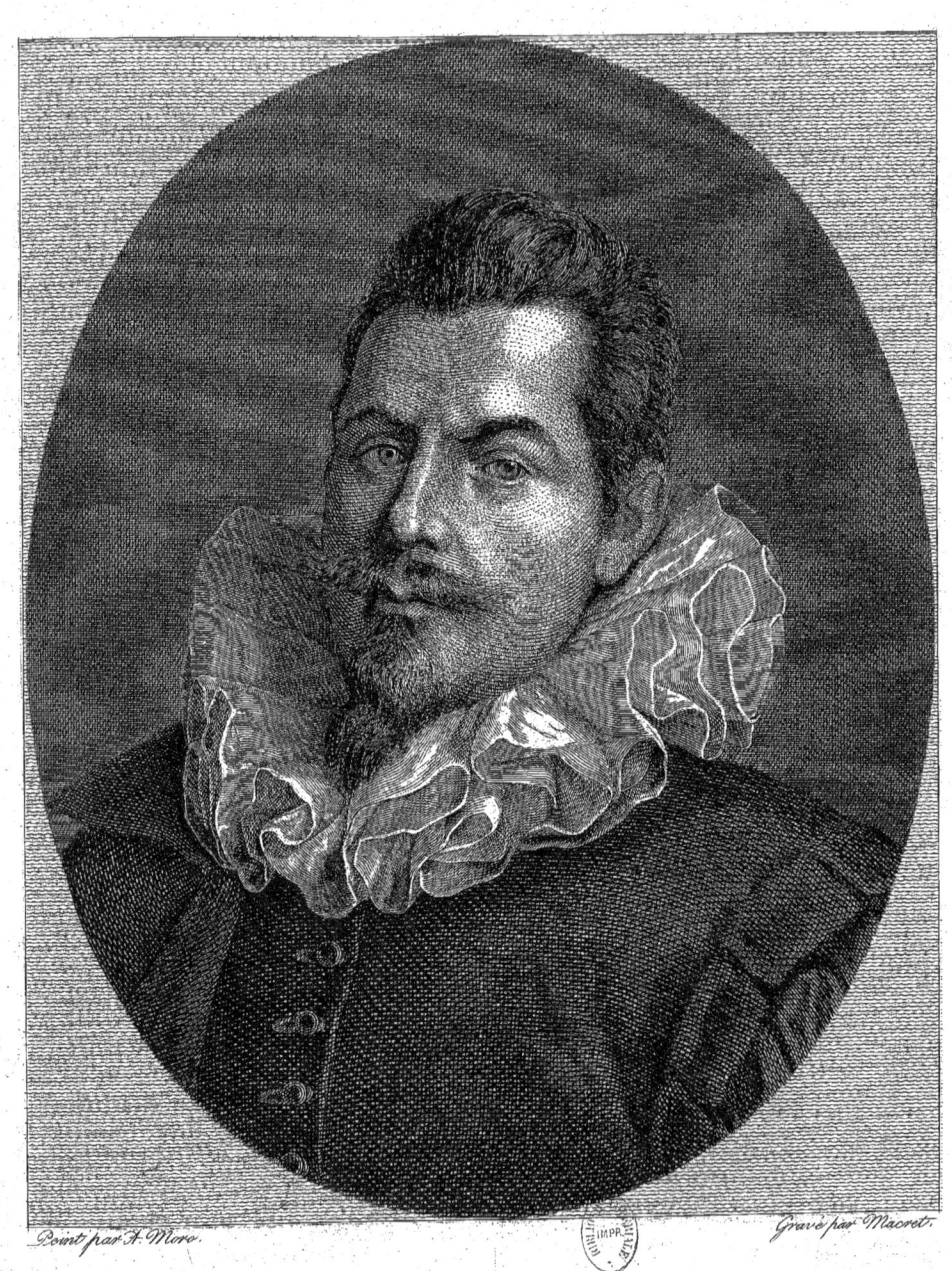

HUGO GROTIUS

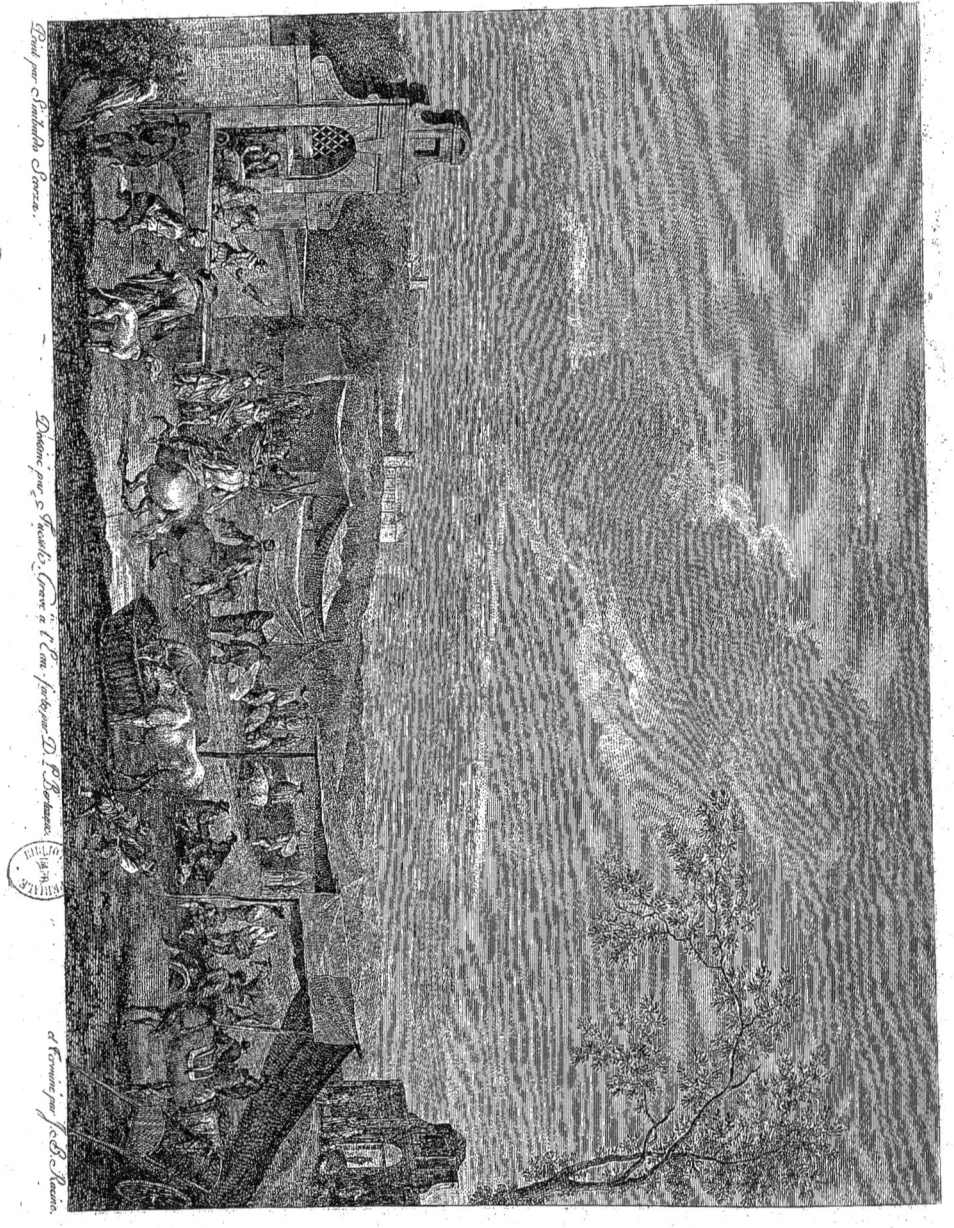

LE MARCHÉ

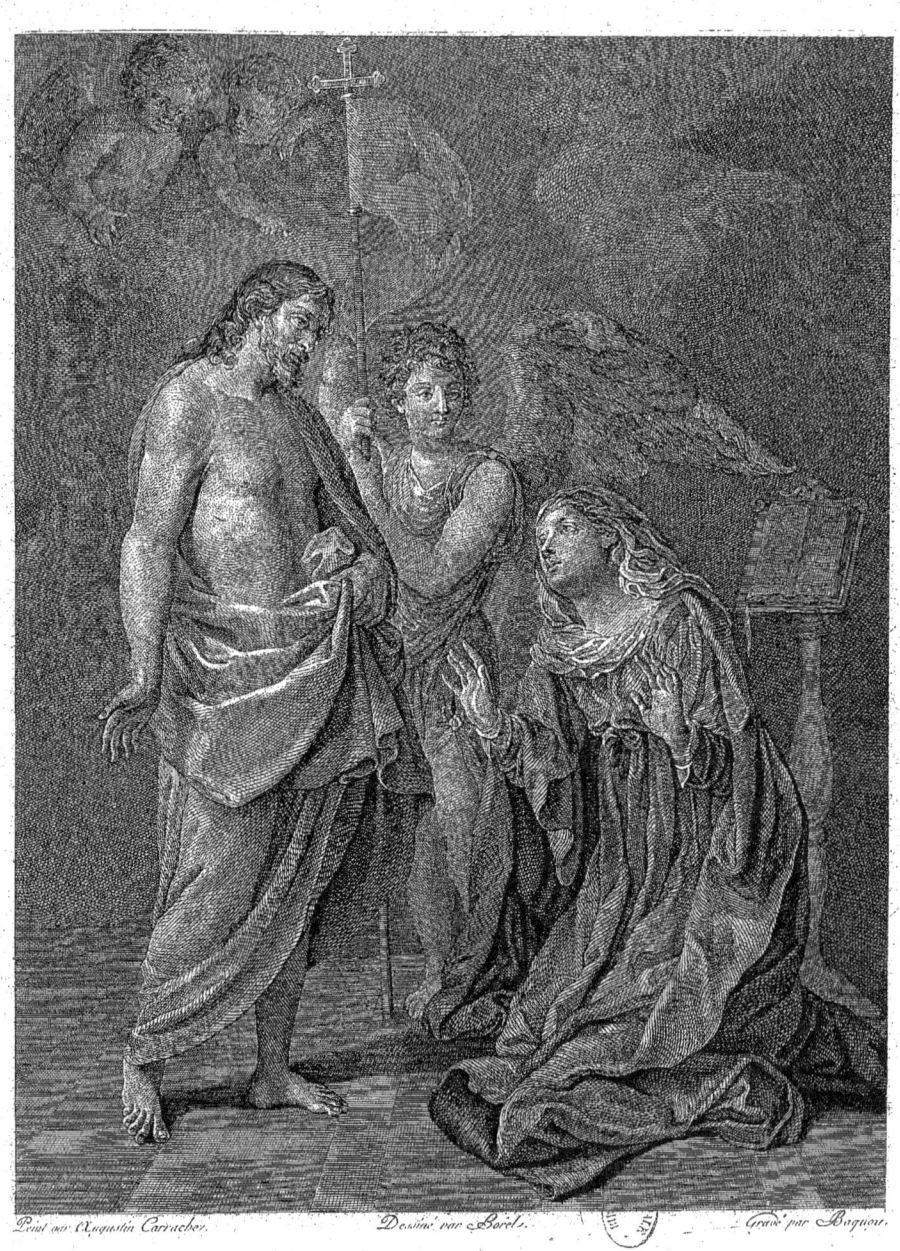

JESUS ET LA MADELEINE

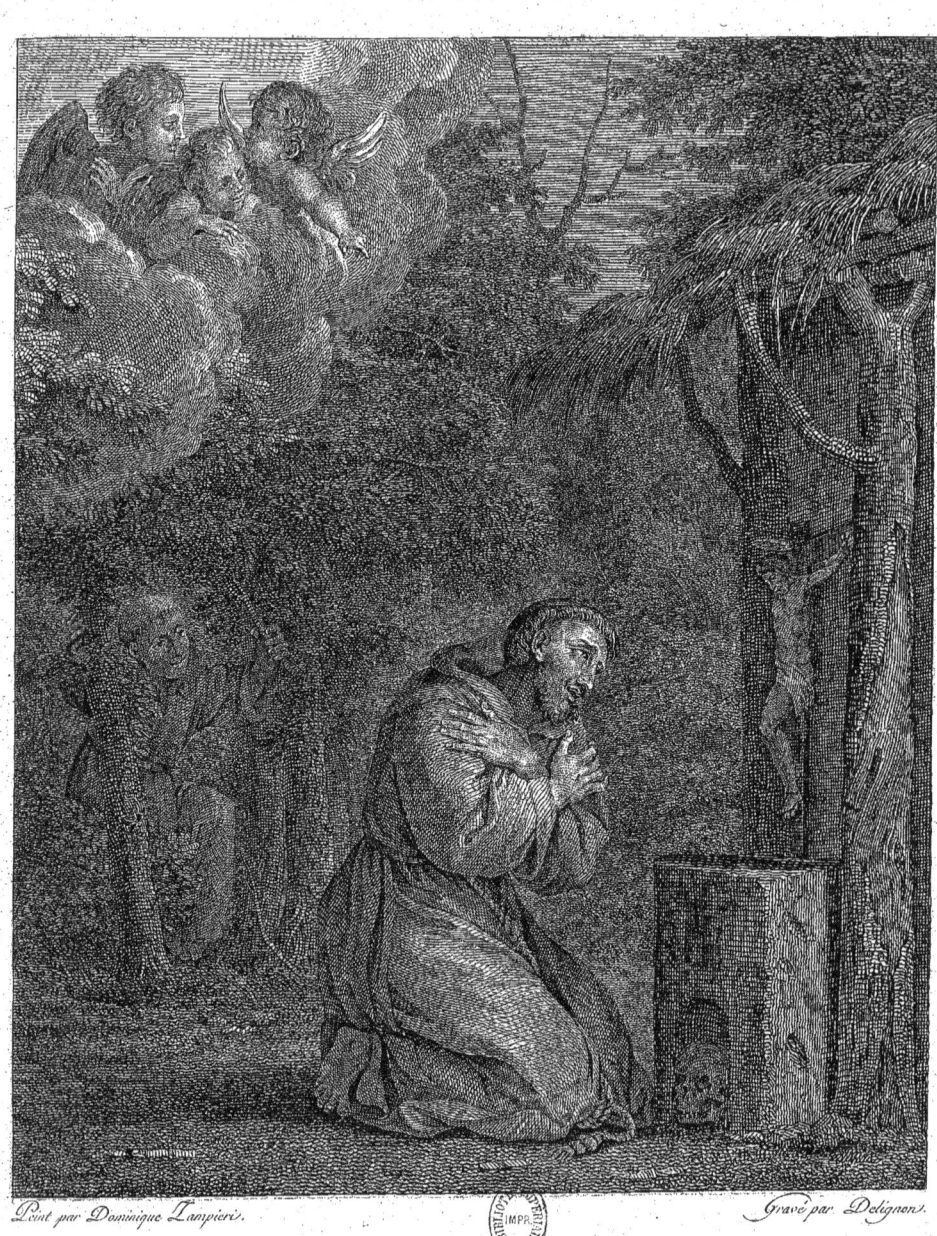

Peint par Dominique Zampieri.   Gravé par Delignon.

SAINT FRANÇOIS

Imp. Chardon ainé, à Paris.

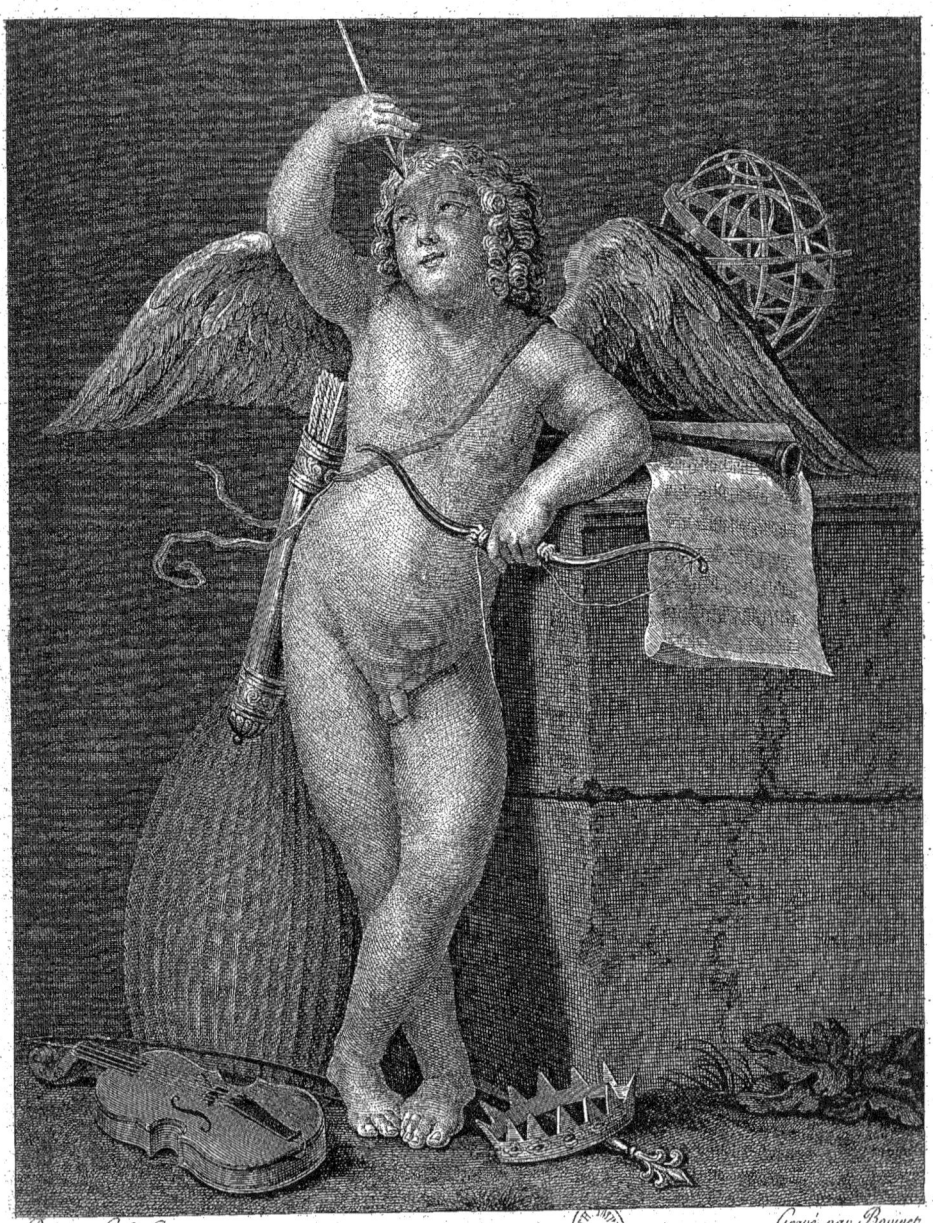

Peint par Guido-Reni — Gravé par Bovinet

L'AMOUR

Imp. Chardon ainé, à Paris.

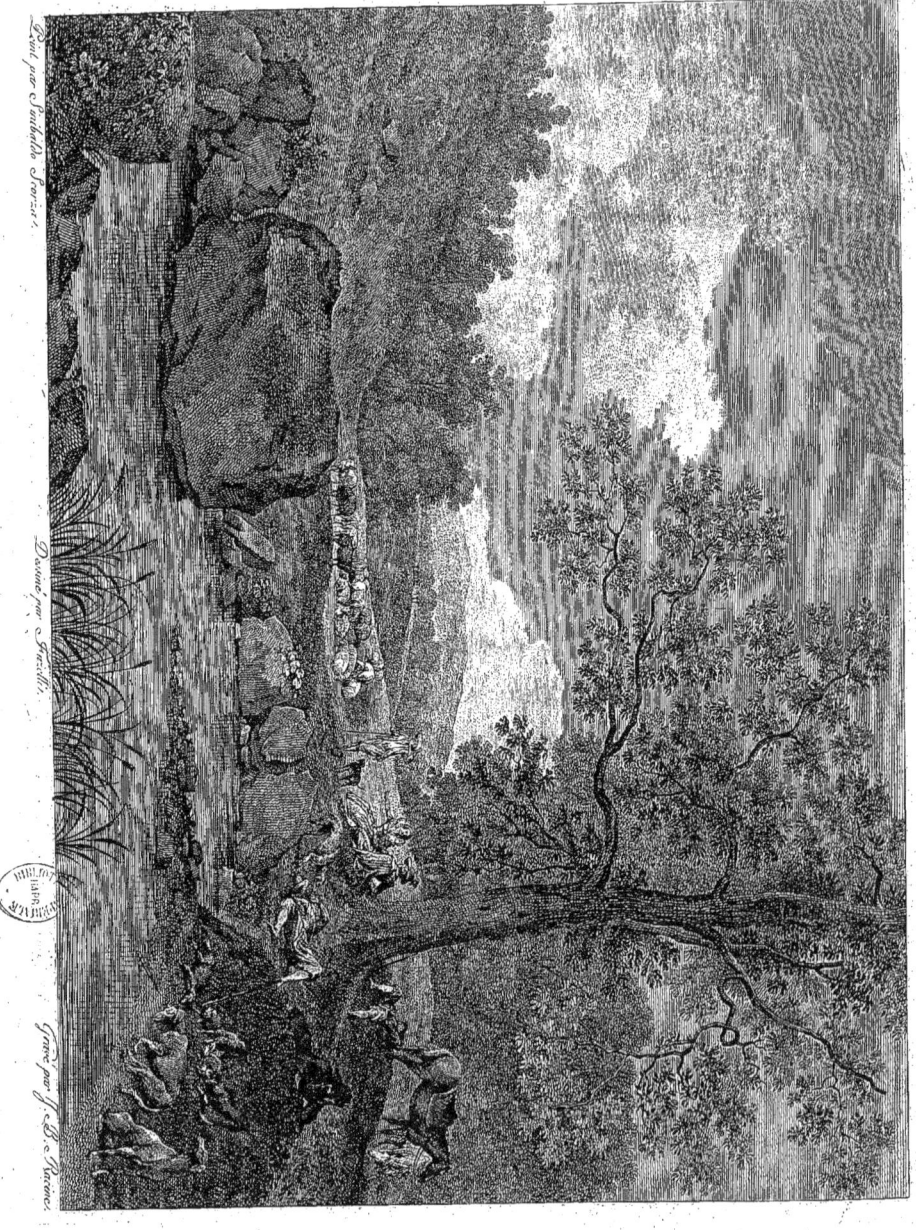

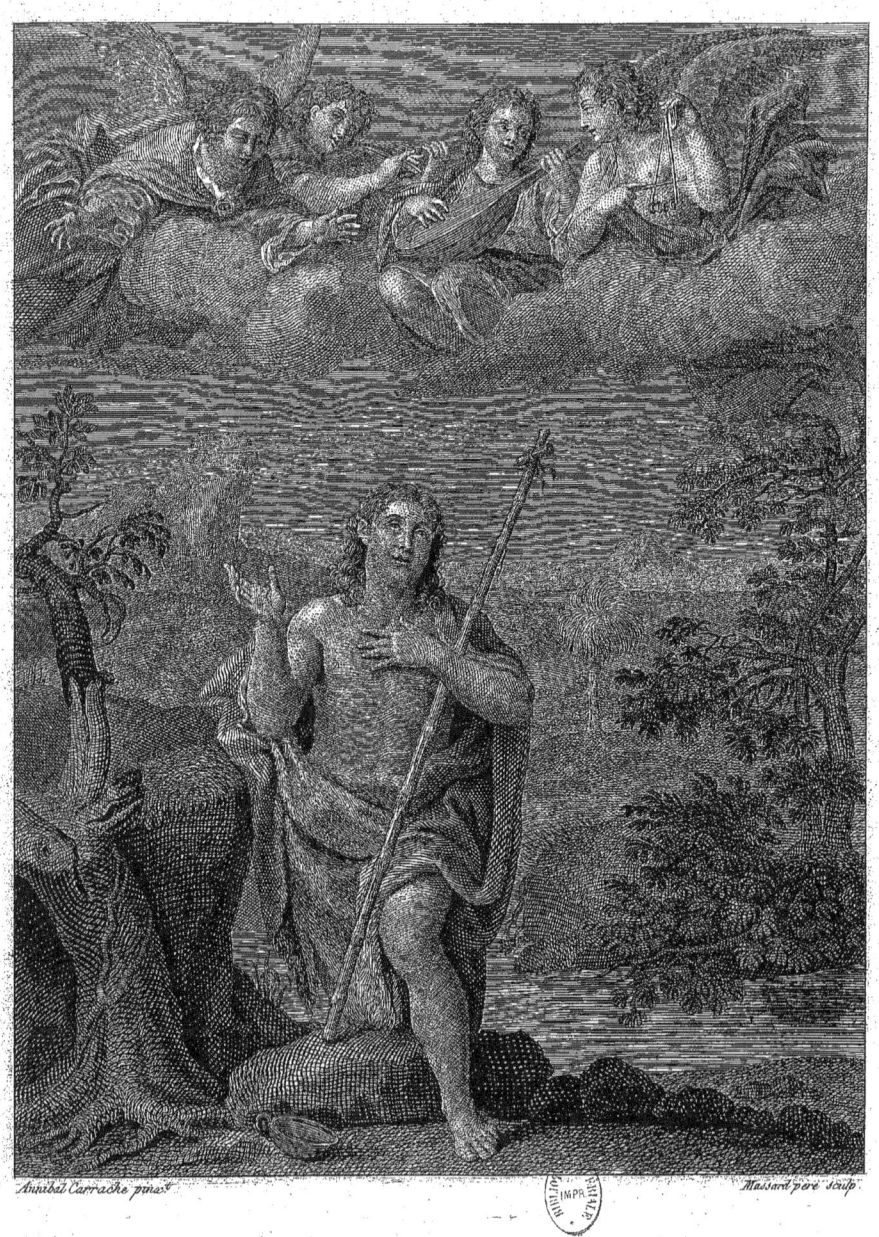

SAINT JEAN-BAPTISTE EN PRIÈRE.

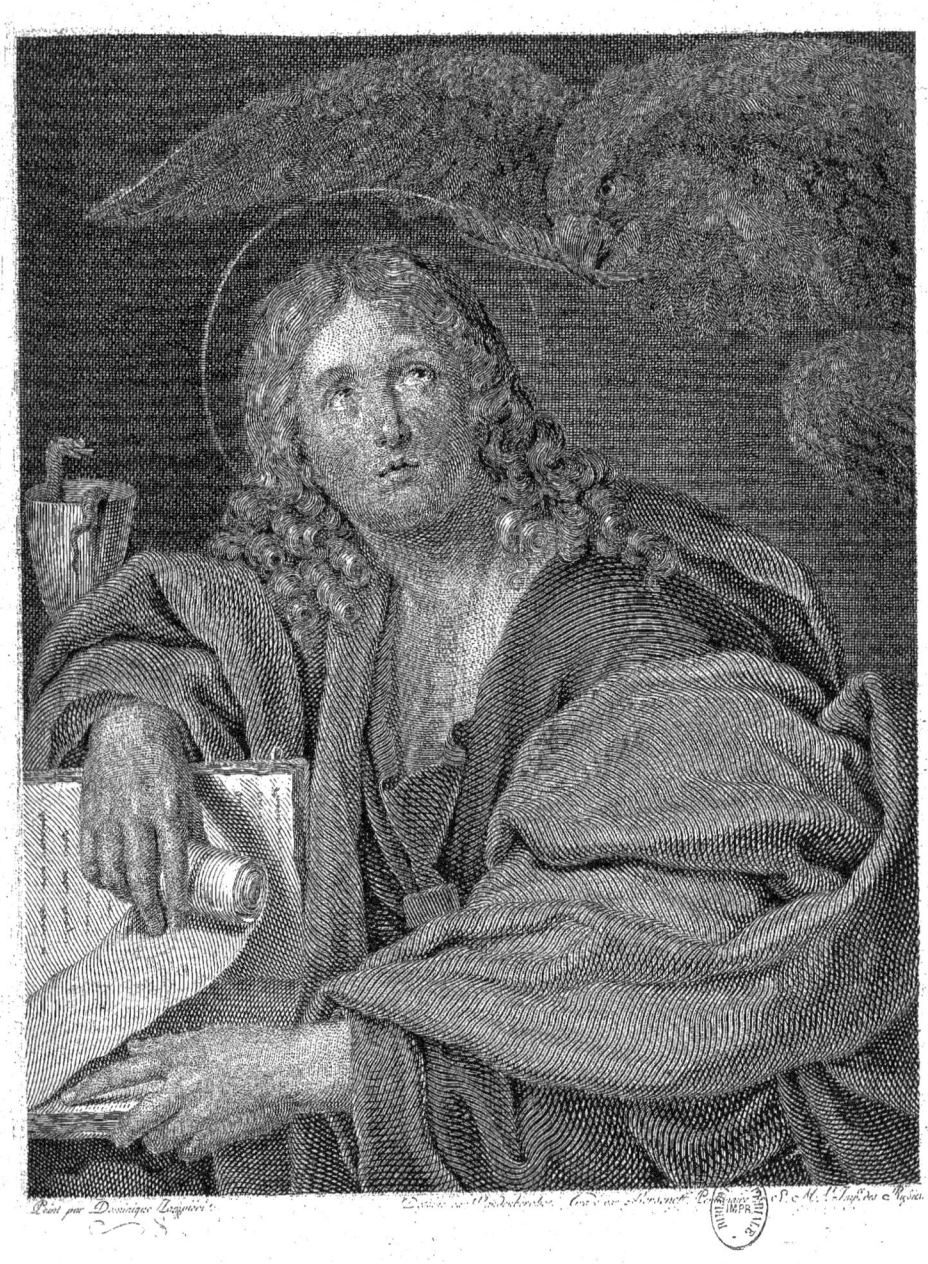

SAINT JEAN L'ÉVANGÉLISTE

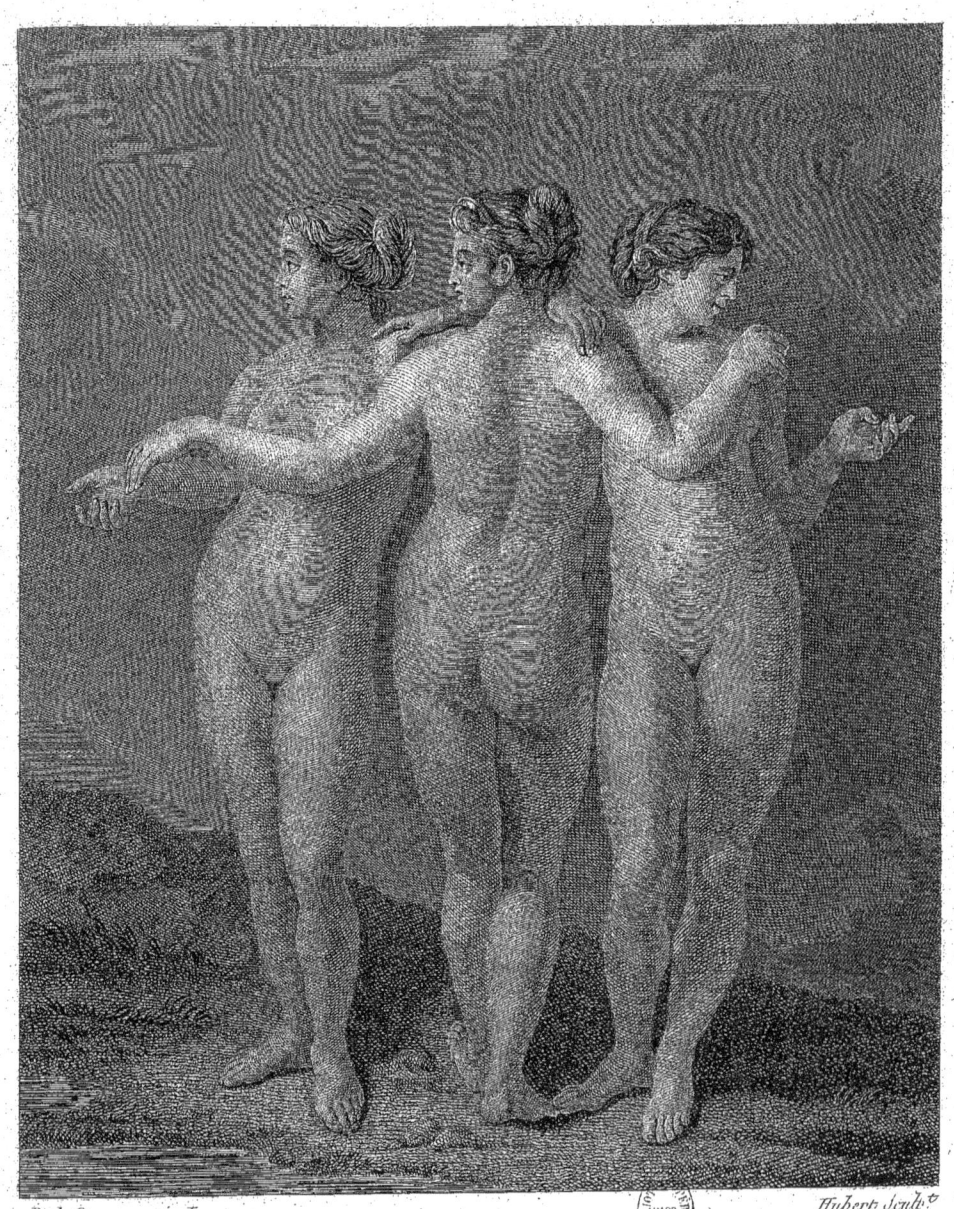

P. de Caravage pinx.t   LES TROIS GRÂCES.   Hubert Sculp.t

Imp. Chardon ainé, à Paris.

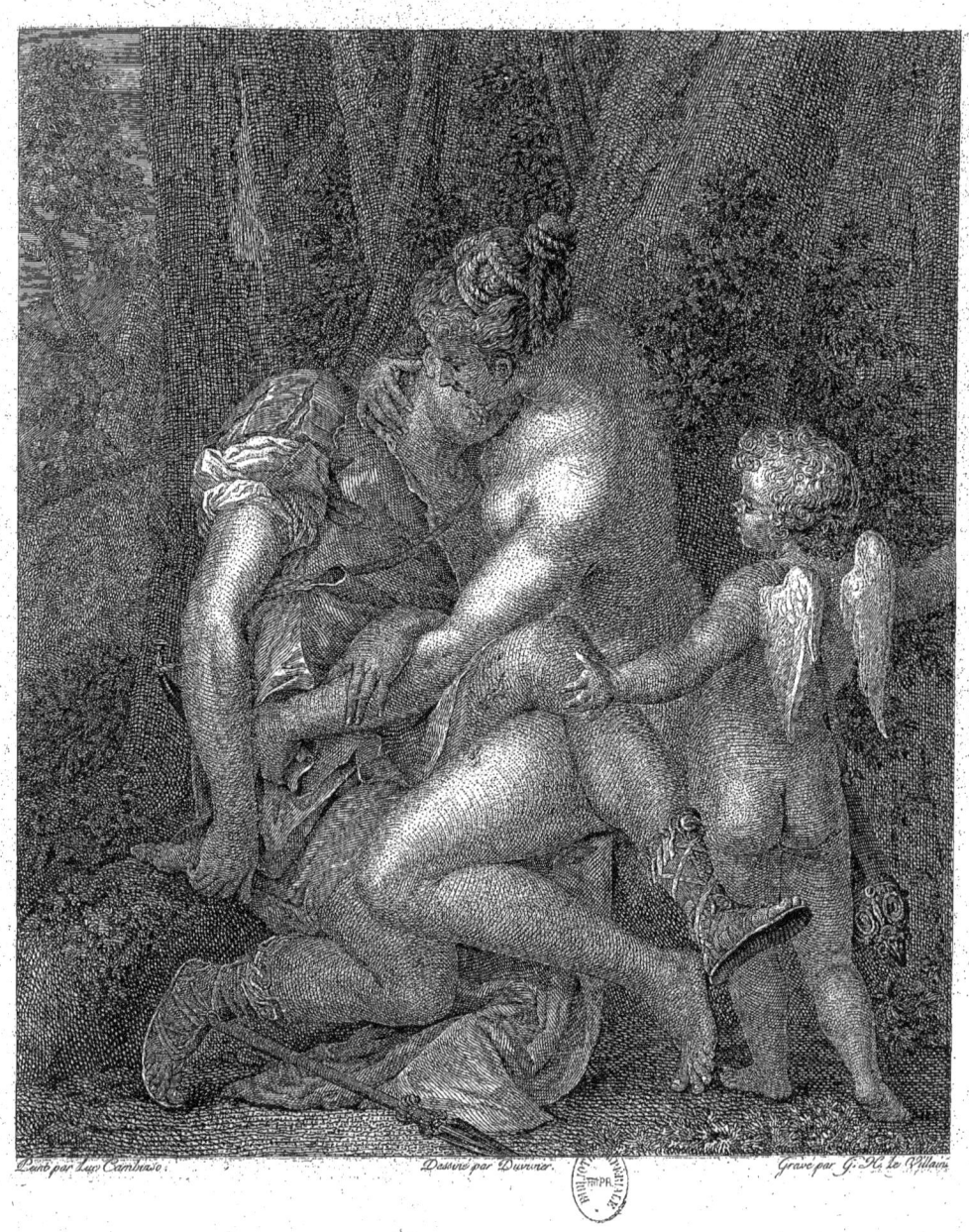

VÉNUS & ADONIS

Imp. Chardon ainé, à Paris.

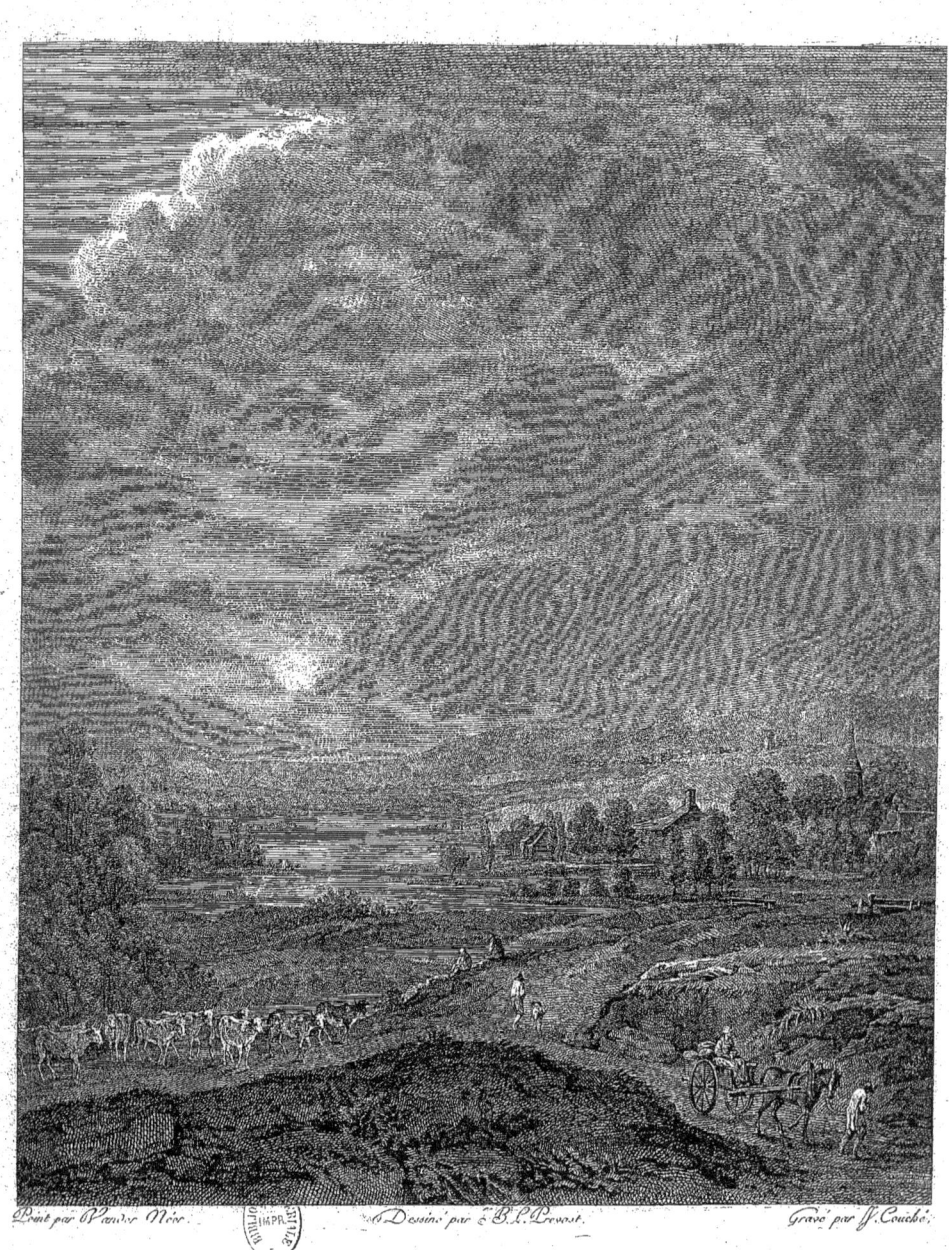

LE RETOUR DES BESTIAUX

Imp. Chardon ainé, à Paris.

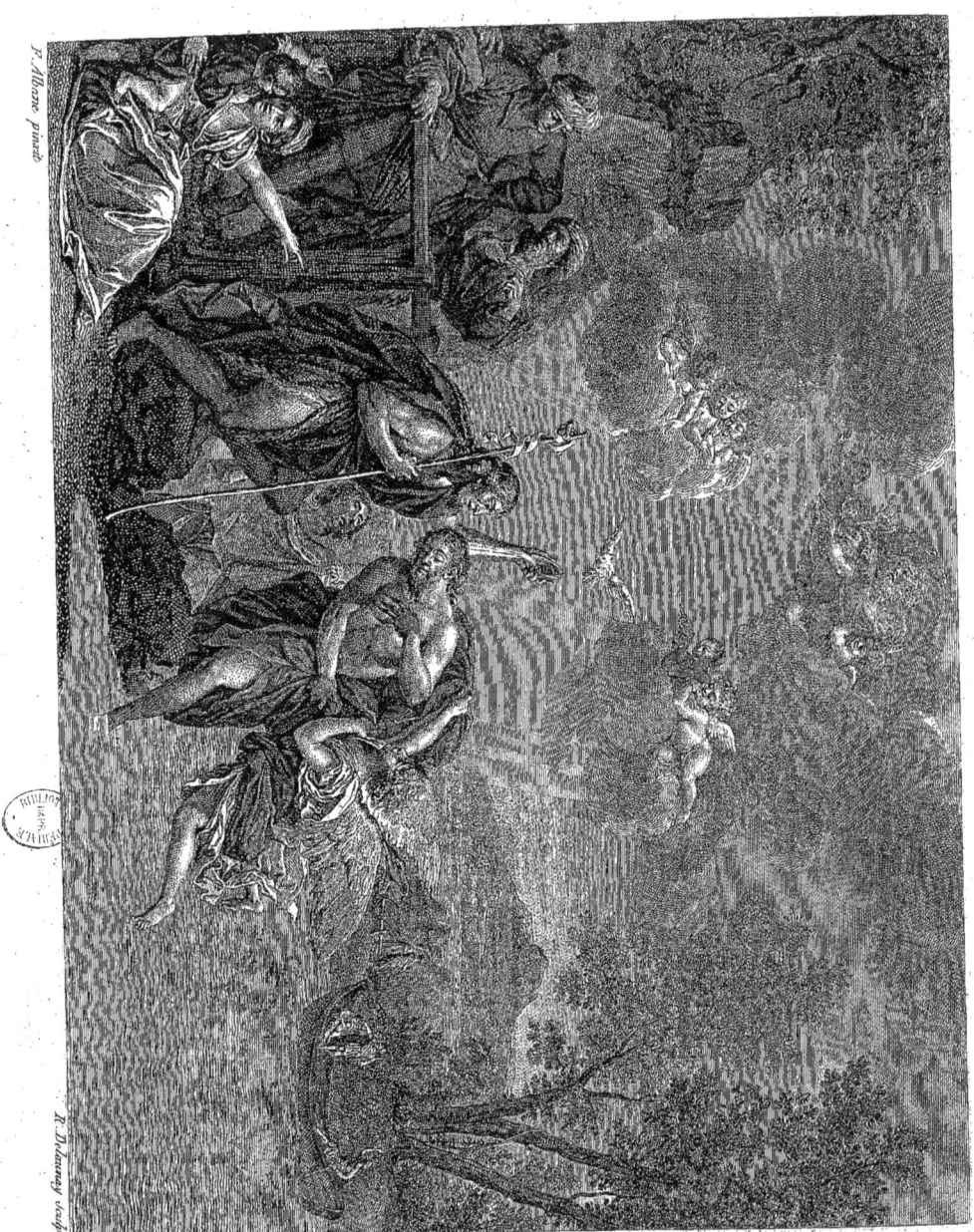

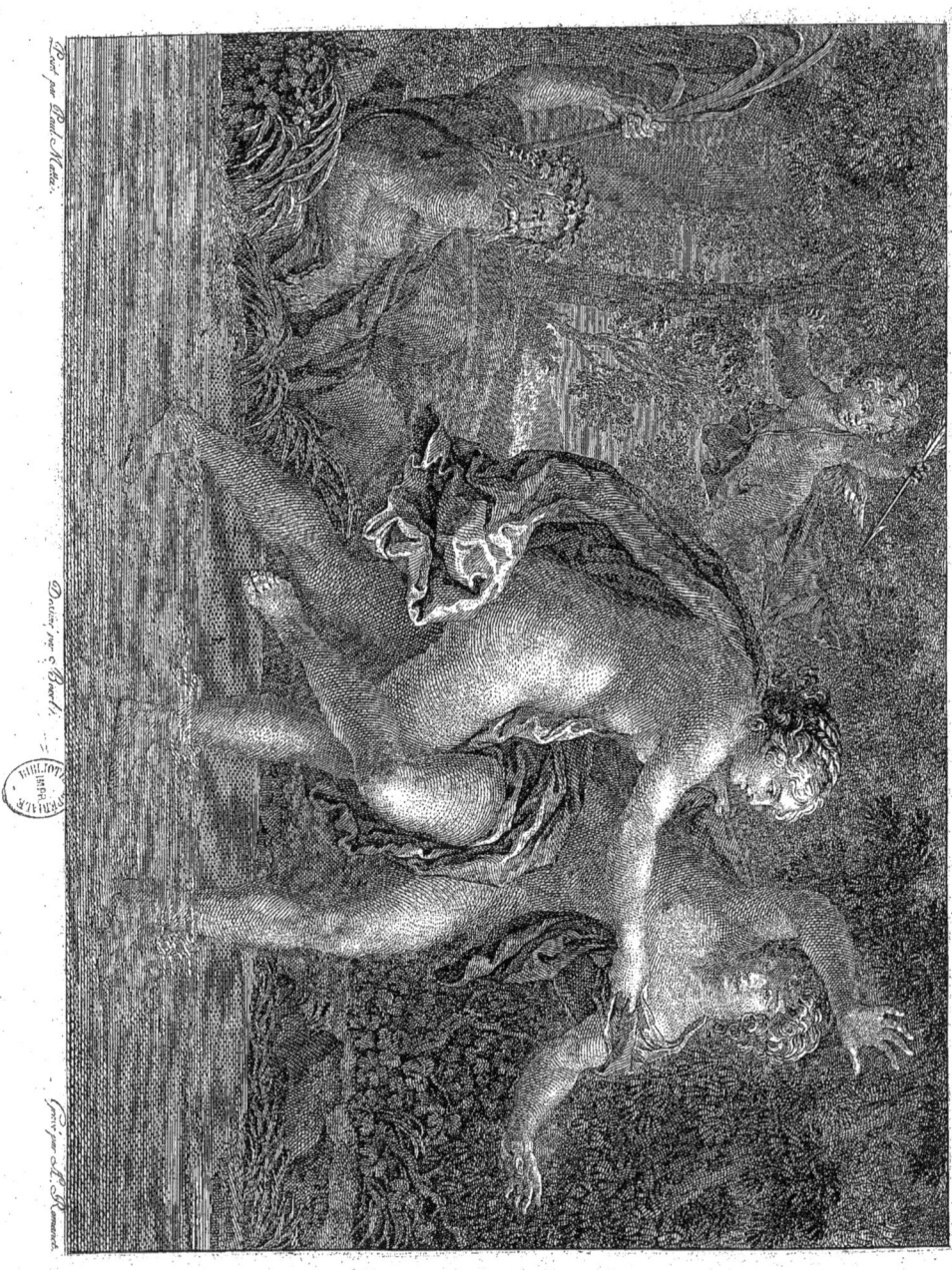

SALMACIS & HERMAPHRODITE.

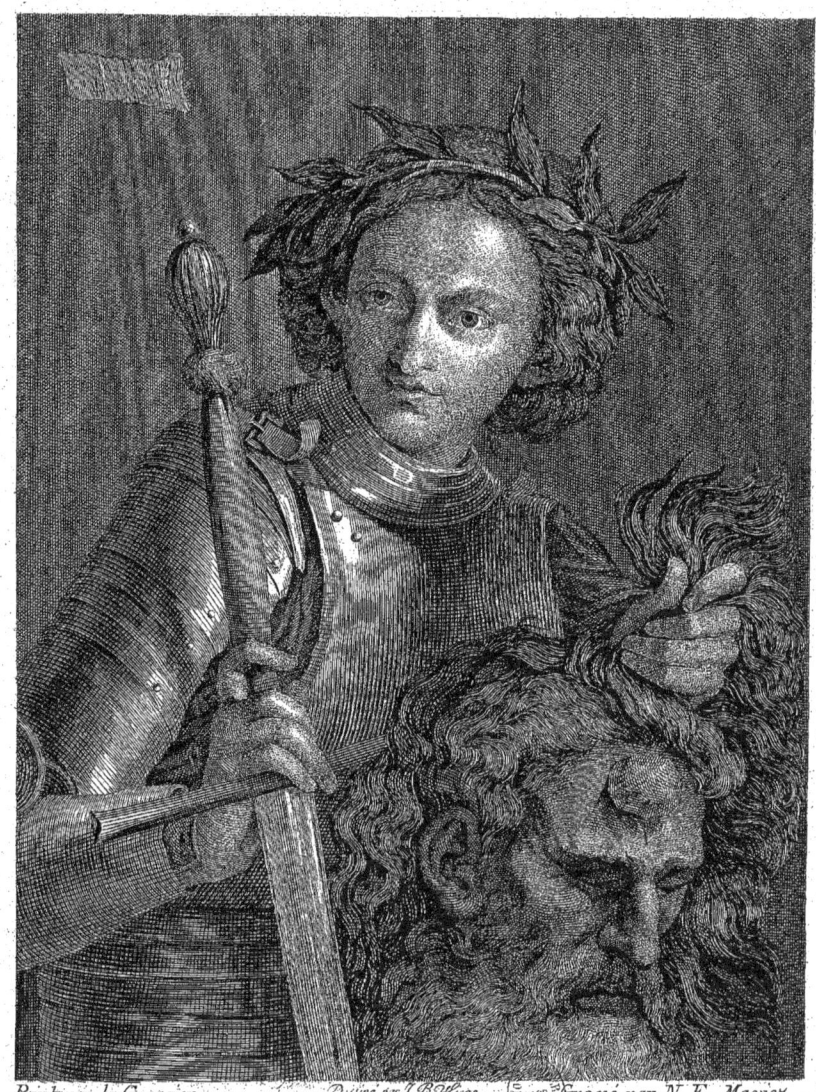

Peint par le Georgion. Dessiné par J.B.Wicar. Gravé par N.F. Maviez.

LE PORDENONE

Imp. Chardon aîné, à Paris.

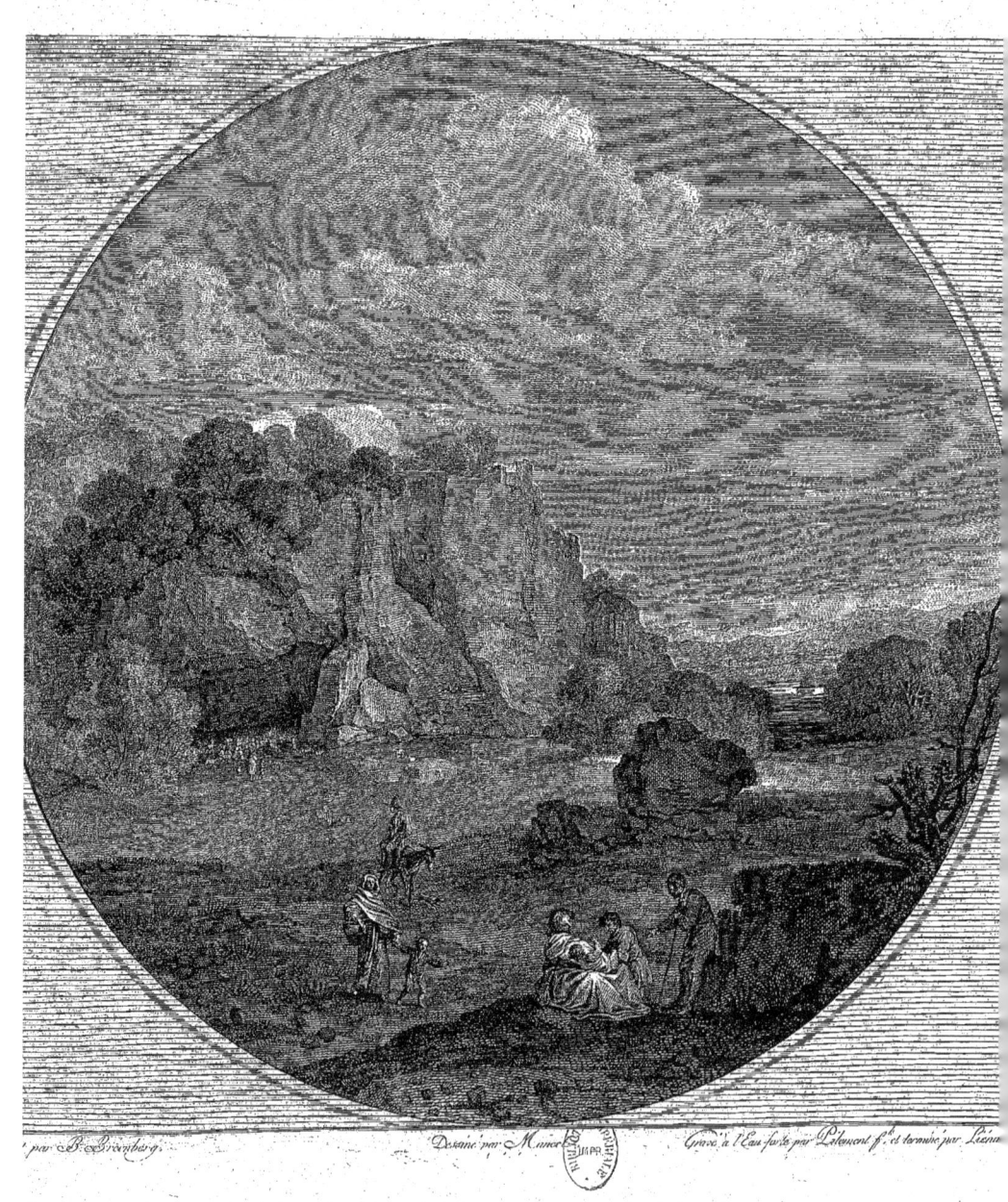

LES ROCHERS

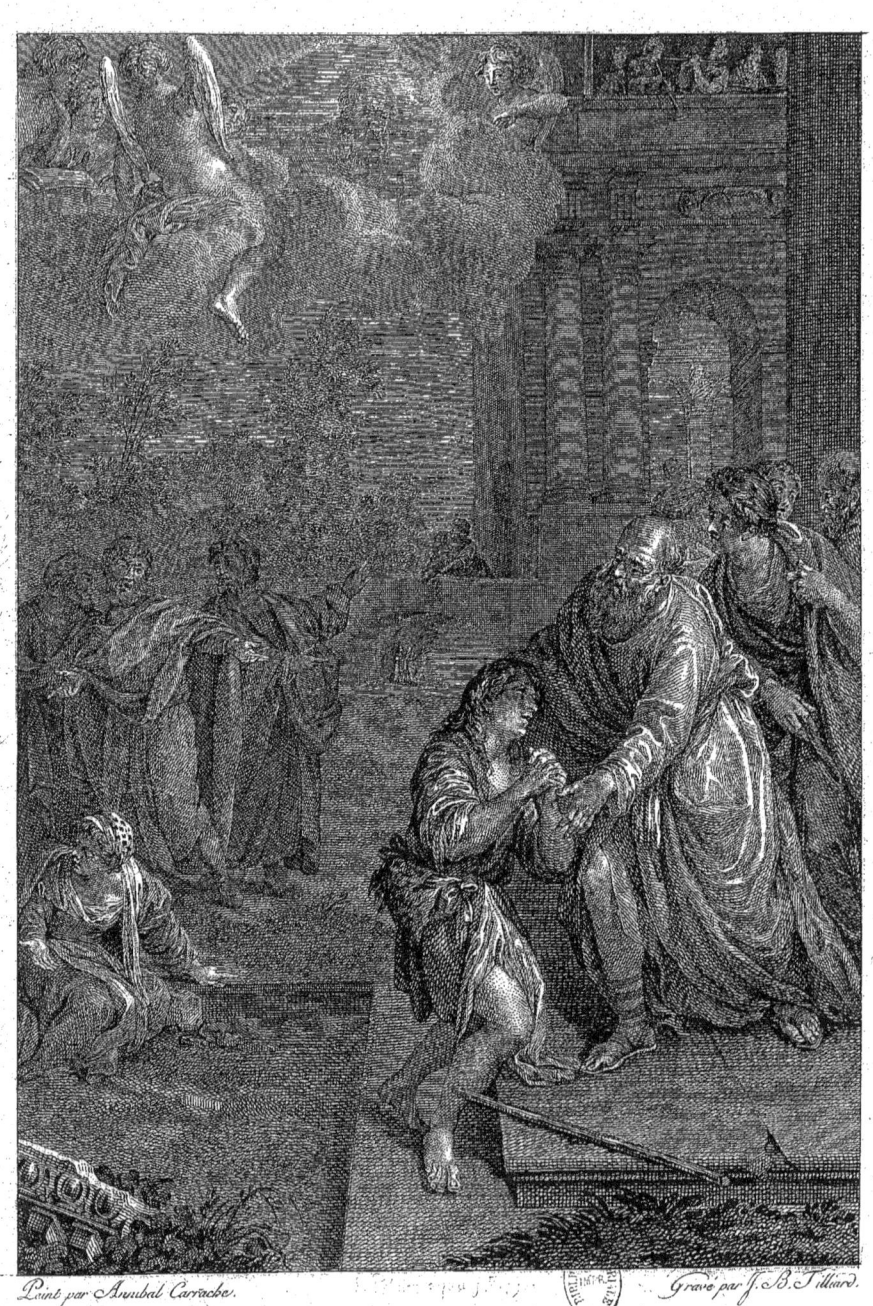

Peint par Annibal Carrache. Gravé par J. B. Tilliard.

L'ENFANT PRODIGUE

Imp. Chardon aîné, à Paris.

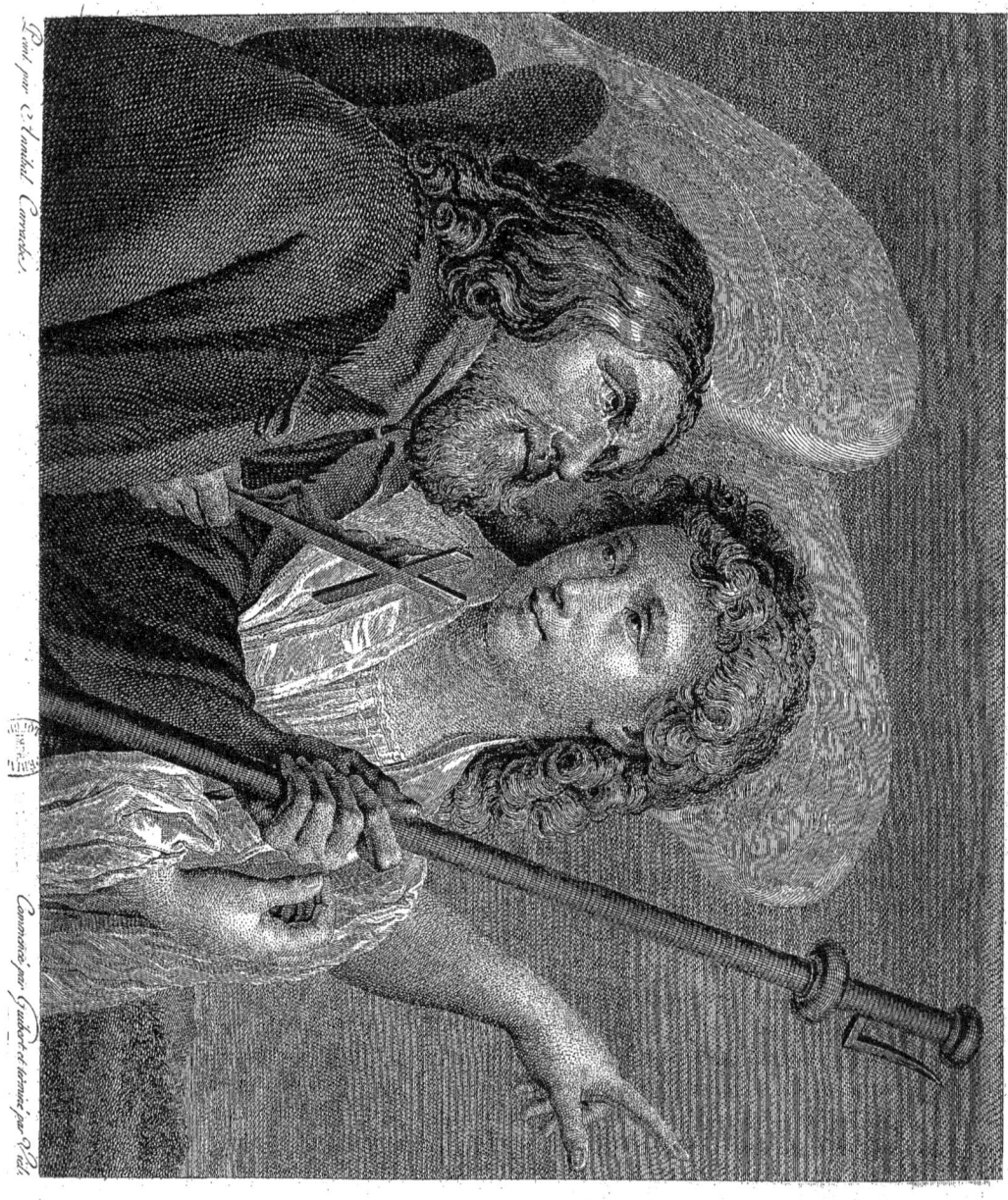

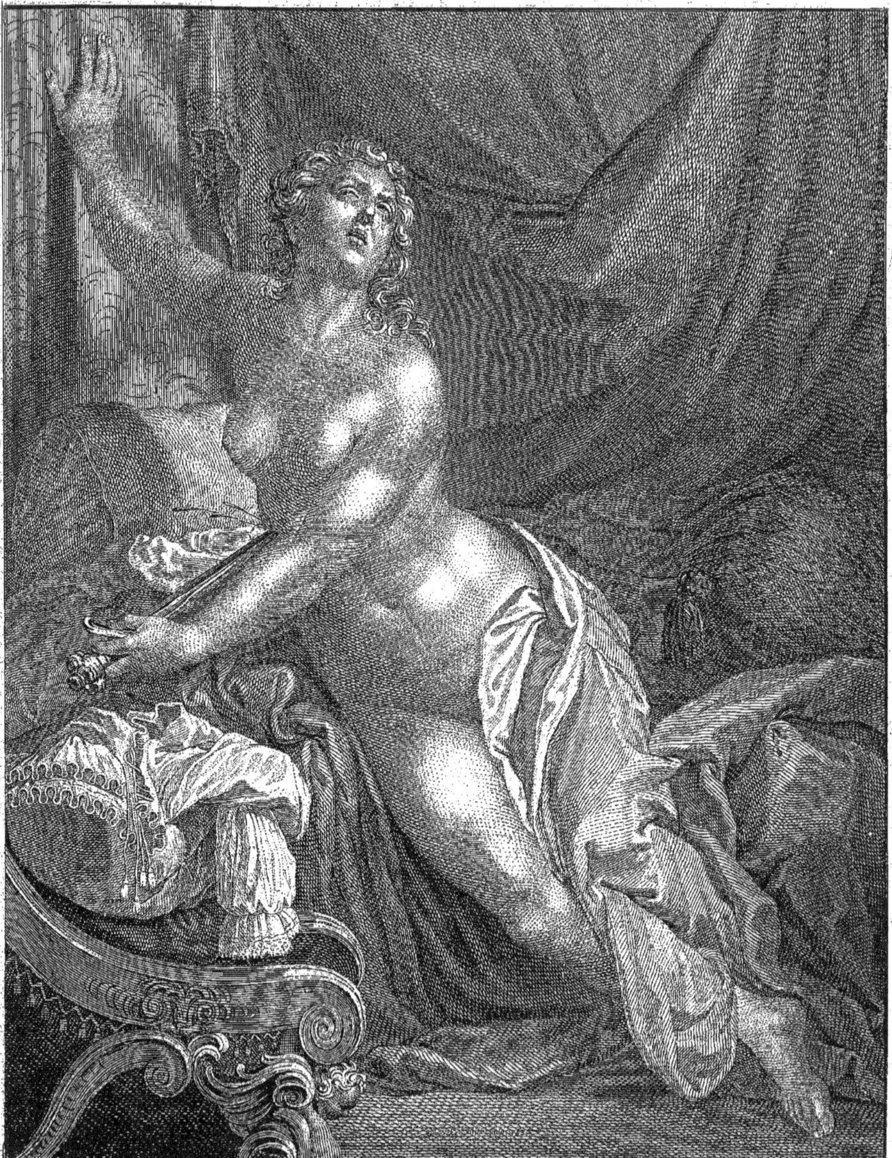

LA MORT DE LUCRÈCE

Imp. Chardon ainé, à Paris.

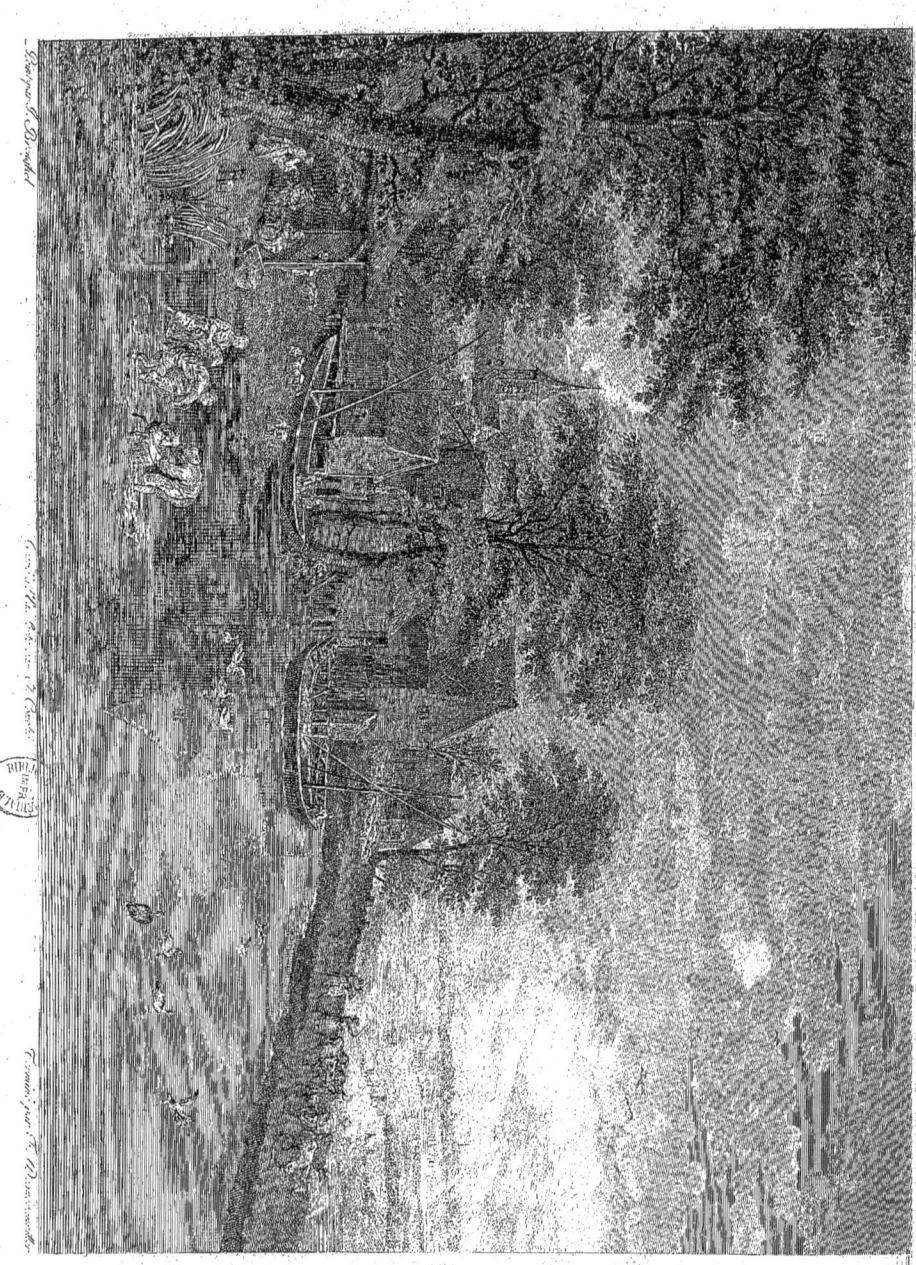

LA TONTE DES MOUTONS

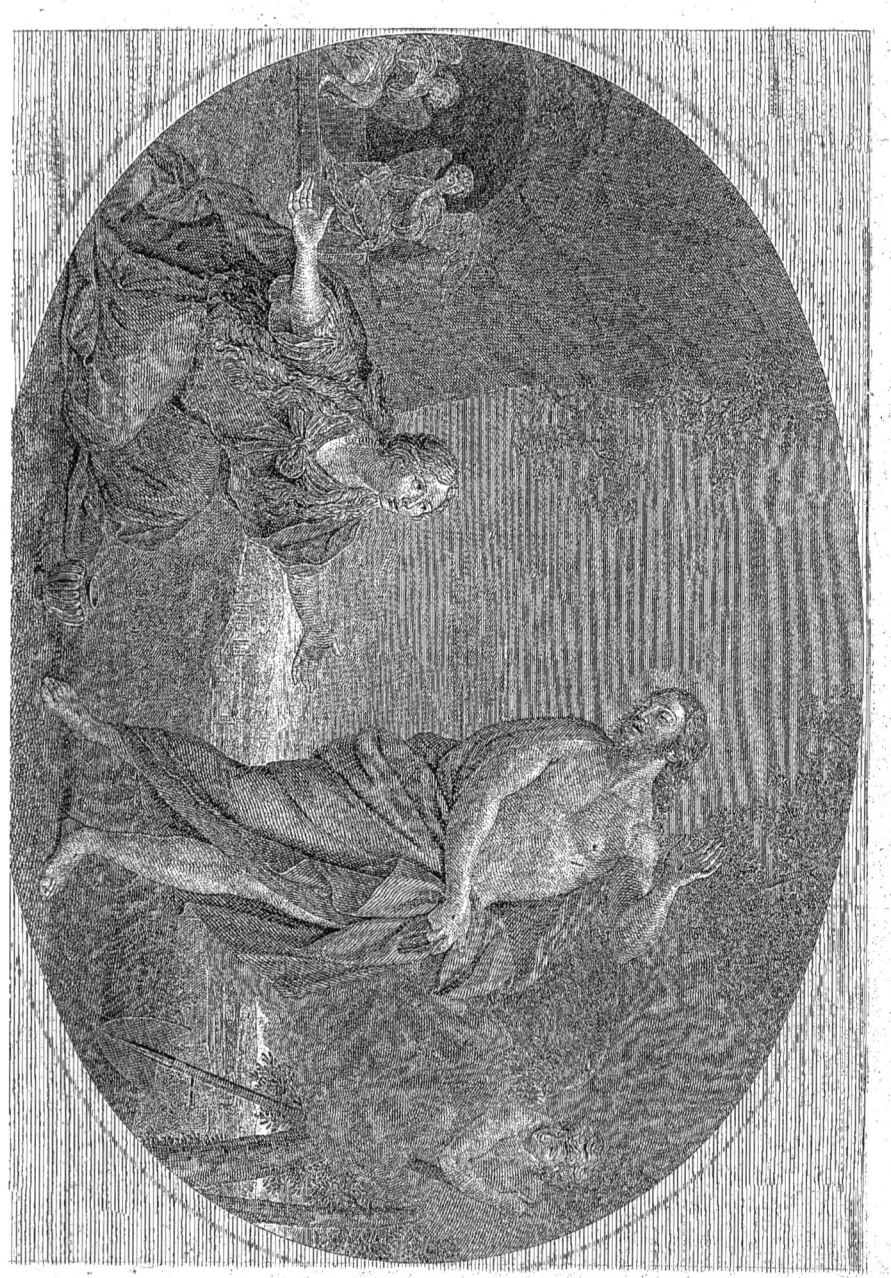

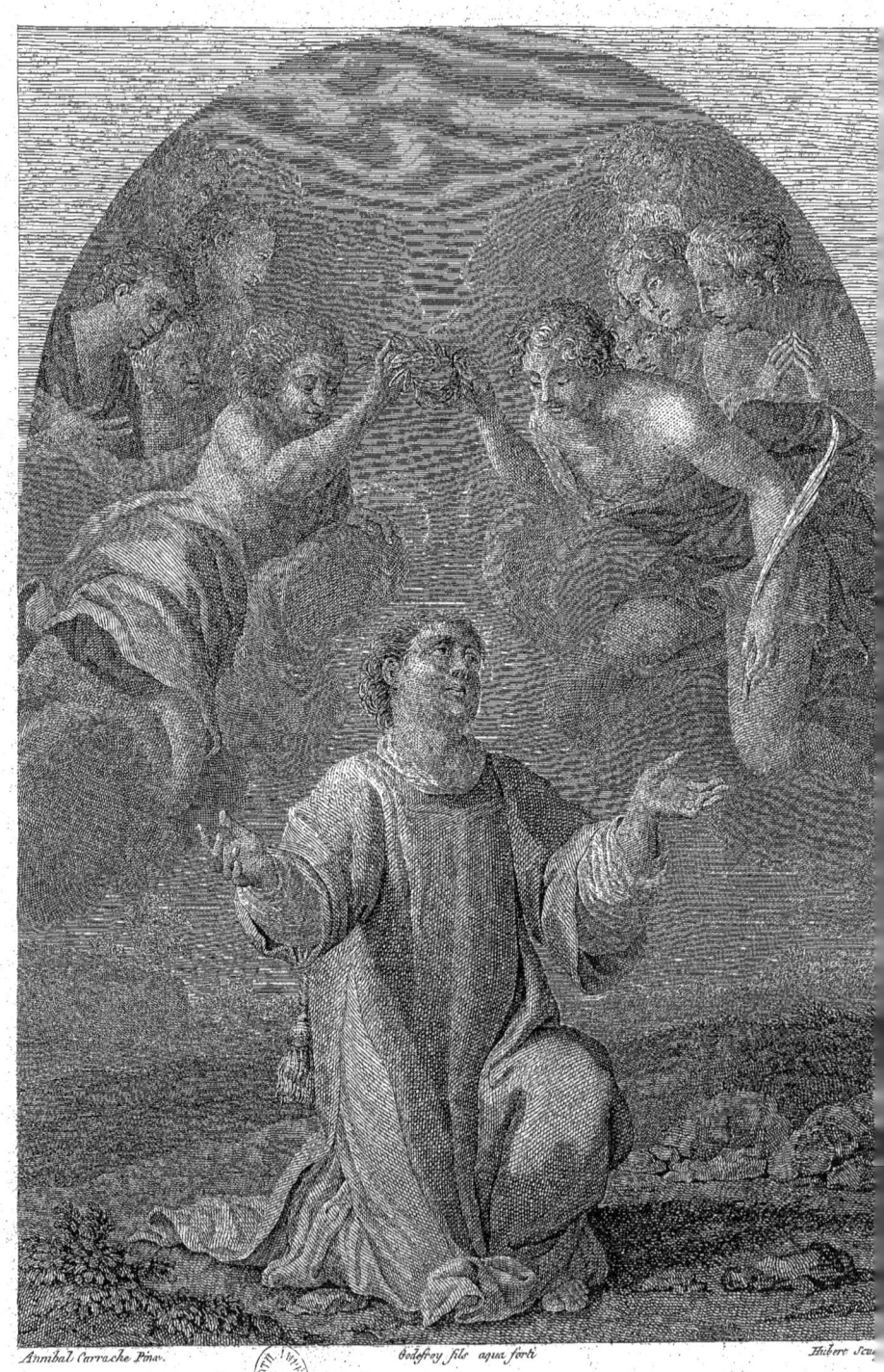

Annibal Carrache Pinx.   Godefroy fils aqua forti   Hubert Sc.

SAINT ÉTIENNE

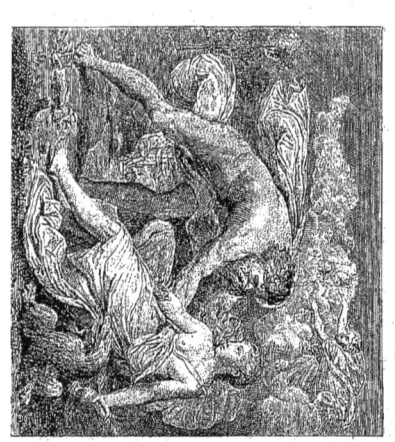
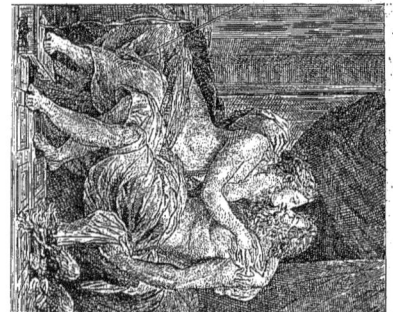
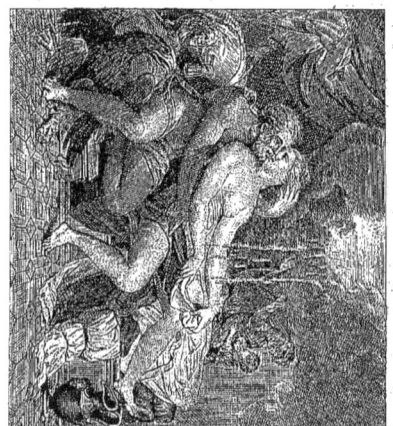
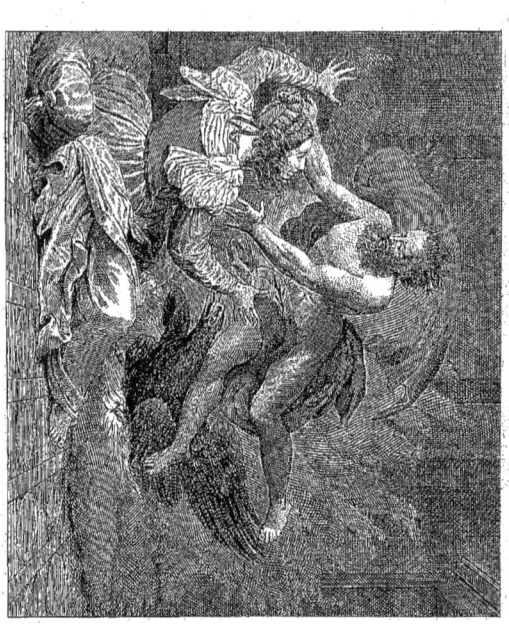
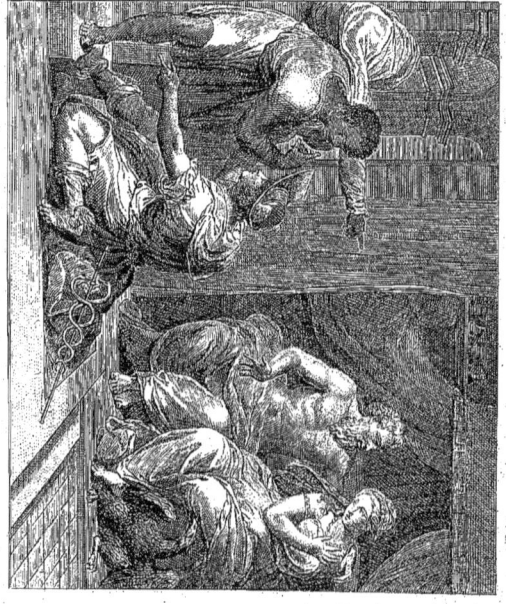

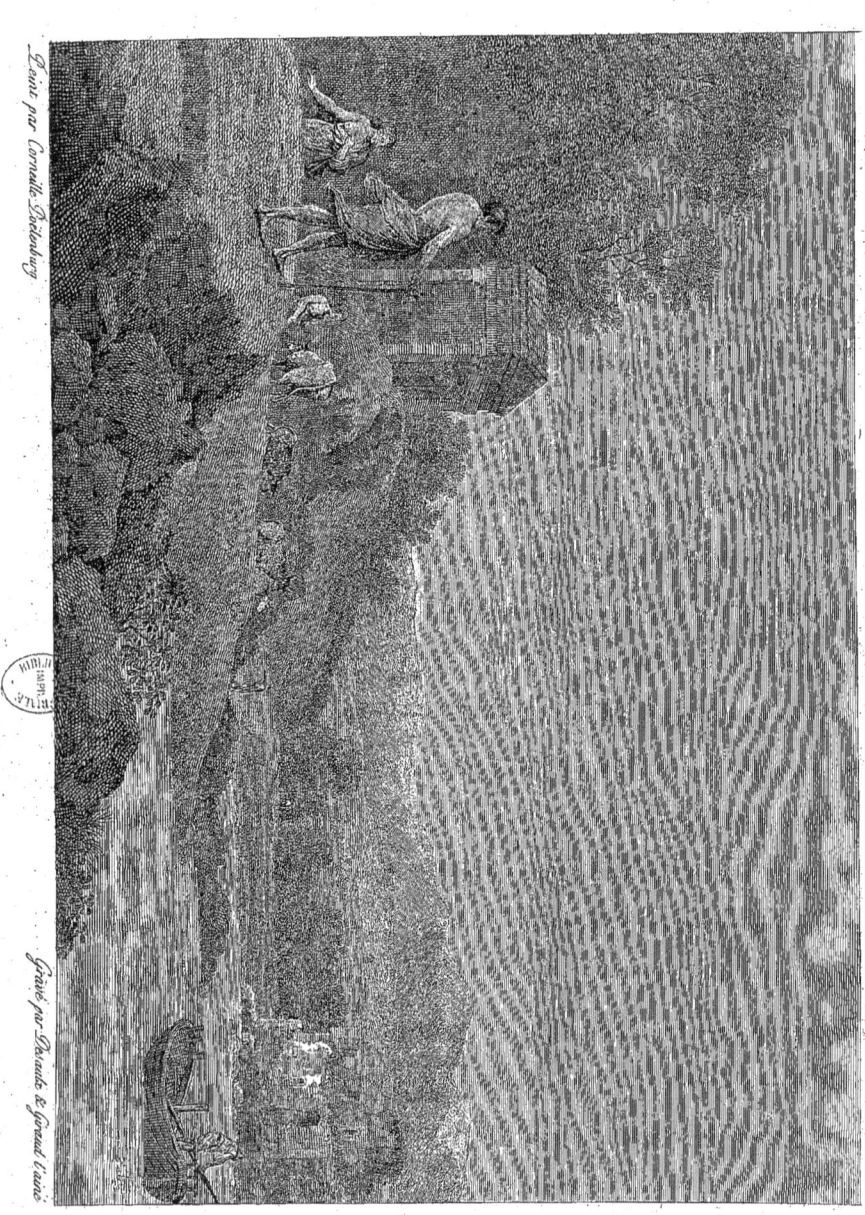

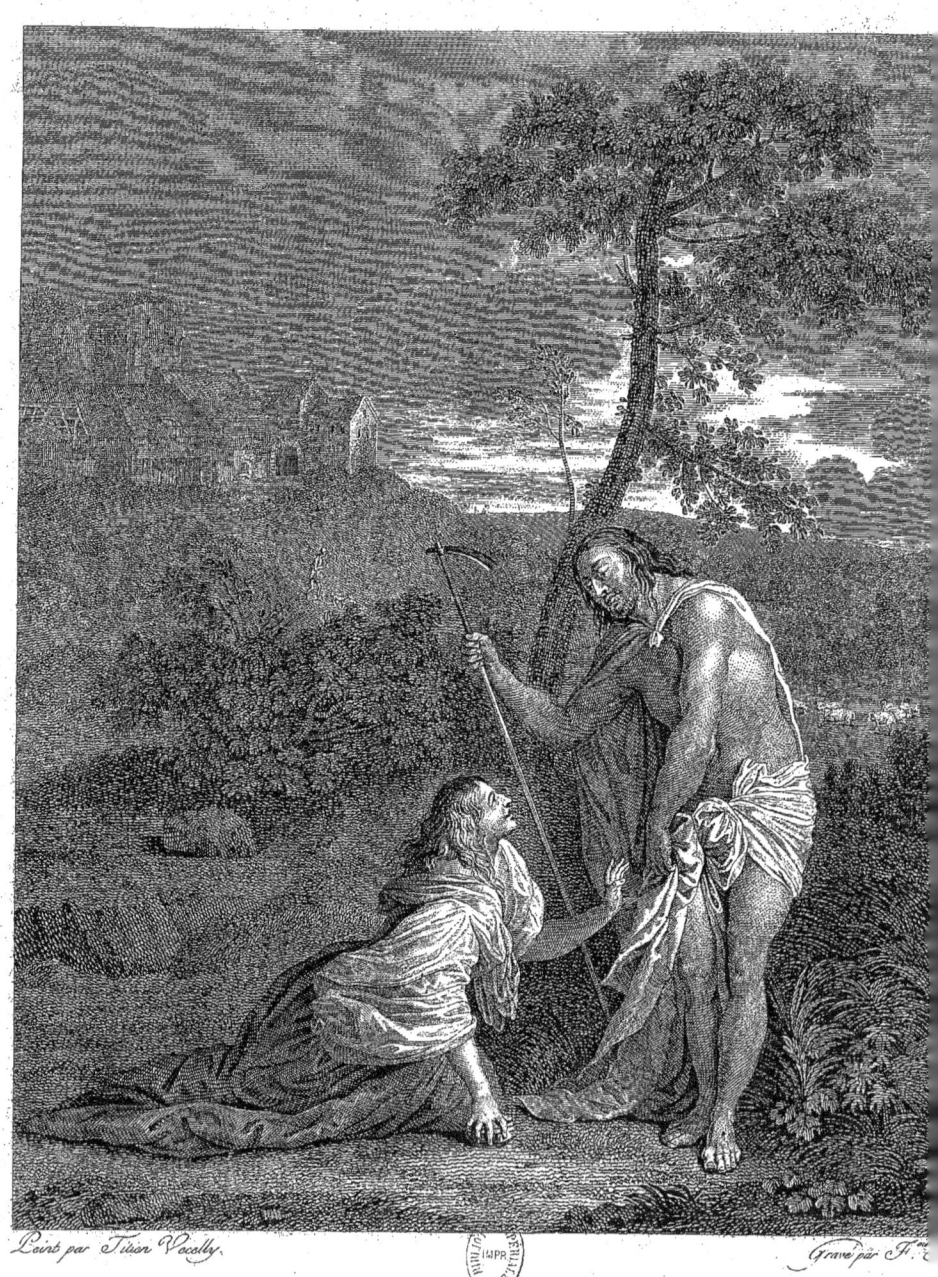

JÉSUS & LA MADELEINE

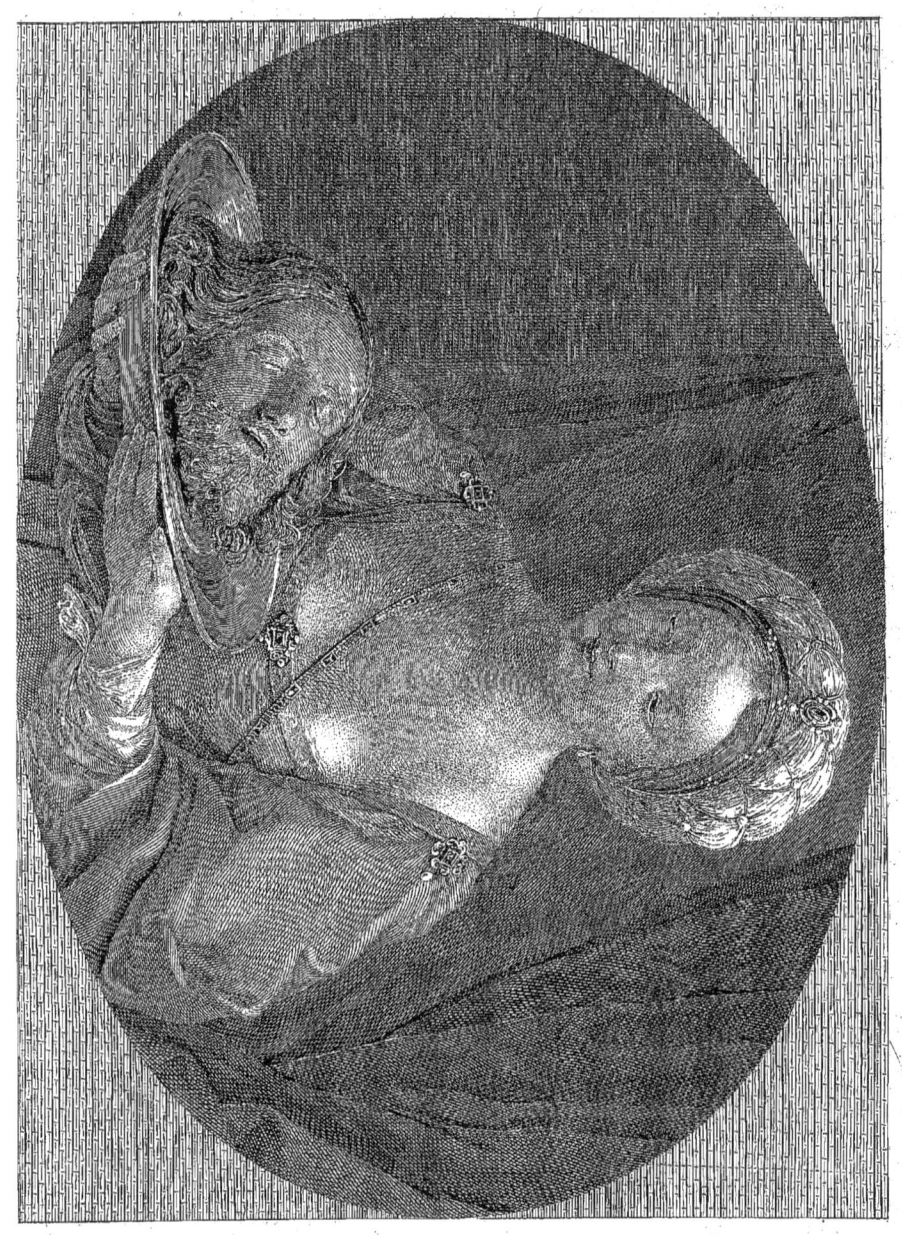

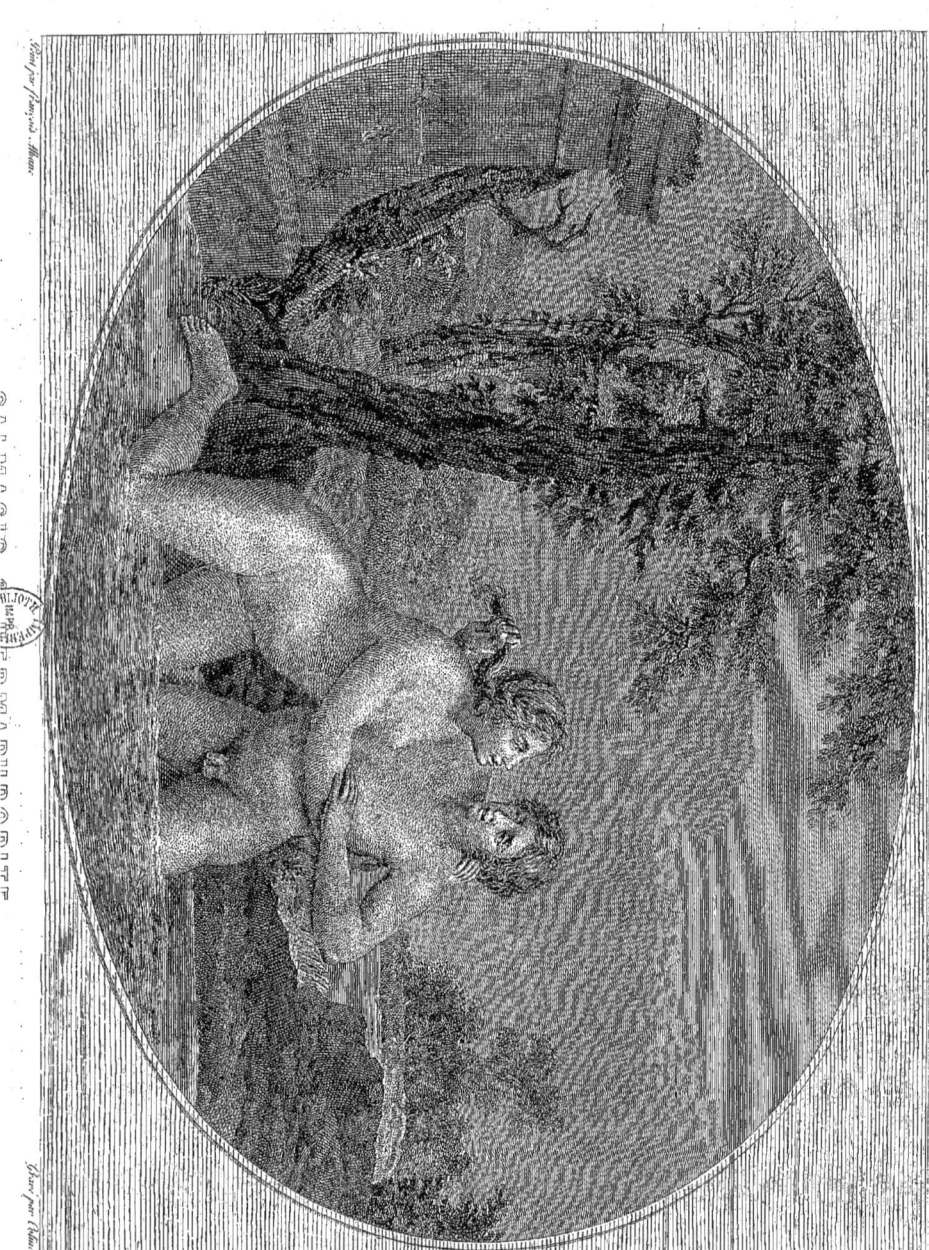

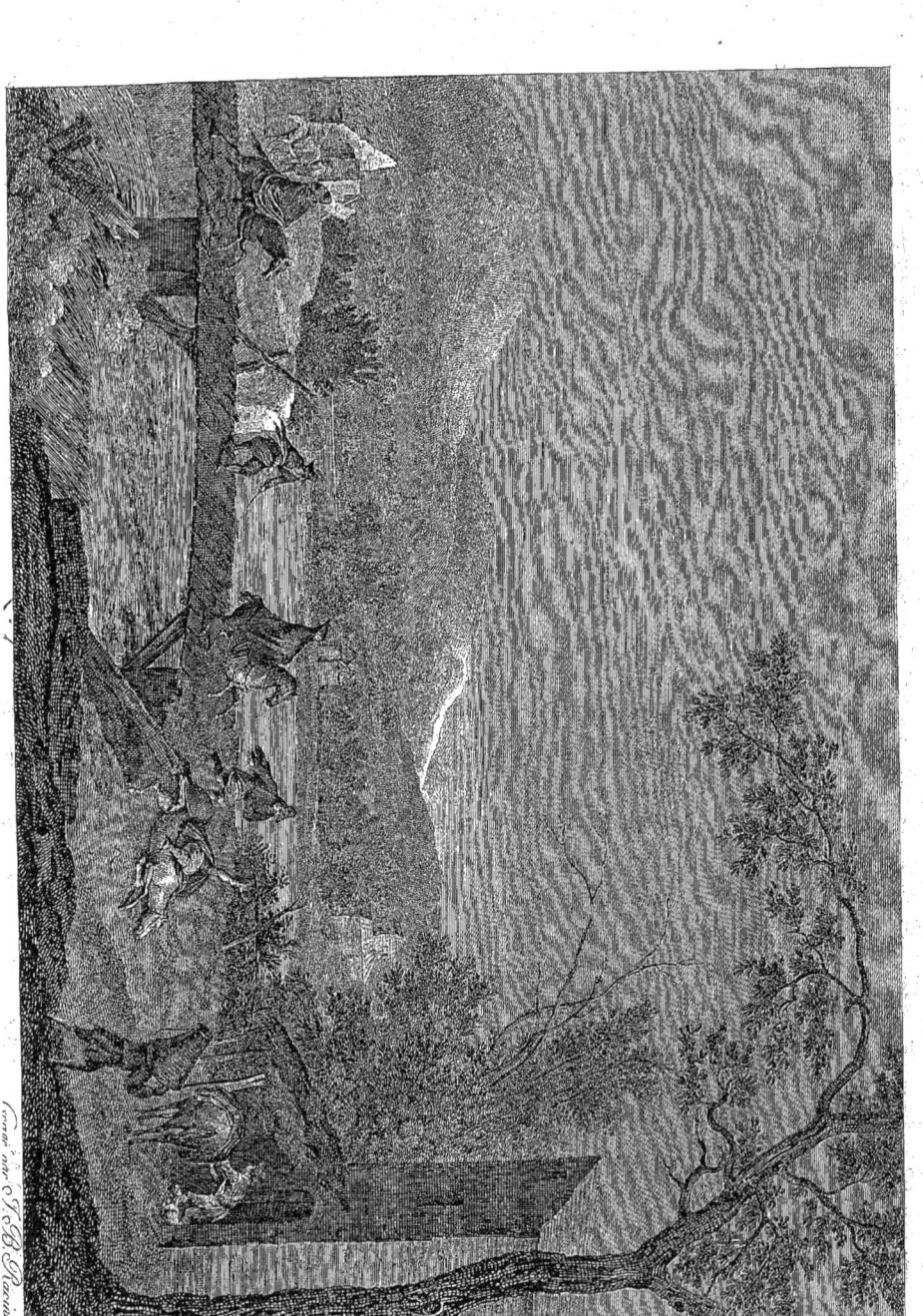

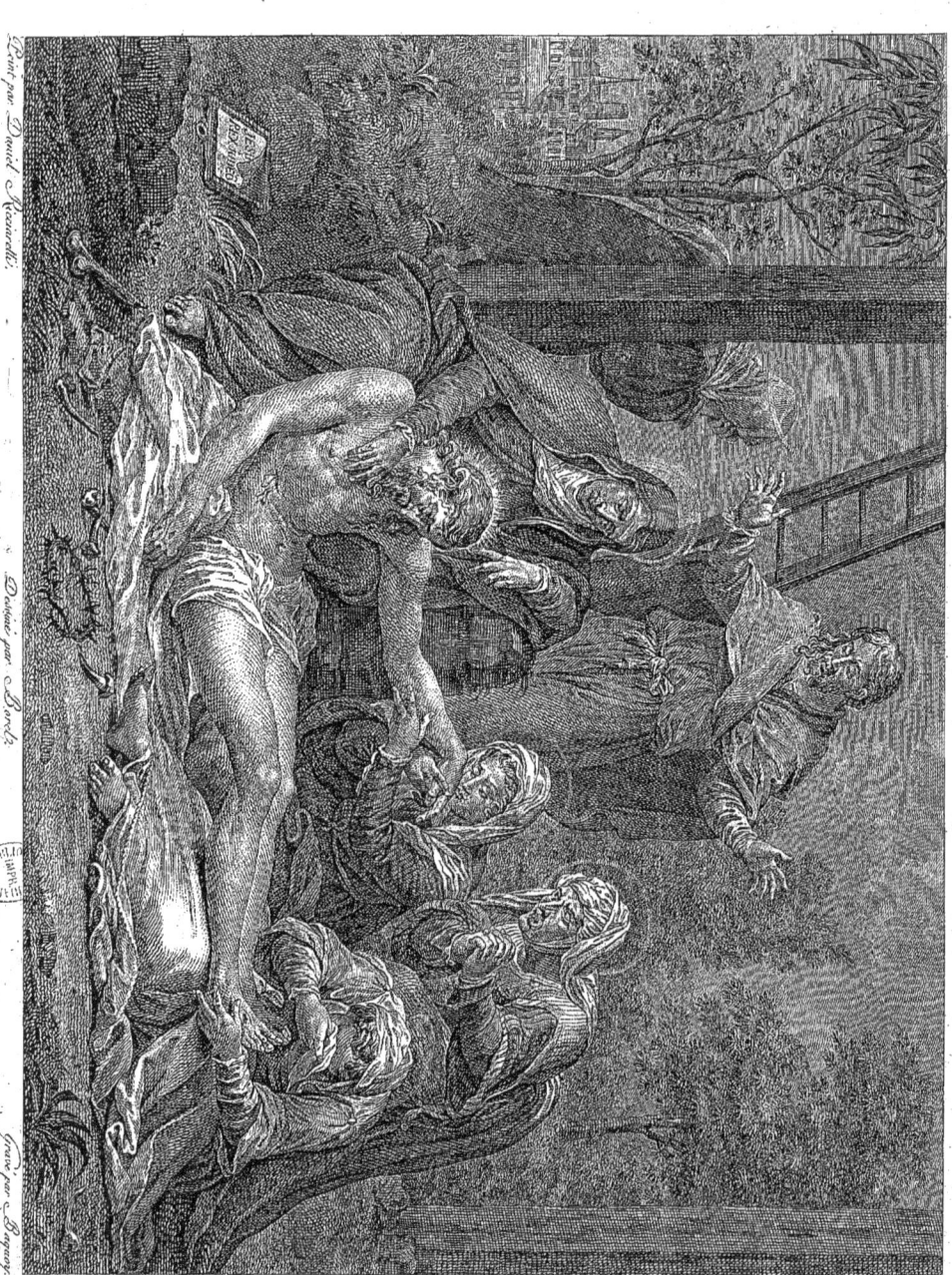

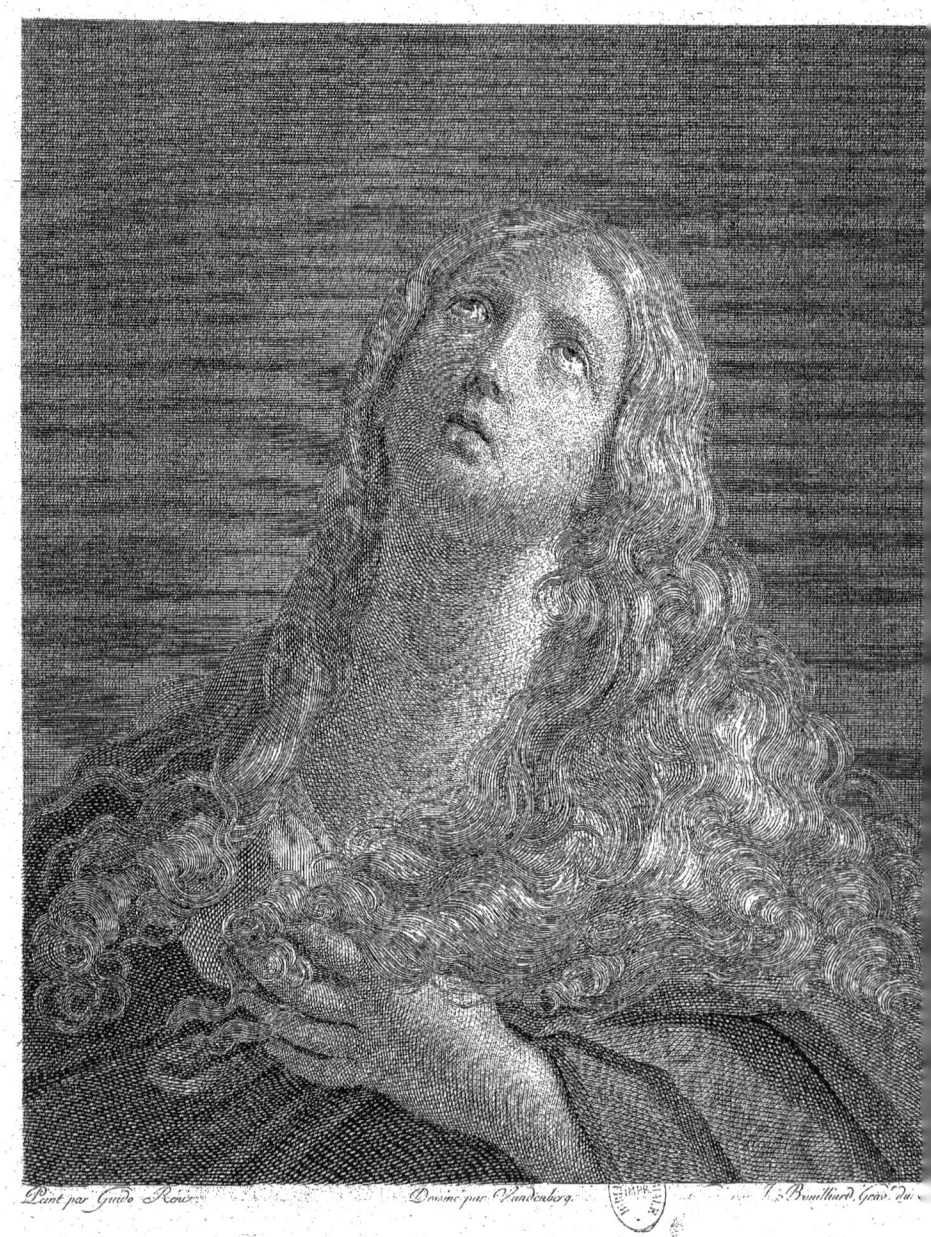

LA MADELEINE

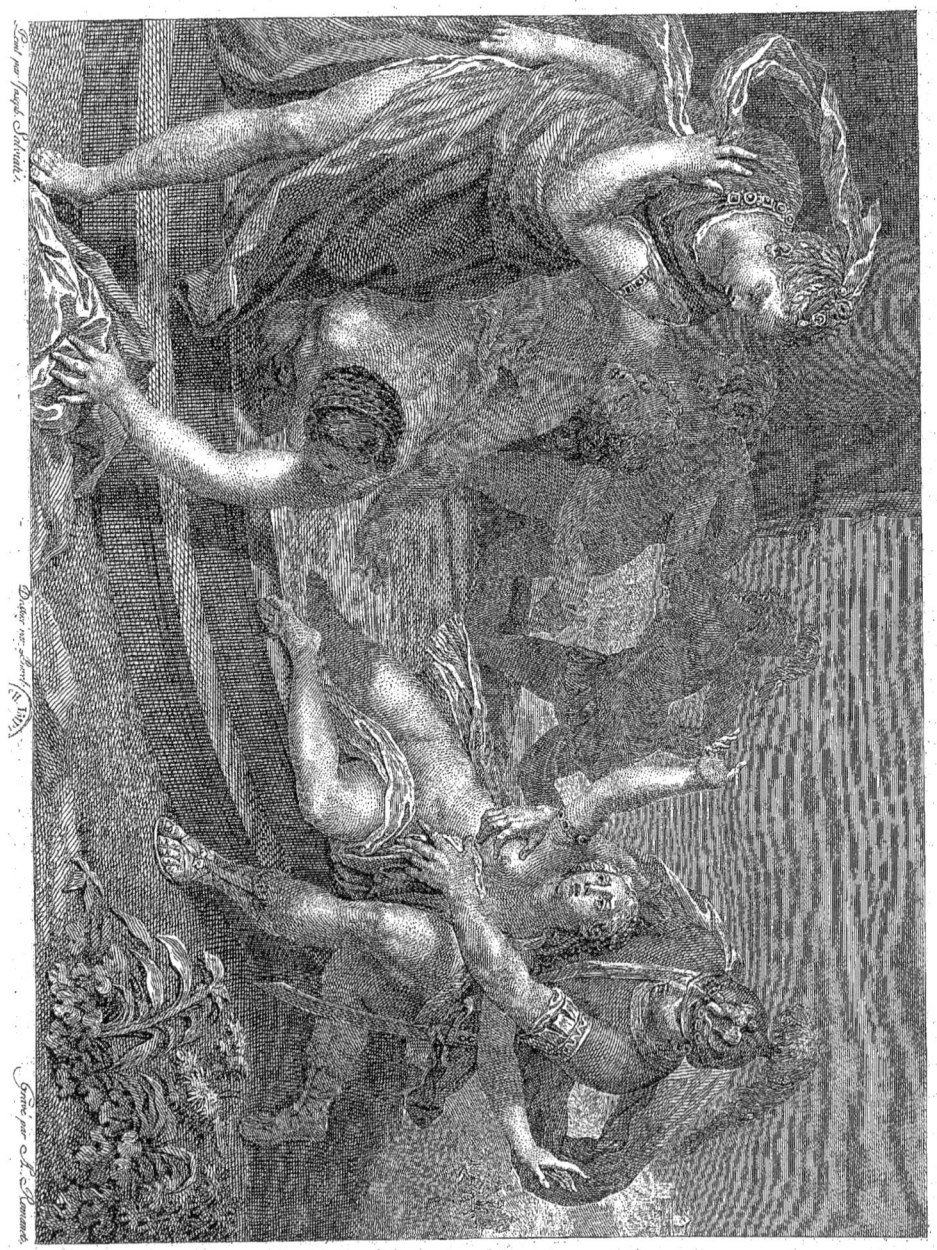

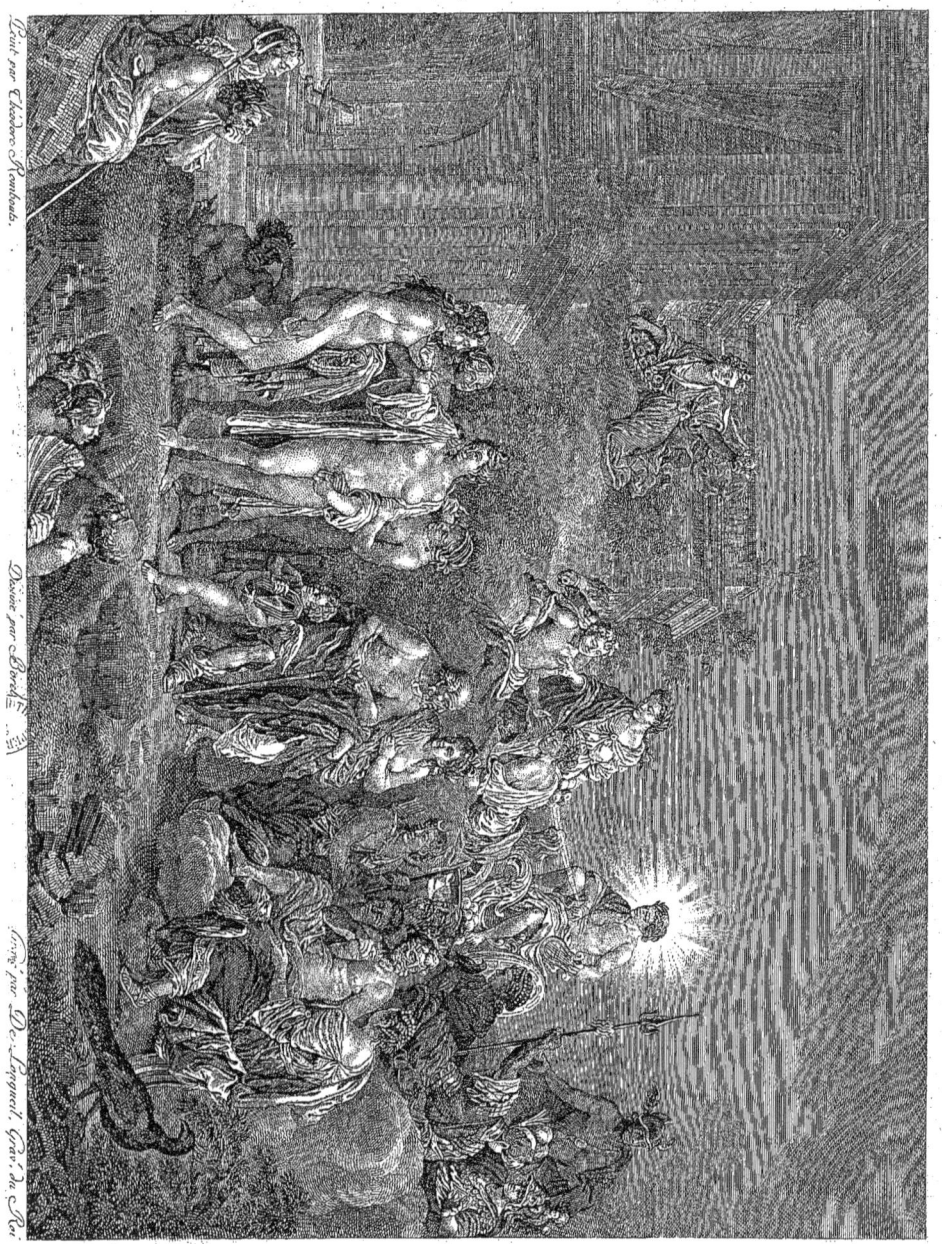

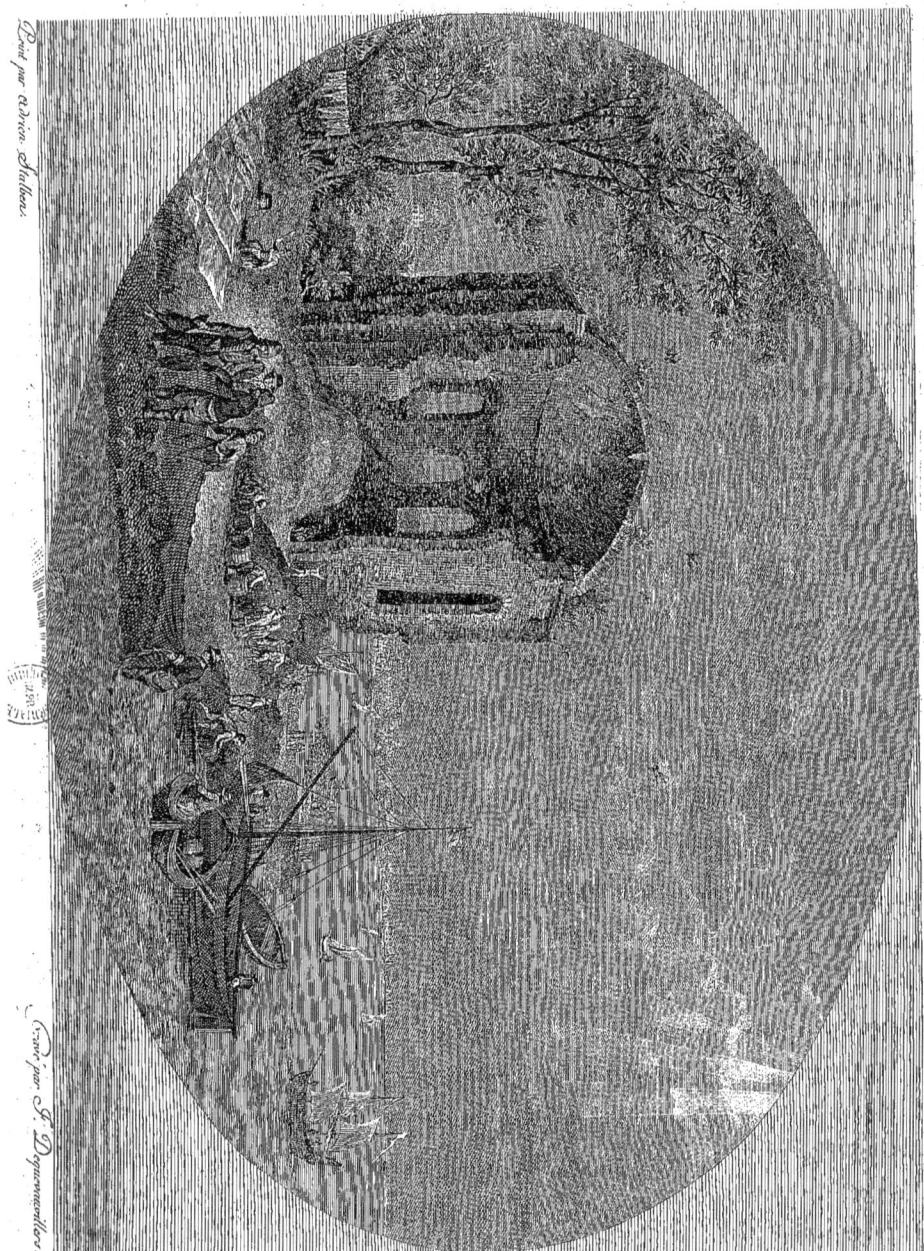

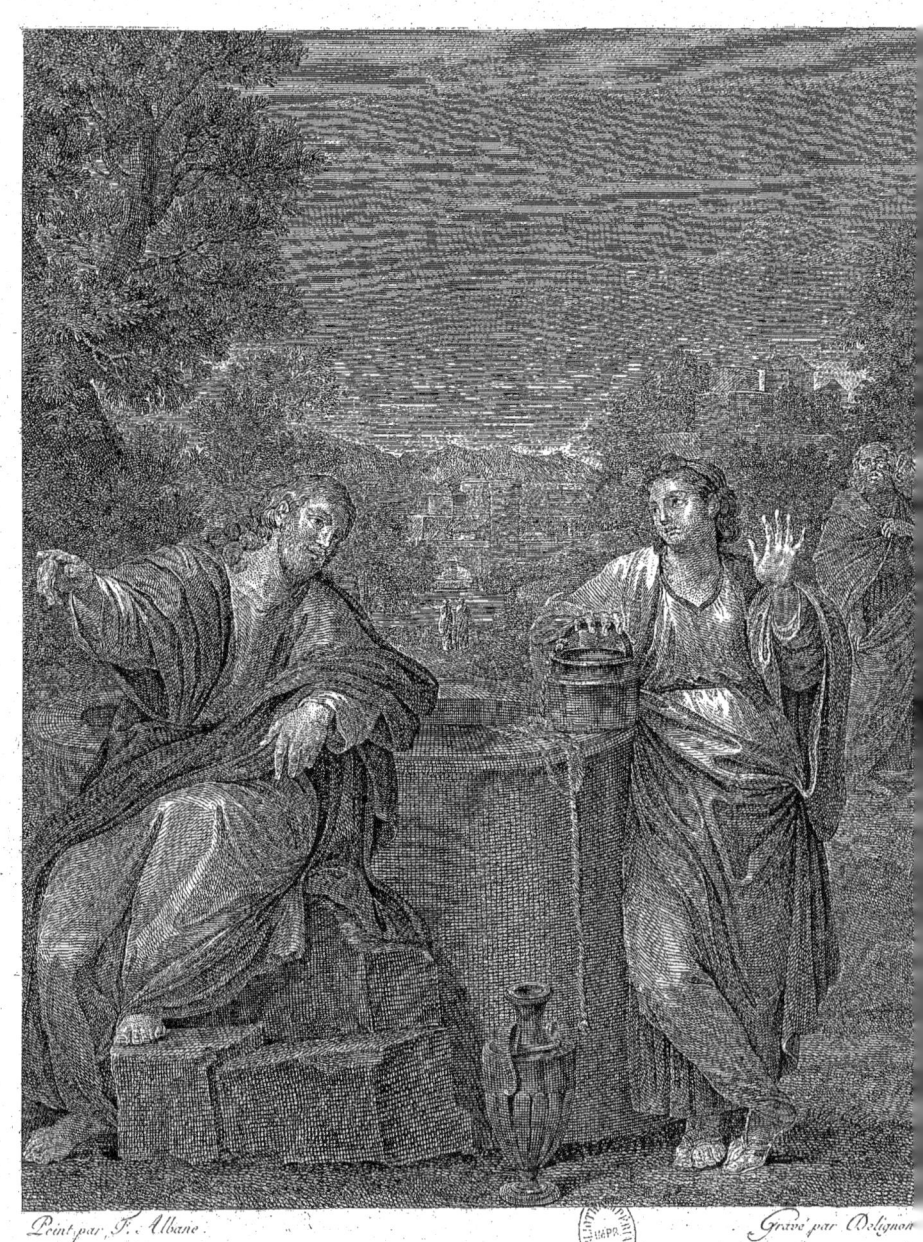

Peint par F. Albane. Gravé par Delignon.

LA SAMARITAINE

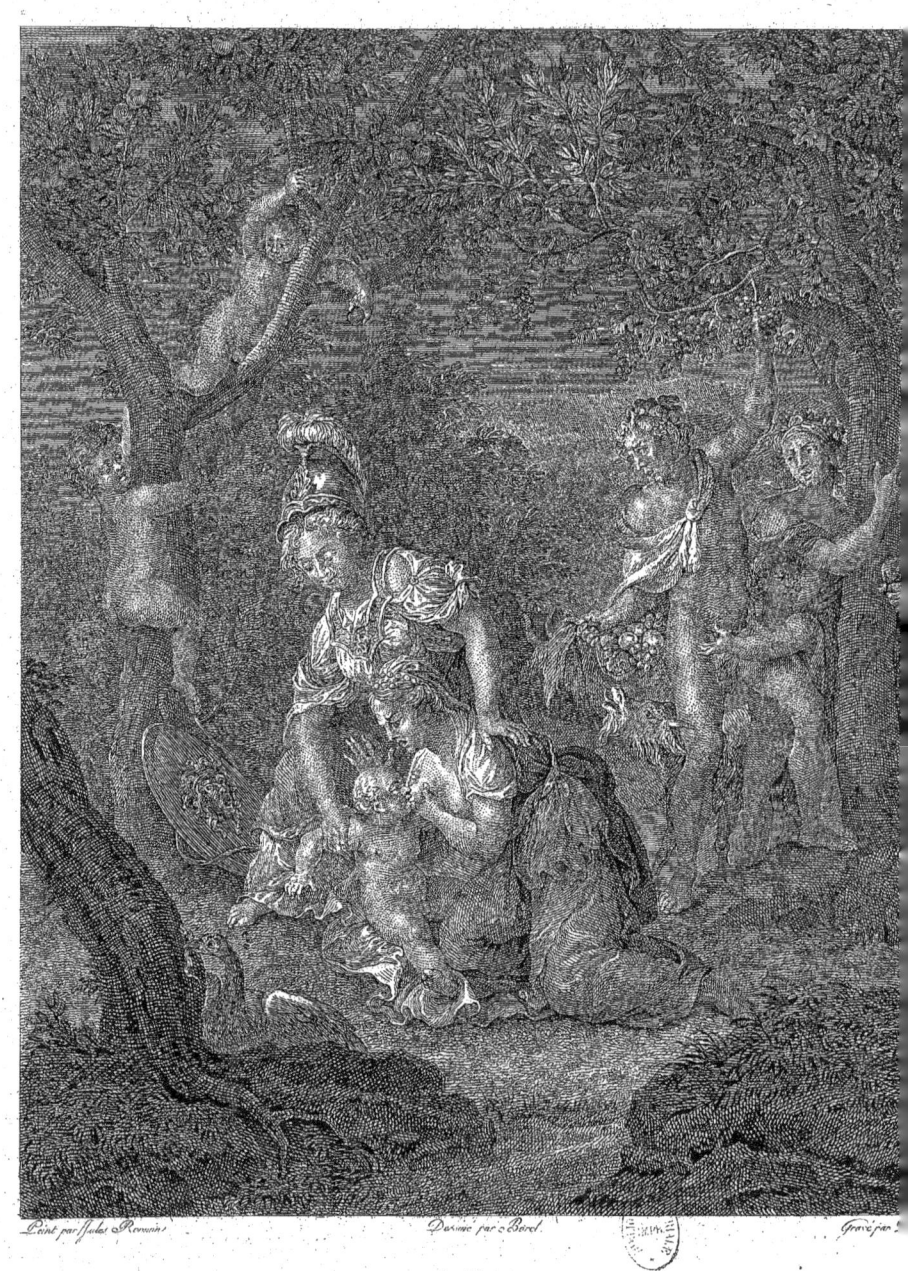

LA NOURRITURE D'HERCULE

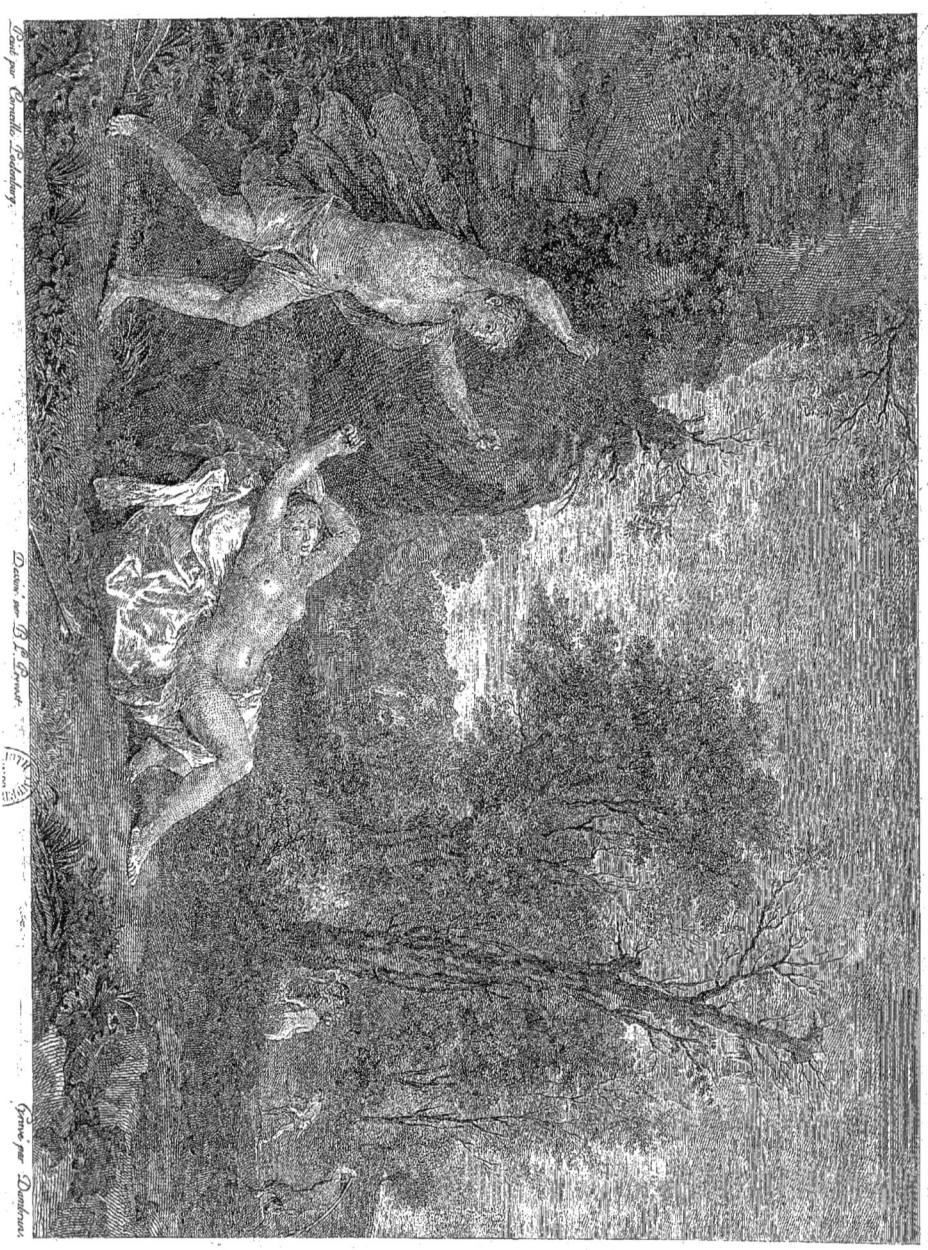

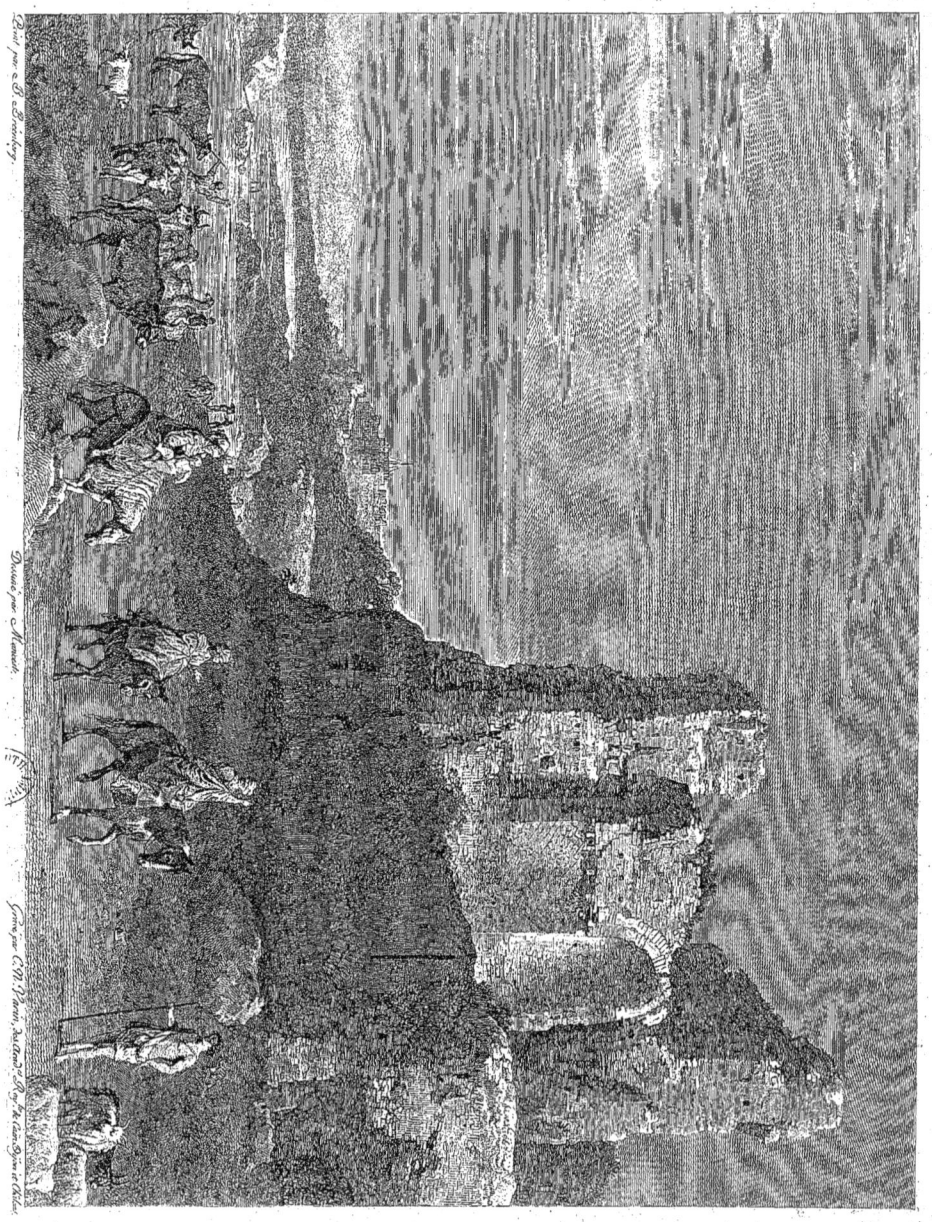

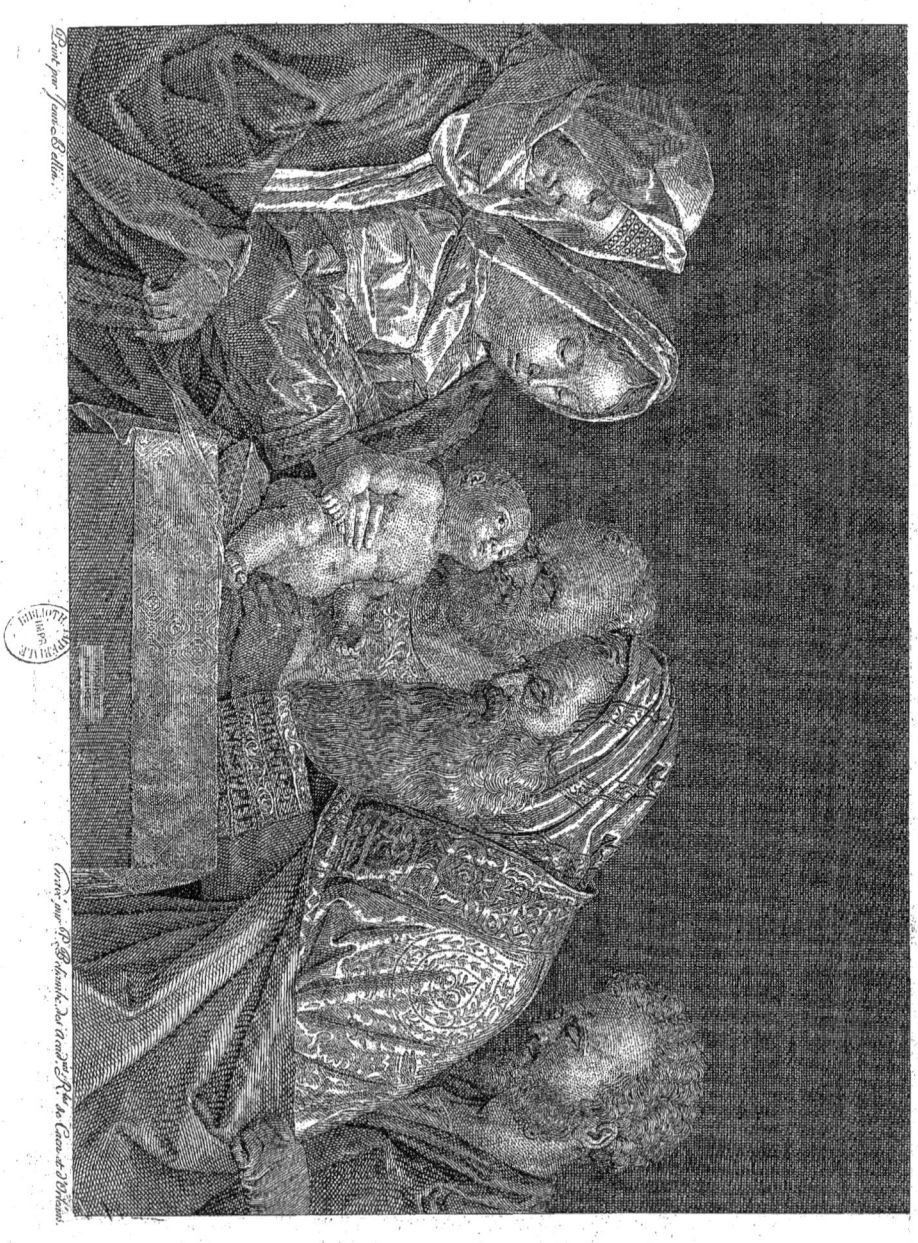

LA CIRCONCISION

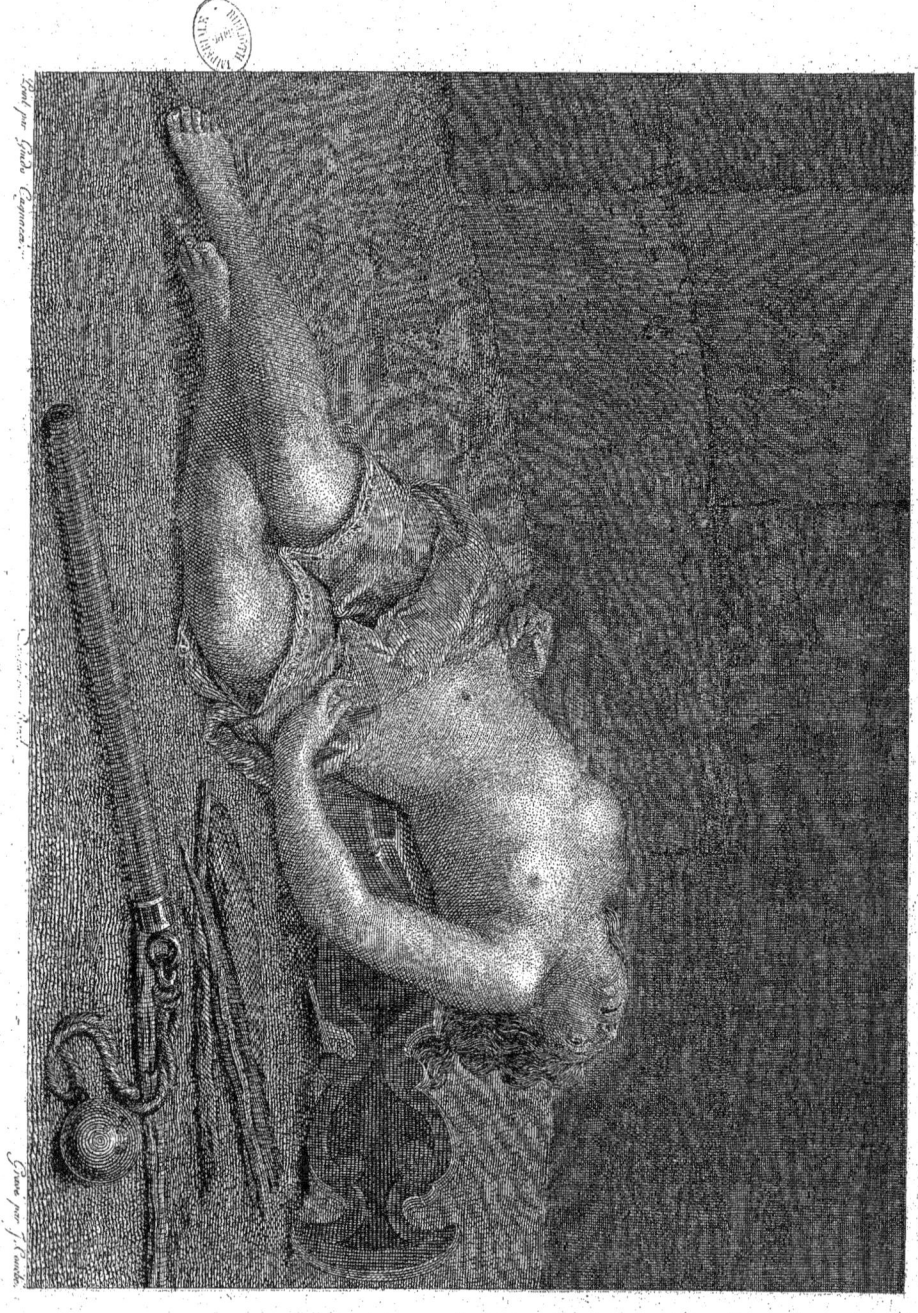

JEUNE MARTYRE

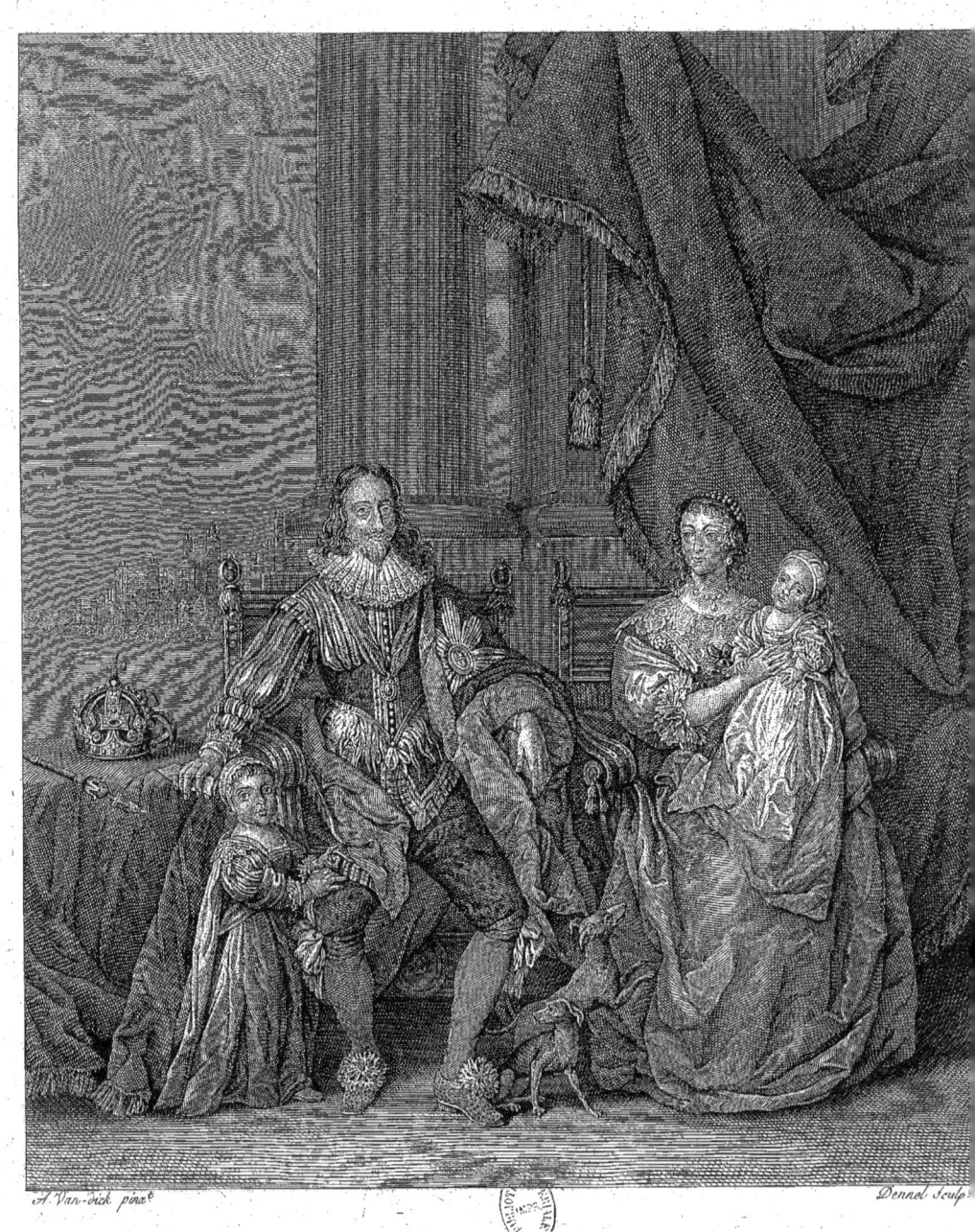

LA FAMILLE DE CHARLES I.ᵉʳ

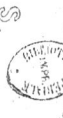

LES VOYAGEURS

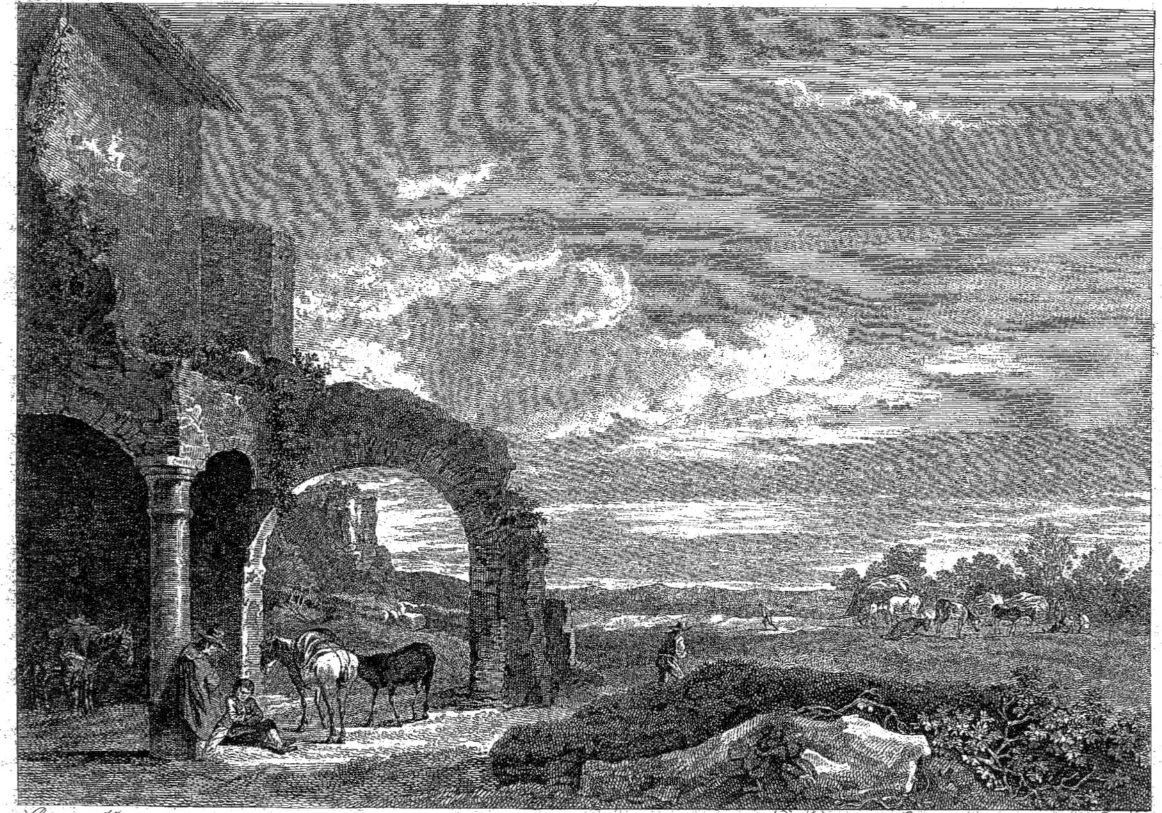

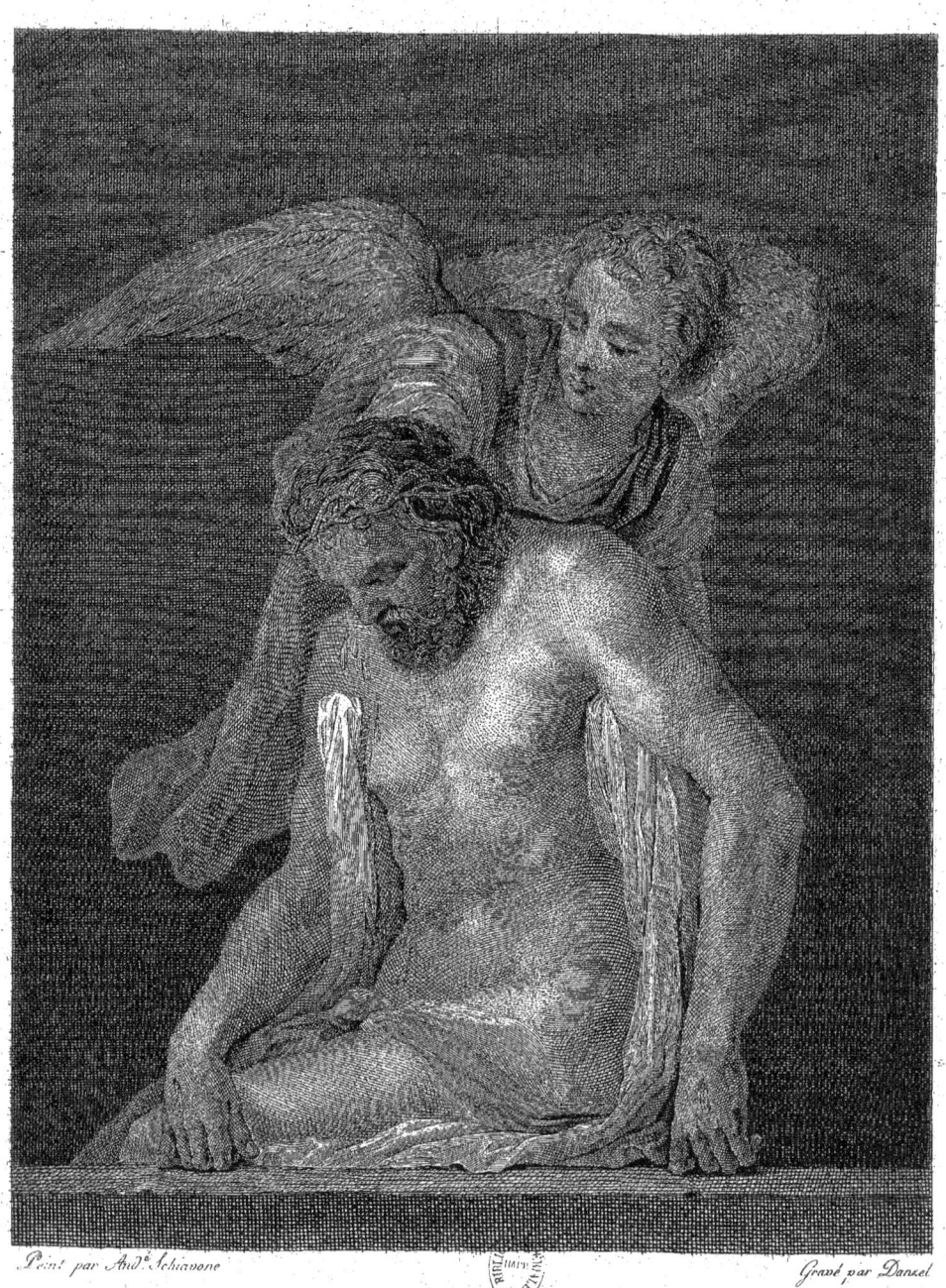

LE CHRIST AU TOMBEAU

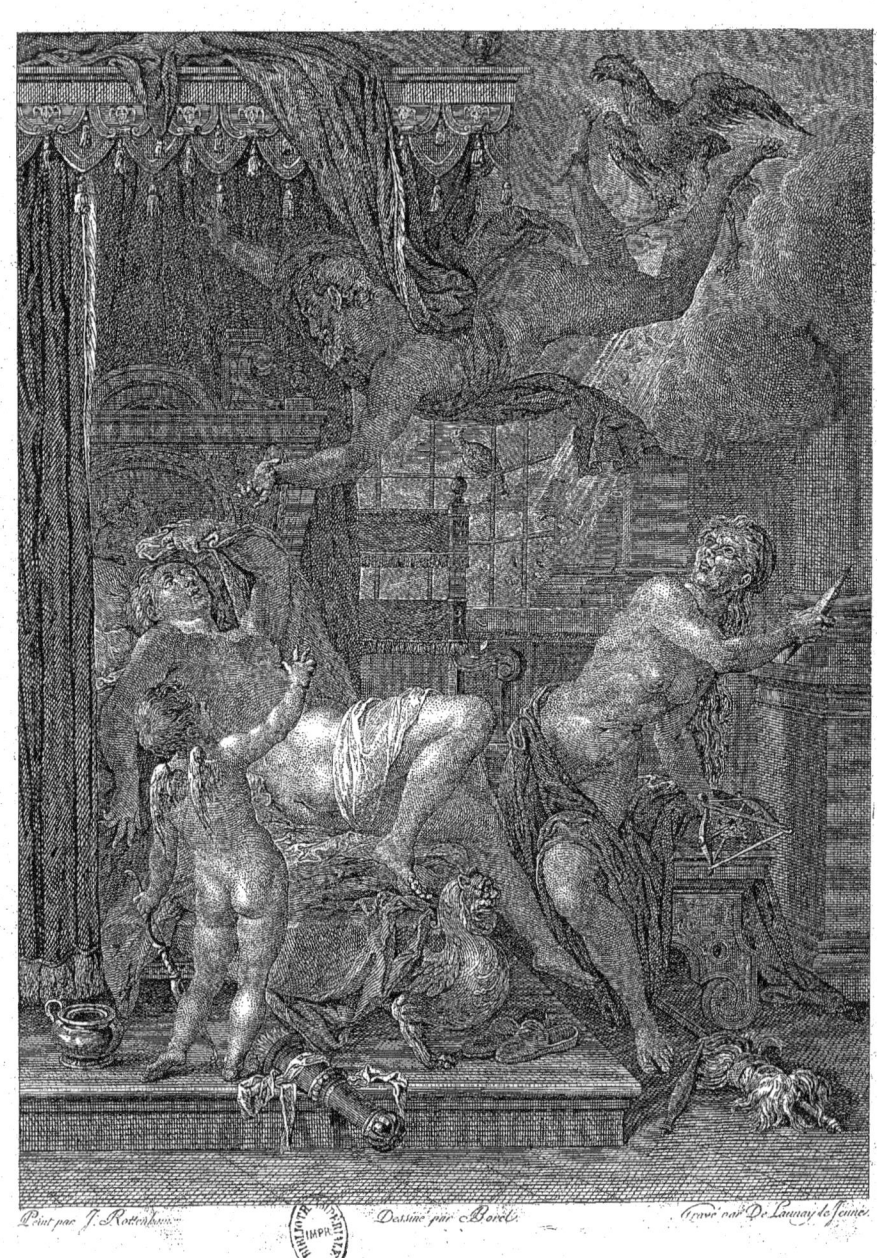

Peint par J. Rottenhaus.   Dessiné par Borel.   Gravé par De Launay le jeune.

JUPITER & DANAÉ.

Imp. Chardon ainé, à Paris.

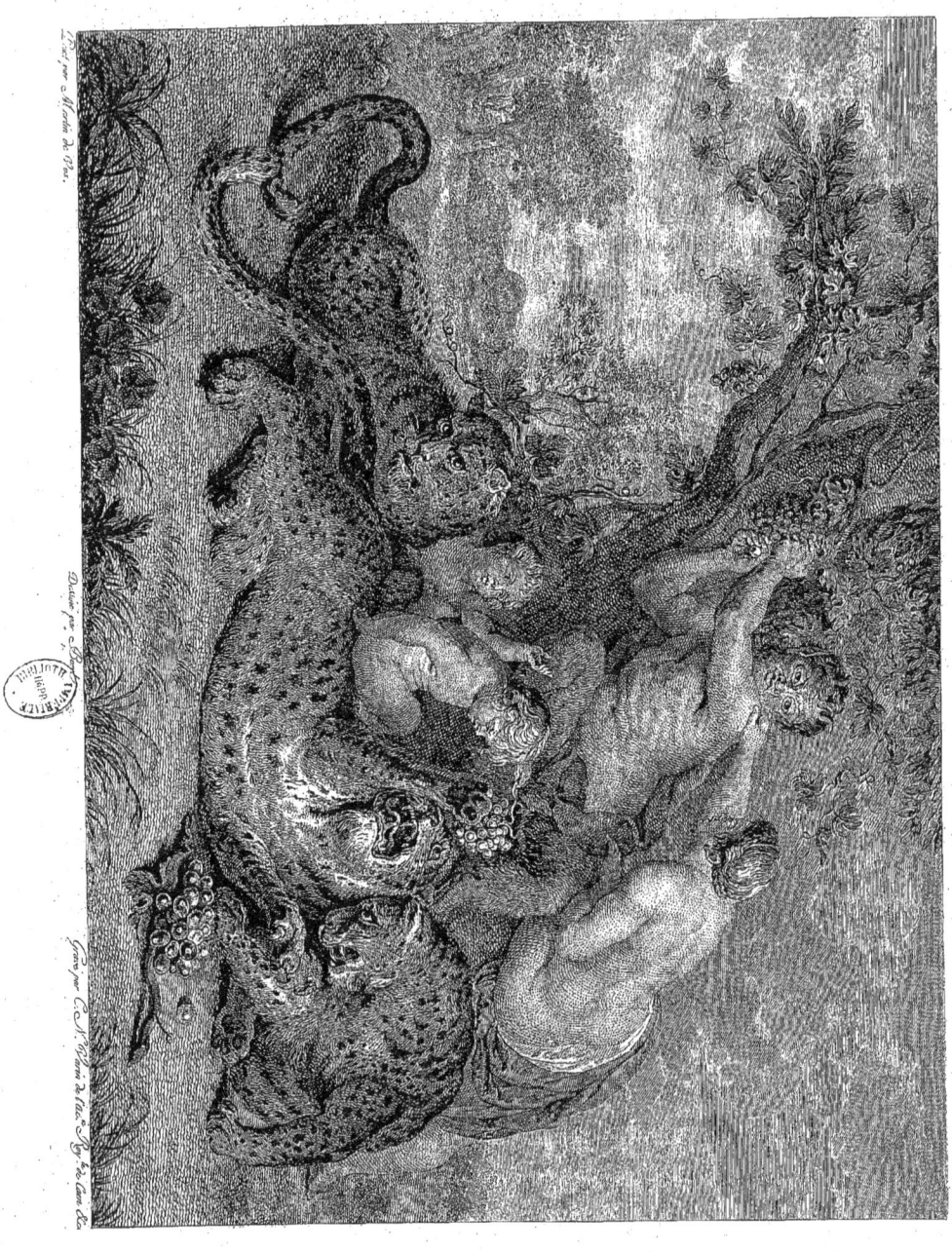

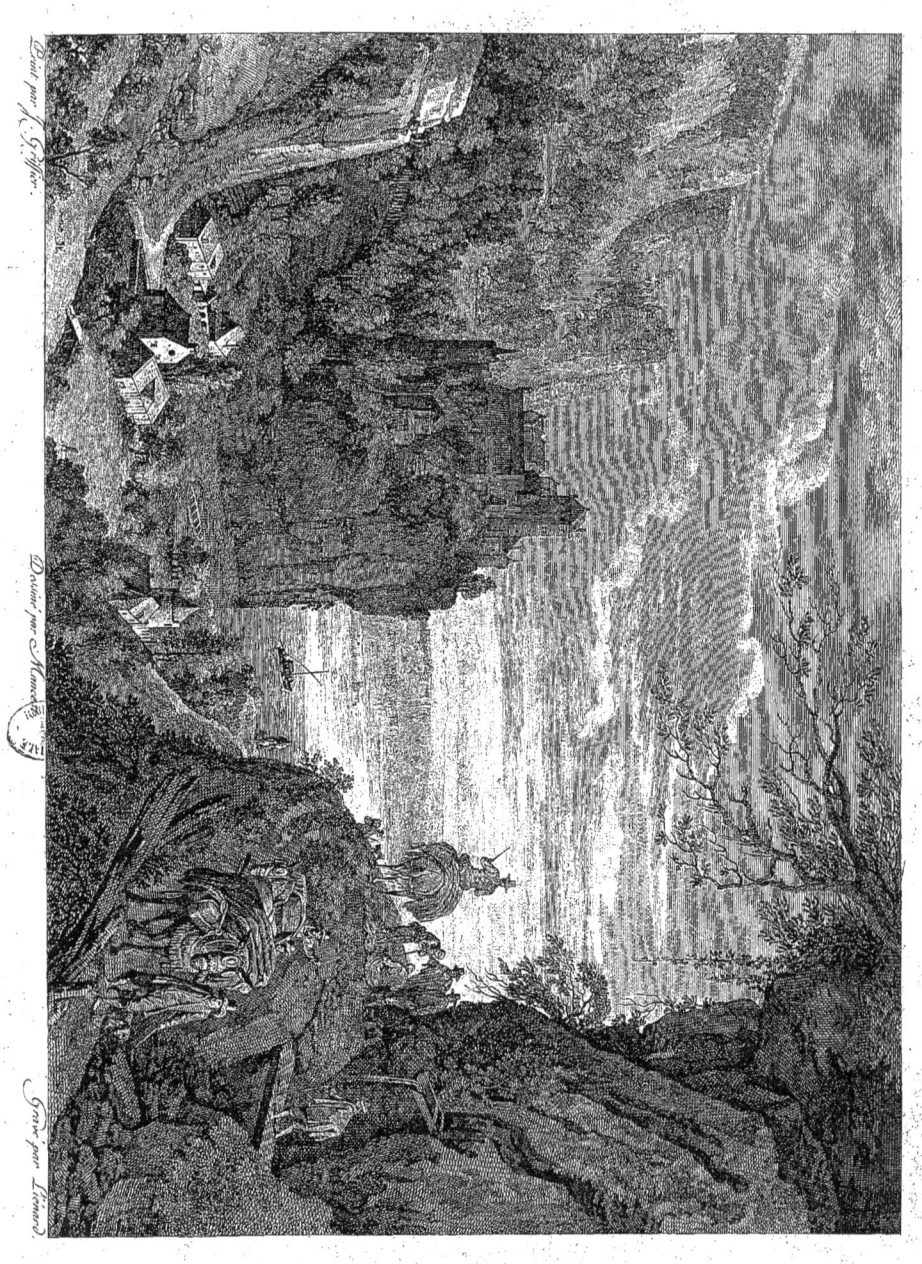

LES DEUX MONTAGNES

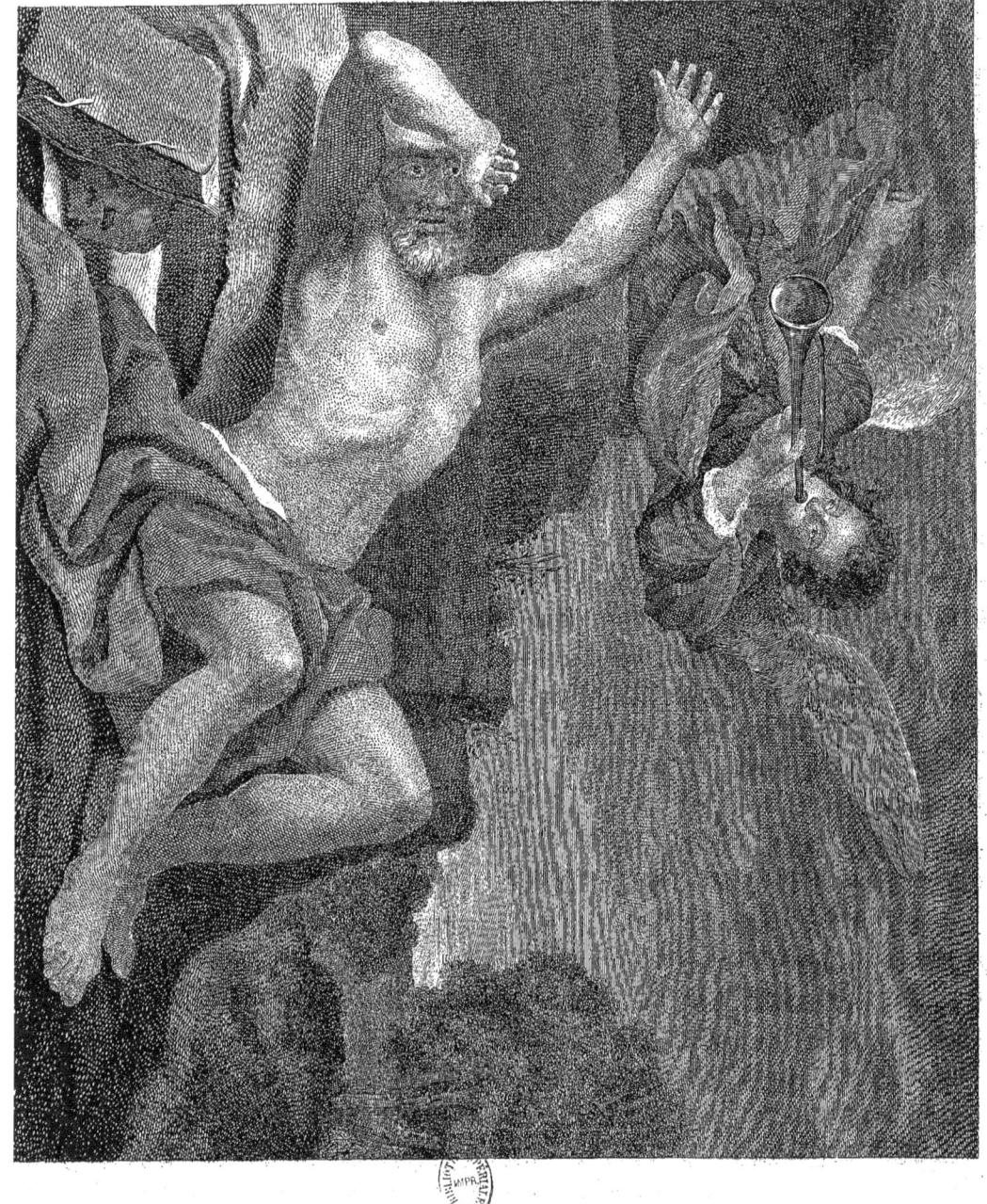

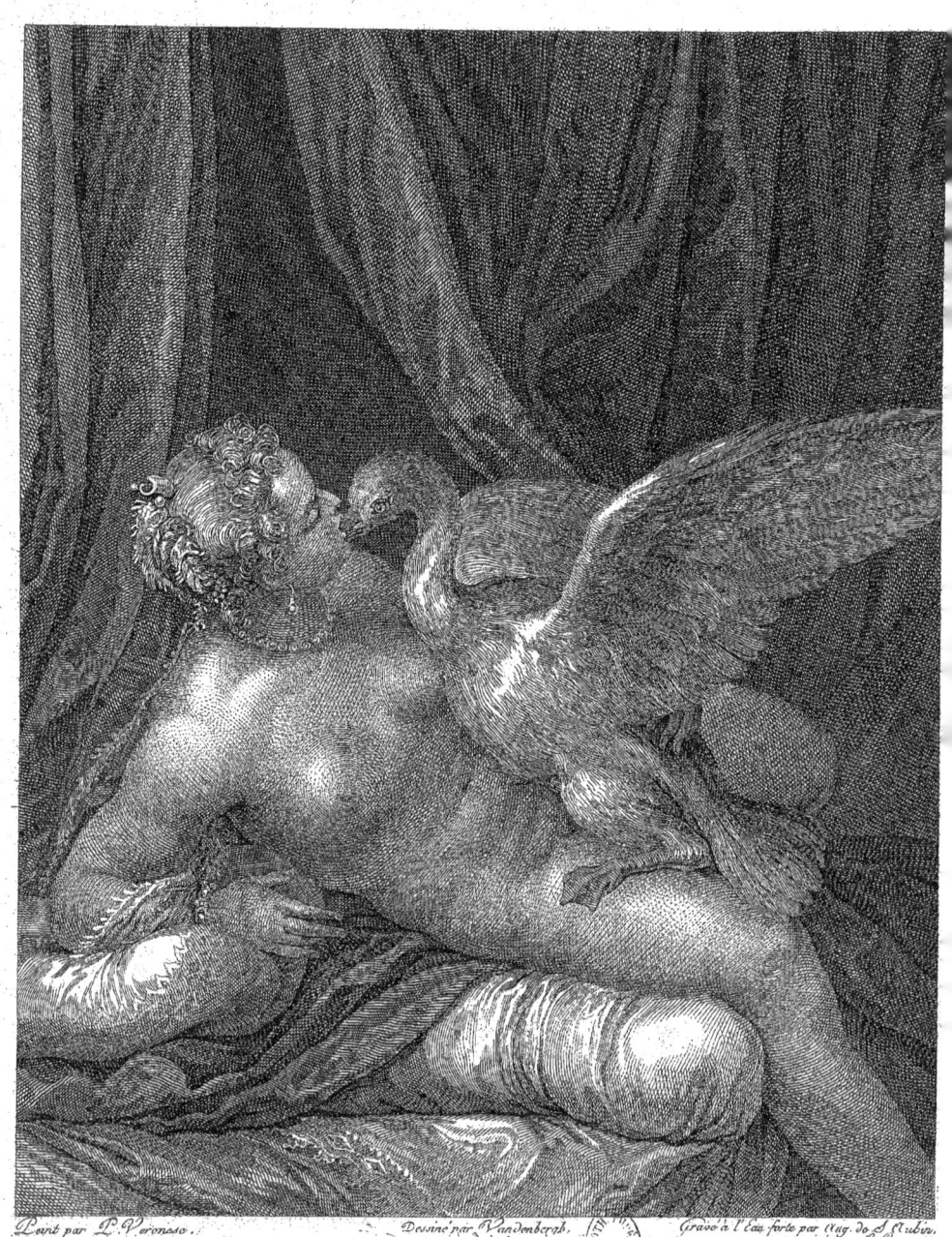

Peint par P. Veronese.   Dessiné par Vandenberghe.   Gravé à l'Eau forte par Aug. de S. Aubin et terminé par N. Romanet.

JUPITER & LÉDA

Imp. Chardon ainé, à Paris.

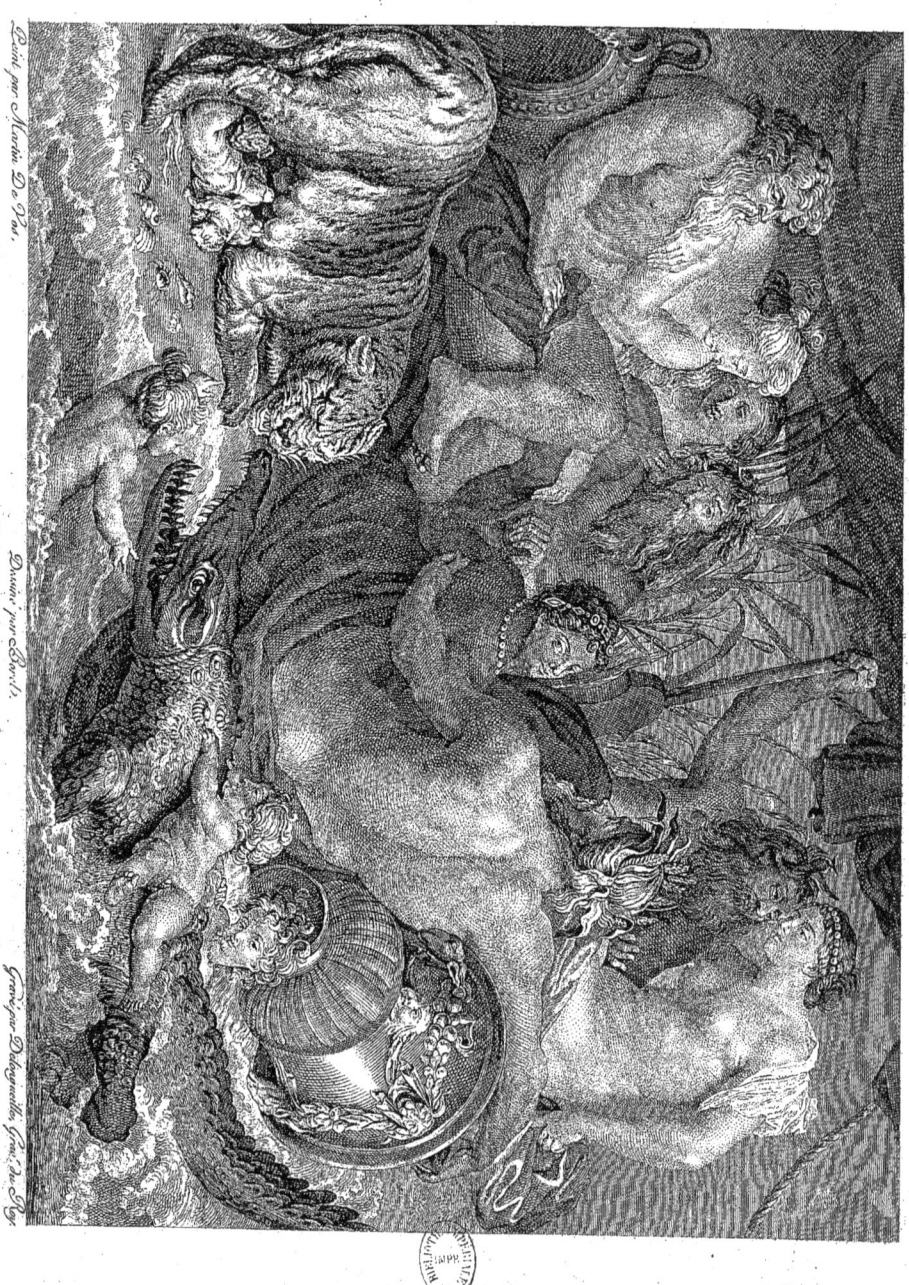

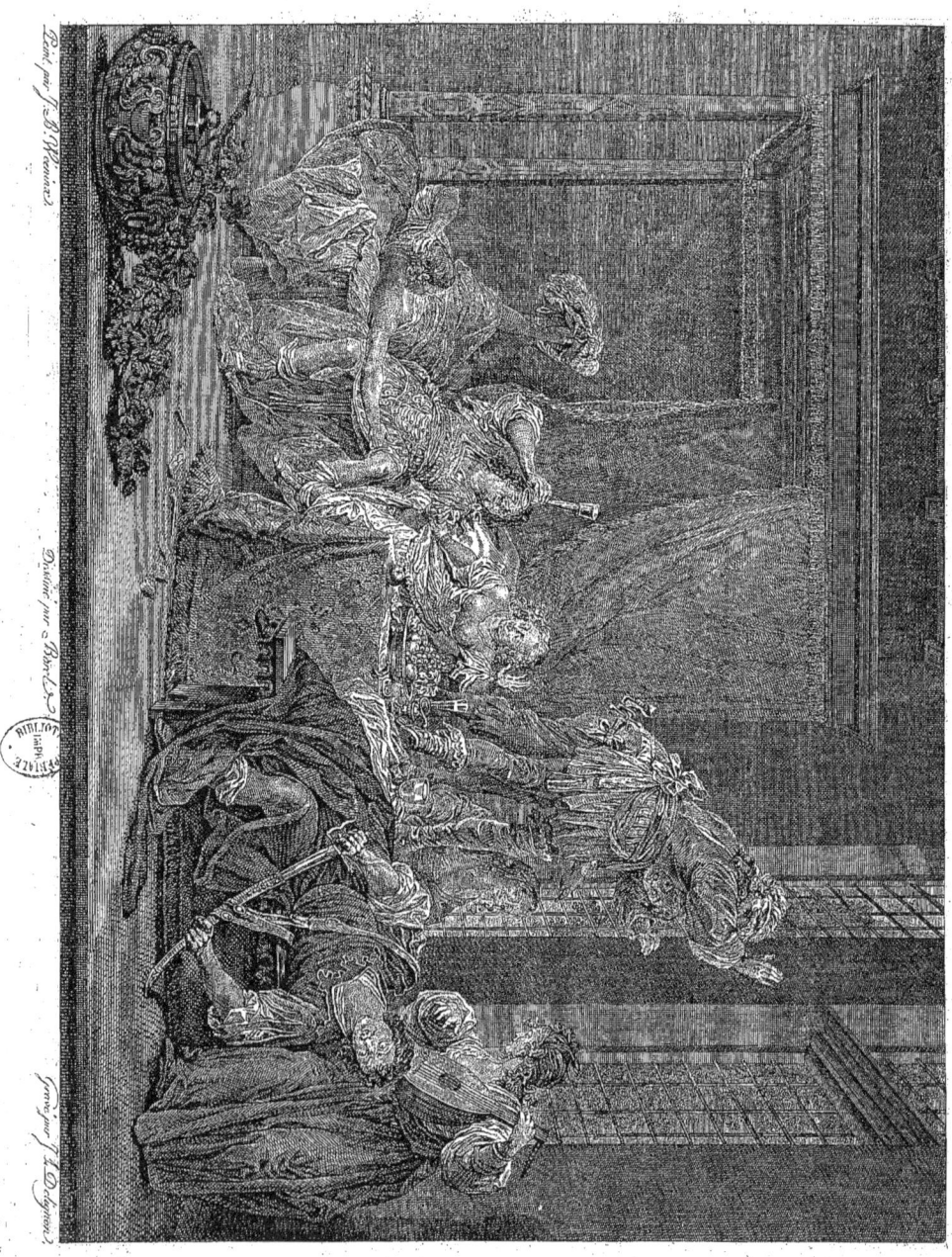

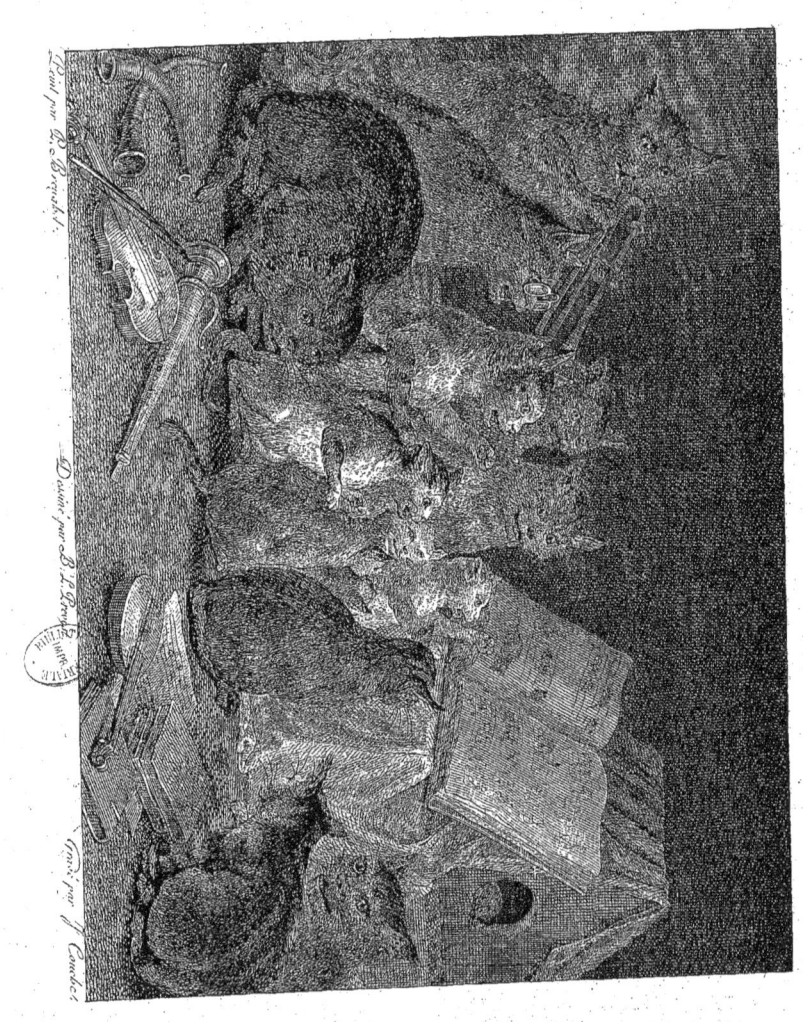

www.ingramcontent.com/pod-product-compliance
Lightning Source LLC
Chambersburg PA
CBHW052239220526
45471CB00001B/116